社会发展论

刘敏 著

中国社会科学出版社

图书在版编目（CIP）数据

社会发展论/刘敏著.—北京：中国社会科学出版社，2012.4
ISBN 978-7-5161-0067-7

Ⅰ.①社… Ⅱ.①刘… Ⅲ.①社会发展—发展理论 Ⅳ.①K02

中国版本图书馆 CIP 数据核字（2011）第 177764 号

社会发展论 刘敏著

出 版 人	赵剑英
策划编辑	郭沂纹
责任编辑	丁玉灵
责任校对	石春梅
封面设计	四色土图文设计工作室
技术编辑	张汉林

出版发行	中国社会科学出版社		
社　　址	北京鼓楼西大街甲 158 号	邮　编	100720
电　　话	010-64073831（编辑） 64058741（宣传） 64070719（网站）		
	010-64030272（批发） 64046282（团购） 84029450（零售）		
网　　址	http：//www.csspw.cn（中文域名：中国社科网）		
经　　销	新华书店		
印　　刷	北京市大兴区新魏印刷厂	装 订	廊坊市广阳区广增装订厂
版　　次	2012 年 4 月第 1 版	印 次	2012 年 4 月第 1 次印刷
开　　本	960×650　1/16		
印　　张	19.5	插 页	2
字　　数	255 千字		
定　　价	36.00 元		

凡购买中国社会科学出版社图书，如有质量问题请与本社发行部联系调换
版权所有　　侵权必究

我的人生:简单并快乐着

(代序)

  2006年9月16日,在我刚刚年过60周岁的时候,按照干部管理使用惯例,我便离开了甘肃省社会科学院副院长、党委委员岗位。这无疑是我人生路上的重大转折,它既标志着职务工作生涯的结束,也标志着真正平民生活的开始。也就在此时,在我脑海里萌生出了将自己30多年学术生涯及其成果进行梳理和总结的念头。后来,经过一番思索和准备,终于形成了以《社会发展论》为名的文集。这部文集以研究社会发展为主线,汇集了不同时期研究不同领域社会发展问题的26篇论文,占我发表文章总数的不到1/4。因而,它只是一部小书,与一些名家的文集不同,既不智慧,也不经典,更不想为后世留下什么财富,充其量只是我简单学术经历的追寻,或者是我快乐工作和人生的一部分记忆。但是,这一思考、整理和编纂的过程,却勾起了我对人生的甜美回忆和深度品味。

  人生是短暂的,也是漫长的。人生中最贵重的东西是什么?如果是金钱财富的话,那么还有没有比金钱财富更贵重的东西?我的人生感悟是有,那就是快乐。每个人的一生都会经历和留下各色各样的记忆,有明亮的、灰暗的,快乐的、痛苦的,瞬间的、永久的,但对人生持快乐态度的人,连黑暗都阳光,不快乐的人连阳光也黑暗。从这个意义上说,我是一个简单并快乐的人。

一 从山里娃到大学生

1946年农历五月初八,我出生在甘肃省定西县(今安定区)的一个山区农民家庭。当时,爷爷、奶奶都健在,他们唯一的儿子——我的父亲在县中学读书。据爷爷讲,我们的先人因逃水患,从四川来到此地,经过数代人的艰辛付出,到他这辈时我家家道殷实,吃穿有余(土改时划为小土地经营)。但到1949年,家里突发变故,正在读书的父亲因参加长跑得了吐血病,由于当时家庭条件的限制,在当年年关前不治而亡。

父亲的去世,犹如支撑房屋的梁柱轰然倒塌,彻底摧垮了全家所有人,也在之后足足影响了我的一生。后来从爷爷口中得知,按当地习俗,年关前去世的人要先寄放待节后才可出殡。当时有一次,爷爷手拉着3岁多的我,到爸爸躺着的窑洞给油灯添油,我好奇地问爷爷,爸爸为啥躺在这里,他冻不冻?爷爷当时怎样回答我已无从记起,但这成为我一生中最早的记忆。它后来给我带来了什么,一时说不清楚,不过有一点是可以肯定的,这就是失去父爱的遗憾和男儿当自强的勇气。

我的母亲叫马素贞,一生十分凄苦。她幼年丧父,后随母改嫁到了定西县县城。然而,她的母亲两次改嫁都没遇上好人家,最后在我母亲六七岁时病逝,她只好被她二爸收养,19岁时出嫁到我们家,24岁时我父亲去世她就守了寡,一直到现在已87岁。

我的母亲是一位伟大的母亲,把所有赞美母亲的语言用在她身上都不为过。她贤惠善良,坚韧顽强,孝老抚幼,勤俭持家。在父亲去世后的岁月里,她承受着环境逼她改嫁的压力,一方面抚慰着饱受丧子之痛的公婆,一方面抚育着只有三岁多的我和不到一岁的弟弟，把5口之家的生活重担挑在自己柔弱的肩上，为了我们家，为了我和弟弟，她牺牲了青春，默默地奉献了一生。我不到7岁上了小学，母亲的艰辛成了我求学的动力和勇气，初小毕业时我以第一名的成绩被保送到县城的大城小学。从这时起，每当开学前，母亲和全家人都要为我的学费发愁。当时，家里能变卖成钱的只有每天眼巴巴等鸡下的几颗鸡蛋，砍伐本来就不多的树木和农作物秸秆。更何况爷爷年迈，母亲又是小脚，因而只能靠我和弟弟到20里外的县城去卖，一角一分地去攒钱。进入初中时正逢三年自然灾害困难时期，在全国普遍面临困难的情况下，我们地处黄土高原山区农村的生活更是苦不堪言。我记得1960年年初，还能吃上野草籽和杂粮混磨的炒面，到下半年只能吃谷糠、麦麸皮和草籽的炒面了。到1961年连炒面都没有了，只能吃野菜揉成的菜团子。那时，除了苜蓿草、苦苦菜外，灰条、玉米秆、榆树皮、柳树叶和秸秆做的代食品等我都吃过，而且这还是母亲一口一口省下来给我吃的。在那段年月里，尽管如此，但一切都很简单，书照样念，歌照样唱，篮球照样打。多年来，我一直纳闷，那时我的胃口和免疫功能怎么那么好？什么都能吃得下去，什么吃了都不得病。更纳闷的是，那时那么苦为什么不烦恼、不怨恨、不退缩，而且很快乐、很坚持、很执著。硬是靠啃菜团子上完了初中后又以优异成绩考上了定西地区重点高中。

在读高中期间，因定西中学属地区管理，我的粮食关系转到了学校，从此我吃上了国家供应粮，有了助学金。我珍惜这些条件，更加奋发学习，成为班上一个比较引人注目的好学生。高一就被选为团支部委员，经常组织团员青年开展各种活动。我的文科成绩在班上名列前茅，因为喜欢讨论和辩论，被同学戏称为"哲爷"。这时，我的兴趣和爱好也很广泛，既喜欢习字画画，又喜欢唱歌跳舞，还喜欢田径篮球。我的画经常贴满宿舍四壁，我主演的歌舞曾获定西地区文艺汇演第二名,在体育赛场上我又是拿奖的常客。如果说初中三年苦中有乐的话,高中三年我是快乐的。

虽然,高中时期我的生活条件较以前发生了很大变化,但同别人相比我的家境仍然不好,生活非常艰辛,这也直接影响了之后我对理想的追求和选择。1965年高中毕业前夕,校领导和班主任都劝我报考北大等名牌大学,为学校争得名誉。可我思考再三,断然拒绝了领导的严词批评,义无反顾地报考了唯一一个志愿甘肃师大(今西北师大)。理由是师大离家近、花路费少,吃饭不要钱,还有助学金,基本上不用家里负担。后来,"文化大革命"中造反派夺权把高考成绩公诸于世(在此之前高考成绩是保密的),由此得知我的成绩上了重点线后,也曾有过一丝遗憾。但25年后我的女儿考取了清华大学,使我的遗憾得到了补偿。

1965年9月初,我如愿进入了甘肃师范大学政教系,由一个山里娃成为一个令人羡慕的大学生。当时,山区农村出一个大学生是很荣光的,临行前几天,亲朋、邻里纷纷登门祝贺,一些至亲还伸出援助之手,你5毛,他1元,一位姑父给了2.5元是最多的,总共凑了17.5元。我就是怀揣着这些钱,兴致勃勃地踏入当时觉得似"天堂"般的师大校园的。大学生活既是简单的又是复杂的,因而既是快乐的又是痛苦的。说其简单是因为既然是学生就应该学习,学习没有什么复杂的,加之我视"学海无涯苦作舟"为"乐作舟",因而在"文化大革命"开始的前1年,我全身心的投入学习,别的事都不大在乎,在学习中尽情地享受着快乐。

说其复杂是因为上大学刚一年,"文化大革命"就开始了,不仅打乱了教学秩序,而且搞乱了人的思想、价值观念和目标追求,到后来竟然发展到打砸抢烧杀的地步,彻底毁掉了快乐美好的学习生活。那时,一会儿要"批判反动学术权威",一会儿要

"横扫一切牛鬼蛇神",一会儿要"打倒走资本主义道路的当权派",似乎全中国除了伟大领袖,谁都有可能在第二天早上被打倒。我们学生也被搞得不得安宁,一会儿要写批判文章,一会儿要早请示、晚汇报、跳忠字舞、唱语录歌,一会儿要参加劳动改造,一会儿又要接受工农兵的再教育,似乎我们这些新中国培养的青年学生都变"修"(修正主义)了。5年大学生活里除"文化大革命"前一年和后来一年多的"复课"学了点东西外,其余时间都是在狂躁和混乱中消磨的,真可谓是酸甜苦辣加遗憾的"五味"人生,至今令人不堪回首。本来大学生活是很美好的,人与人之间的关系其实也是很简单的,但由于"文化大革命"的原因变得复杂起来。人,一复杂就痛苦,其结果是整了老一代,害了下一代,误了我们这一代,党痛苦、国痛苦、人民痛苦、我们也痛苦。

二 从行政工作到理论研究

1970年9月,我同所有大学生一样迟分配一年,又在接受贫下中农再教育的旗号下,被分配到甘肃省农村毛泽东思想宣传队永昌县分队朱王堡公社小队头沟生产大队。一年后,省农宣队撤销,我又在培养接班人的旗号下被留到当地当公社干部。

由于我出生在农村,因而对公社工作轻车熟路。1972年,公社党委决定所有干部承包一个生产大队,要求什么时候实现粮食亩产上"纲要"(即亩产达到400斤),才能回公社,由此我又来到农宣队时驻过的头沟大队。该大队与武威隔河相望,全是水浇地,自然条件较好。那时正是我年轻气盛的时候,加之有一定的文化知识,很容易接受新事物。因而,我同大队班子商定,采取了三项措施:一是当年全大队9个生产队的小麦种子,全部由上年的土品种换为"阿勃"和"甘麦8号"等优良品种;二是每亩种子量由原来的 25 斤增加到 40 斤；三是每亩除原施的农家肥外，增加 15 斤磷肥为底肥。

当时，当地农民仍沿袭传统的农作方式，对推广良种、化肥和合理密植阻力很大。有的偷种土品种，有的弃化肥不用，因而我组织大队所有干部坚守在春耕地头，监督三项措施的全面落实。谁知，就这三项在当时并不民主的措施，竟然使当年小麦亩产由上年的 237 斤增长到 415 斤，一年就上了"纲要"。这一成绩在当时是很突出的，不仅赢得了公社领导、干部和群众的认同，而且我的名声很快就传到了县上。

1972 年年底，我被公社任命为团委副书记、教育干事，主要抓学校工作。永昌人酷爱教育，当地的朱王堡中学聚集着一批年少有为、品学兼优的学生。但由于受"文化大革命"的影响，学校秩序混乱，教学质量和水平低下。针对这种情况，我征得公社党委书记的同意后，在该校召开了整顿教学秩序大会，我以自己的亲身经历作了两个小时的报告，并宣布本学期末恢复考试，进行班级评比、教师评优、学生排名次（当时学校不排名、不考试）。这一举措后来也被县上知道，分管教育的县委副书记亲临公社视察。起初，我心里直打鼓，不知是福是祸。后来，在公社书记汇报途中又叫我去汇报后，心里踏实了一些。一进会场，书记就抓住我的手紧握不放，说：你胆子真大，干得好，秦书记（指县委书记）让我告诉公社要好好的培养你。

从此以后，我的人生有了转机。1973 年年初我实现了追求多年的入党愿望。接着，县委同公社协商要调我去县委工作。在公社婉拒之后，于 5 月调我去省委党校学习了三个月。9 月学习结束以后县委组织部直接分配我到县委办公室担任秘书工作，不再回公社。

到县委办公室上班后的第一件工作，就是为年底召开的全县四干会（县、公社、大队、生产队）撰写工作报告。经过几番讨论、修改后的报告长达两万字，在会上作报告的就是前面提到的县委封副书记。他用地道的陕西腔读得抑扬顿挫，铿锵有力，会后反应热烈，上下赞许有加。封书记会后一见到我便兴冲冲地对我说：你写得好，读起来美的很！

正是由于我较好的文字功底和勤奋的工作态度，很快得到领导的信任和重视。随即我就成为县委书记的秘书，县委常委会议记录人员。到1975年被提拔为县委办公室副主任，成为当时全县最年轻的科级干部。

在县委办公室副主任的岗位上，我一直干到1979年。期间，除了日常大量的文秘工作和管理工作外，我参与了永昌县被国务院树立为全省唯一的"农业学大寨县"的材料准备、审核、上报和新闻宣传工作；同县委书记一起在西坡大队蹲过半年点；以组长身份带领5位干部在八坝大队进行过路线教育；参与了祁连山水源涵养林滥砍滥伐调查，以及设立金昌市的可行性调查和首次向省委的汇报工作。由于上述工作的成绩尤其是较突出的文秘工作能力，我又被甘肃省委办公厅和秘书处的领导所看中，先后在1976年和1978年两次下调令调我到省委办公厅工作，但均被县委谢绝。1979年年初，省委为了筹建政策研究室从基层选人，我又被相中。此时，党的十一届三中全会已经召开，改革开放已经开始，加之小平同志鼓励"专业对口"，县上再无理由阻拦。于是，我于3月初离开了工作10年的"第二故乡"永昌县，到省委组织部报到。报到后因爱人工作安排遇到困难，我找到当时筹建不久的甘肃省社会科学研究所（今省社会科学院）党委书记，他听了我们夫妇的情况后，同意接受我们二人到研究所工作。从此，我的人生又有了一次重大转折，由基层行政工作转向社会科学研究工作。

回顾在县乡从事行政工作的10年，我吃过两年多的百家饭，同农民一起深翻地，用手推车运肥，大半夜扛着铁锹浇水，春种时撒化肥,夏收时割小麦,几乎什么农活都干过。记得 1972 年的夏收共 15 天我参加了 12 天,满手都是血泡。到县上后,别的不说,光我写的材料整理归档的就有 1 米多高。但那时从没觉得苦,成天乐呵呵的,似乎这些都是我该干的。究其原因,就是那时人还是简单。一般情况下,人穷的时候简单,富有了就复杂;落魄时简单,得势了复杂。但我从来就没认为自己富有过,也没觉得得过势,因而复杂不起来。还是那句话,人,一简单就快乐。

三 从研究人员到研究员

从 1979 年年初进入省社会科学院至今 32 年的时间里,我逐渐走上了一条从学、治学以及后来参与治所、治院的艰辛而又快乐之路,为社会科学事业的繁荣,为社会学学科的恢复、重建与发展既倾注了大量心血,又得到了相应的回报,也享受着付出后的喜悦。

刚到社会科学院时我面临着一个全新的环境,人复杂了、事复杂了、关系复杂了,但我依然极力将复杂的问题简单化,以一个研究人员的本分一切从头学起、做起。我的研究工作是从学习研究政治学起步的,三年里发表了以《在改革中发展社会主义》为代表作的 11 篇论文,为后来的研究先练了练手。

1983 年,我转入社会学领域的小城镇研究。1984 年赴京参加了著名社会学家费孝通先生主讲的社会调查和小城镇研究讲习班,到 1985 年年底在《中国城乡建设》等刊物上,发表研究小城镇地位、作用、发展战略、东西部比较等内容的文章 10 多篇,成为甘肃和西北最早系统研究小城镇的学者。

1985 年是我学术生涯中变化比较大的一年。当年 9 月,我成为社会学法学所主持工作的副所长。为了改变以往研究人员各自为战、所无主方向的状况，确定农村社会学和民族社会学为研究所的主要研究方向，我个人也把研究方向转移到这两个学科和社会发展问题上来。也从这一年开始，我的学术研究有了较大进步。至今令人难忘和感到快乐的大概有这样5个"第一"：

一是1986年我主持的《甘肃省农村社会问题和社会发展调查》课题的阶段性成果"小农观念的调查与思考"，在当时省委双周理论座谈会上发言后，得到省委领导的充分肯定，《光明日报》当年8月4日头版头条作了报道，《甘肃日报》专发了评论员文章。该文又在国家权威刊物《社会学研究》上公开发表。一篇社会学的调研成果引起媒体和高层的如此重视，这在甘肃社科界至今还没有第二例。

二是1986年当选为甘肃唯一的国家社会科学基金社会学学科组评审委员，在全国200多名委员中也是最年轻的一位委员。

三是1992年由于研究成果比较突出，由中级职称直接破格晋升为研究员，成为当时甘肃人文社会科学领域最年轻的研究员。

四是1999年作为学科带头人与西北师大合作，申报设立了当时西部地区第一个社会学硕士点，至今已培养出近200名高级社会学人才。

五是2005年当选为中国社会学学会副会长，是中西部地区当选的唯一的副会长，也是甘肃唯一的国家一级学会副会长。

在研究岗位上快乐最多的事，莫过于不断发现问题、研究问题、提出新观点、形成新成果。在30多年的研究历程中，共主持和完成国家社科基金项目12项，国内外合作项目8项，省级项目16项。出版专著和合著20余部。发表论文和研究报告百余篇，其中在国外和国际会议发表论文5篇。有11项成果先后获得省级以上社会科学优秀成果奖。

社科理论研究是一项探索社会未知的创造性劳动，既要特别关注深入实际，调查研究，又要非常注重理论概括和理论创新。

在《中国不发达地区农村社会发展》（中国经济出版社1990年版）一书中，我概括提出了"开发社会学"的理论框架及其体系，被学界称之为西部社会学人的觉醒，为20世纪末国家提出"西部大开发"战略作了知识准备和理论呼应。在《中国民族地区社会发展特征及其转型》（《社会学研究》1994年1月）一文中，概括提出了4种社会转型趋向，即：差别发展中临界点趋近趋向，城乡一体化发展趋向，连片滚动发展趋向，单质突破发展趋向。其中"城乡一体化"发展概念在10多年后党的十七大报告中得以采用。在《创建具有中国特色的社会发展理论体系》一文中，构建了从理论层次到实践层次，再到技术层次的"三层次理论体系"。在《山村社会》（甘肃人民出版社2000年版）一书中，概括提出了"二源动力聚合转换理论"以及黄土高原山区生态再造的"基础转型、区域减压、单元增力"对策。2002年，在兰州举行的中国社会学学术年会上，我著文提出了"低代价开发"的观点，后又经过数年的调查研究，使其理论框架和内容不断完善。2008年，在《中国民族地区的社会关系及其战略调整》一文中，我提出了"民族关系是特殊的社会关系"的观点，同年，《新华文摘》第14期全文进行了转载。

在漫长而快乐的从学治学路上，我曾得到社会学界前辈、师长和同人的关爱和教诲。受毕可生先生的启蒙和引路，我有幸进入社会学领域。从20世纪80年代初开始，多次同老一辈社会家费孝通教授同堂开会，聆听他的教诲。著名社会学家雷洁琼先生更是亲自听取我研究毒品问题的汇报，为我主编的《日趋严重的毒品问题》一书题写"发动全民禁毒，提高民族素质"的题词。王康教授长期关心着甘肃社会学的发展，曾任我们社会学研究所名誉所长，多次为我的著作撰写序言予以鼓励。陆学艺、郑杭生是比较年轻的著名社会学家，我同他们在国家社科基金会共事近20年，他们不仅对我个人在各方面给予指导和教诲，而且对甘肃乃至西北社会学界在申报项目、设立硕士点等重大问题上，长期给予关注、指导和支持。还有一批和我差不多同龄和小一些的学界同人和朋友，如赵子祥、谷迎春、潘永康、卢汉龙、谢寿光、李培林、宋林飞、王思斌、李强、蔡禾等，都曾给予我和甘肃社会学界无私的支持和帮助。如此等等，是我人生中极其宝贵的财富，为我的学术生涯增添了不少智慧和力量。

30多年来，在处事上我是一个随缘的人，保持一种平常、平实、平衡的平民心态。崇尚孟子"博学之、慎思之、明辩之、笃行之"的古训，追求一种低调的"自知"境界。但在生活上却是一个比较简单的固执人，认死理，相信自己。一直信守着作为儿子必须孝敬父母，作为丈夫必须关爱妻子，作为父亲必须抚育儿女等，这些生活中理应遵循的再也简单不过的常理。几十年来，我从没有因为工作，减少、推卸和放弃过儿子、丈夫和父亲的责任，而是努力去把它做好。我不赞同业界一些同人昼伏夜劳的工作方式，也不认同不顾家庭的所谓事业型的"大男子"和"女强人"，我的所有学术成果几乎都是在白天"八小时"内完成的。也可能正是这种固执，才使我少了许多缺憾，而平添了许多快乐。

我今年65岁，还不是太老，但回头看人生，不免有一些感悟。谁都知道，人，一简单就快乐，可快乐的人并不是很多；一复杂就痛苦，但自找苦吃的却俯拾即是。这反映了一个谁也回避不了的现实问题，即人在生活中究竟该追求什么？我的感悟是在复杂多变的大千世界里，要善于把复杂问题简单化，具体而言，就是谋事不谋人，包容不排斥，记情不记仇，知足不苛求。要学会在追求理想、实现人生价值和忙碌的人生中寻找快乐，创造快乐，抓住快乐，储存快乐，享受快乐，把事业和快乐一同进行到底。我也期盼我自己在今后的生活中依然简单并快乐着。

值《社会发展论》完稿付印之际，用以上的自言自语自勉，是为序。

目　录

我的人生：简单并快乐着（代序） …………………………（1）

第一篇　社会发展理论研究

社会发展理论的演变走向及其特征 …………………………（3）
　　一　经典社会发展理论 ………………………………（4）
　　二　发展理论 …………………………………………（7）
　　三　协调发展理论 ……………………………………（10）
　　四　以人的永续需要为中心的社会可持续发展理论 …（13）
建立具有中国特色的社会发展理论体系 ……………………（16）
　　一　宏观层次——社会发展理论的构架及支点 ……（16）
　　二　中观层次——社会发展模式和战略 ……………（21）
　　三　微观层次——社会政策和社会工作 ……………（24）
在改革中发展社会主义 ………………………………………（27）
"人的全面发展"的定位与内涵 ………………………………（36）
　　一　推进"人的全面发展"是党的最高纲领和最
　　　　低纲领的契合点 …………………………………（36）
　　二　推进"人的全面发展"是党的社会发展的
　　　　转折点 ……………………………………………（37）

三　推进"人的全面发展"是落实"三个代表"重要
　　　　思想的着眼点 ……………………………………… (38)

第二篇　邓小平社会发展理论研究

邓小平社会发展理论初探 ………………………………… (43)
　　一　新中国成立以来社会发展理论的探索过程 ……… (43)
　　二　邓小平社会发展理论的科学体系 …………………… (45)
　　三　邓小平社会发展理论的历史传承和本土化再造 … (50)
试论邓小平的社会发展思想及其特点 …………………… (54)
　　一　邓小平社会发展思想的理论支点 …………………… (54)
　　二　邓小平社会发展思想的实践模式 …………………… (59)
　　三　邓小平社会发展思想的特点 ………………………… (63)
论邓小平的协调发展思想 ………………………………… (66)
　　一　邓小平协调发展思想的缘起和形成过程 ………… (66)
　　二　邓小平协调发展思想的内涵和理论体系 ………… (73)
　　三　邓小平协调发展思想的理论和实践特色 ………… (76)
持续、稳定、协调发展的方针是社会发展的保证 ……… (80)
和谐社会的实质是"三大关系"的和谐 ………………… (84)
　　一　人际关系的和谐 ……………………………………… (84)
　　二　人群关系的和谐 ……………………………………… (85)
　　三　人地关系的和谐 ……………………………………… (86)

第三篇　农村和区域社会发展研究

从发展战略看中国社会第一问题 ………………………… (91)
　　一　绝非臆构的"第一问题" …………………………… (91)
　　二　"第一问题"与社会可持续发展 …………………… (92)

  三　现代化过程中的"两翼"同步发展 …………………（94）
中国西北黄土高原山村社会结构调整与社会发展 …………（96）
  一　问题的提出 …………………………………………（96）
  二　框架与概念 …………………………………………（98）
  三　研究方法和操作技术 ………………………………（102）
  四　个案概况 ……………………………………………（104）
  五　探索与讨论 …………………………………………（106）
西北开发的历史教训与低代价开发理论建构 ………………（111）
  一　西北开发的历史反思 ………………………………（111）
  二　新一轮开发呼唤新理论的应对与支持 ……………（115）
  三　低代价开发的路径选择 ……………………………（119）
小农观念的调查与思考 ………………………………………（123）
  一　正确估量小农观念的存在和影响 …………………（123）
  二　"治穷"必须"治愚" ………………………………（128）
  三　告别"小农",奔向"小康" ………………………（129）
不发达地区农村社会保障与社会整合 ………………………（132）
  一　社会保障是社会整合的有效手段 …………………（132）
  二　培育和构造社会保障机制,促进社会保障和社会
    整合同步发展 ……………………………………（134）
  三　重组保障纽带,强化功能 …………………………（136）
中国西北扶贫的举措——开发型移民 ………………………（139）
  一　扶贫开发型移民的动力源 …………………………（139）
  二　扶贫开发型移民的特点 ……………………………（144）
  三　扶贫开发型移民的综合效益 ………………………（149）
区域经济合作与社会发展 ……………………………………（156）
  一　区域经济合作的动力源 ……………………………（156）
  二　中国区域经济合作的发展 …………………………（158）
  三　区域经济合作与社会发展的耦合度 ………………（161）

甘肃省农村社会问题与社会发展调查报告 ……………… （164）
  一　改革和变新是当今农村社会的主旋律 ……………… （165）
  二　改革的强化与旧生产方式和社会意识的反冲，构成了
    当前农村社会发展的主要问题 ………………………… （170）
  三　坚持"四同步"，促进农村经济、社会、文化的
    协调发展 …………………………………………………… （175）

甘肃省社会发展的定量评估及问题分析 ………………… （183）
  一　社会指标体系的内容及评估方法 …………………… （183）
  二　甘肃社会发展水平的评估与比较 …………………… （184）
  三　甘肃社会发展中有关问题的评估分析 ……………… （187）

"入世"后陇东南经济社会发展面临的机遇与挑战 …… （192）
  一　"入世"对陇东南经济发展的机遇与挑战 ………… （192）
  二　"入世"对陇东南社会发展的机遇与挑战 ………… （196）
  三　"入世"对政府的机遇与挑战 ……………………… （198）

社区建设中的国家与社会关系模式 ……………………… （200）
  一　传统体制下"行政直线式"的社区管理模式 ……… （201）
  二　社会转型期发展现代社区的必要性 ………………… （202）
  三　强政府—强社会模式下的社区建设 ………………… （204）

风险社会及安全建构 ……………………………………… （209）
  一　风险社会的理论 ……………………………………… （209）
  二　风险社会的风险特征 ………………………………… （211）
  三　我国社会风险的成因 ………………………………… （211）
  四　我国社会风险的安全建构——基于一种分析视角
    ………………………………………………………… （212）

第四篇　民族地区社会发展研究

中国少数民族地区社会发展特征与转型 ………………… （219）

一　少数民族地区社会的一般特征 …………………… (219)
　　二　少数民族地区社会发展的结构性障碍 …………… (223)
　　三　少数民族地区社会发展和转型的未来趋向 ……… (225)
西部民族地区发展中有关问题的反思 …………………… (229)
　　一　民族地区贫困的实质 ……………………………… (229)
　　二　民族差别与民族意识 ……………………………… (230)
　　三　民族地区的人口问题 ……………………………… (232)
　　四　宗教与民族地区发展 ……………………………… (233)
　　五　民族关系的内涵与外延 …………………………… (235)
　　六　竞争与民族差距的关系 …………………………… (236)
西北民族地区社会发展与稳定因素的凝聚和强化 ……… (238)
　　一　经济发展强化了社会发展与稳定的内驱力 ……… (239)
　　二　生活水平的提高和多层次需要的满足强化了社会主
　　　　体对发展与稳定的认同感和承受力 ………………… (240)
　　三　民族素质的提高强化了社会稳定与发展的凝聚力
　　　　………………………………………………………… (243)
　　四　宗教内部的变革强化了信教群众同发展与稳定的
　　　　适应能力 ……………………………………………… (245)
民族地区特殊的社会关系及其战略调整 ………………… (249)
　　一　社会关系的社会学定位 …………………………… (249)
　　二　民族地区特殊的社会关系 ………………………… (252)
　　三　特殊社会关系的战略调整 ………………………… (256)
民族地区社会发展的理性思考：论民族社会学 ………… (260)
　　一　民族社会学的学科性质及研究对象 ……………… (260)
　　二　民族社会学的渊源及其发展 ……………………… (276)
　　三　民族社会学与相关学科的关系 …………………… (284)
　　四　民族社会学的跨学科研究方法 …………………… (287)

第一篇

社会发展理论研究

社会发展理论的演变走向及其特征*

从一般意义上讲，人类自产生以来就面临着两种发展问题，一是"物"的发展，亦即经济发展；一是"人"的发展，亦即社会发展。但真正意义上的社会发展理论，却产生于1838年奥古斯特·孔德提出社会学这一新的学科概念之后，包括马克思主义的社会发展理论。我们所说的社会发展理论，是指对社会发展过程和规律系统化、规范化了的理性认识和抽象概括，它的形成和发展经历了漫长的演进过程。

作为研究现实社会生活、社会关系、社会现象和社会发展的社会学，最早是在哲学中孕育起来的。长期以来，关于社会发展的思想与其他许多知识一起，以统一的形式包容于"大哲学"之中。16、17世纪在实证科学浪潮的冲击下，首先使天文学、力学等自然科学从哲学中分化出来。19世纪上半叶，法国的昂利·圣西门促进了社会发展思想与"大哲学"的分离。他提出，关于人类社会的研究至今还是"臆测性的"，应建立一门"实证科学"①。1838年，他的秘书孔德在出版《实证哲学教程》第四卷时，终将"社会物理学"改为"社会学"，并指出采用新术语并非喜欢创造新词，而是有必要建立一门以实证方法来研究社会现

---

* 《甘肃社会科学》1999年第3期。
① 《圣西门选集》第1卷，第44、81页。

象的独立学科。①

在这一点上，马克思、恩格斯与孔德持有相近的观点，在1844年他们写作的《神圣家族》中，就把"社会学"与"现代哲学"区分开来。这标志着伴随社会学新学科的形成，真正意义上的社会发展理论也随着孔德的社会动力学和社会静力学而发轫了。自此之后，它经历了两大发展阶段：从19世纪30—40年代到20世纪40年代为第一阶段，这一阶段的特点是把社会作为一个有机整体加以研究；从20世纪50年代以来，社会发展理论进入第二个发展阶段，其特点是用各种不同的理论解释现实社会的发达与不发达、先发展与后发展的现象，以及落后地区如何发展、实现现代化的问题。

在两个阶段的发展过程中，又演变出特征各异的四种类型理论，即：经典社会发展理论、发展理论、经济社会协调发展理论、社会可持续发展理论。其演变的基本走向是：由重物到人、物并重，再到以人的永续需要为中心。

一　经典社会发展理论

相对于现代的社会发展理论，我们将最早形成的、带有奠基性的理论和学派称之为经典社会发展理论。在社会发展理论体系中，一般是由社会理论和发展理论两部分构成的，因而要正确认识和界定社会发展，并由此抽象概括出社会发展的基本理论，首先应从科学解释"发展"开始。

"发展"概念源于欧洲，最初是从生物学借用来的。这一概念的核心内容是指有机体内在的、定向的、渐进的、不可逆转的和有目的的变化过程。后来，随着欧洲文明的演进，"发展"概

---

① 夏基松：《现代西方社会思潮》，1987年，第122页。

念逐渐被引入社会科学领域。在哲学领域,"发展"是指事物由小到大、由简到繁、由低级到高级、由旧质到新质的运动演进过程;在19世纪,社会学的奠基者将"发展"概念应用于研究社会过程,由此产生了以社会进化论为特征的社会理论;在发展理论中,"发展"被看做是一个国家或社会由落后的不发达状态向先进的发达状态的过渡和转化;在直接研究社会发展的发展社会学中,认为"发展"是社会有意识地逐渐向科学化和成熟变化的过程,目的是实现预定的、估计可行的社会和经济进步。

从上述引证中看出,"发展"是一个宽泛的概念。即使在社会发展理论中,"发展"、"进步"、"增长"、"变迁"也常常被当成含义相近的术语使用。一般说来,经济学家笔下的"发展"指的是"经济增长",社会学家则用"社会变迁"来说明"社会发展",其他各门学科也有自己的"发展"范畴。

在西方的社会发展研究中,普遍采用"现代化"概念来具体表述近、现代社会发展的历史与现实。这一概念把经济、社会、政治、文化的进步和人自身的发展等含义融合在一起,把工业化、人口增长、科学技术进步、文明类型的演进乃至社会形态的更迭等囊括无遗。因此,社会发展理论在一定的时段下,多半是现代化理论的同义语。

正是由于对"发展"的不同解释,即使在社会发展理论形成之初的经典社会发展理论体系中,也表现出多种学派、多元理论纷争的特点:

结构功能主义认为,社会发展主要指社会结构的进化以及由此导致的社会适应能力的提高。这一理论由美国社会学家T.帕森斯创立,其代表人物有斯宾塞、默顿等。

在结构功能主义中,传播最广并受到广泛承认的是帕森斯的"均衡论模式"和"均衡四法则"。他认为社会系统具有四种基本功能:A—适应功能,G—目标实现功能,I—整合功能,L—模式维持功能。这四种功能分别由行为有机体系统、人格系统、社会系统、文化系统4个子系统来执行,从而实现社会结构各个要素系统之间的稳定。与此相适应,帕森斯又与贝尔斯提出了"均衡四法则",即惯性原则、行为和反应原则、力的加强原则、体系一体化原则;并用这些法则保持社会体系的均衡。

冲突理论认为,社会发展主要指社会冲突调节机制的进步以及由此导致的调节能力的提高。这一理论的代表人物有德国的达伦多夫和科塞等,基本理论有三个主题:一是冲突在社会结构中是如何出现的;二是冲突的方式;三是冲突是如何影响社会发展的。认为任何社会结构都包含有合作与冲突,其原因一是价值观念的分歧与对立,二是权力、地位、资源分配的不均。冲突可以增进而不是降低社会调节,由此又提出了调节冲突的"安全阀定律",用以人们发泄对抗情绪,提供警报信息与化解社会矛盾,促进社会发展。

社会交换理论认为,社会发展是通过人与人的对等性交换行为形成的。代表人物有美国的社会学家乔治·霍曼斯和彼得·布劳。他们把经济学的功利原理运用到社会行为的研究中,提出了构成社会行为的五个命题,即刺激命题、成功命题、价值命题、丧失与满足命题、攻击与赞同命题。[①]

符号互动论认为,社会发展是指人们之间沟通方式的进化以及相应产生的各种交往能力的增强,代表人物有美国的乔·赫·米德和H.布鲁默。他们认为社会交往至少有两个个体,是一种符号性的(例如字母、语言、电码、动作、数学符号和化学符号等)相互交往。由交往产生理解和沟通导致交往主体的相互适应和发展能力的提高。

法兰克福学派认为,社会发展主要指社会制度的进步以及由

---

① G.霍曼斯:《社会行为》,第53页。

此带来的人们束缚的减弱、人的解放和自由程度的提高，代表人物主要有霍克海默、马尔库塞等。

马克思主义认为，社会发展是生产关系和与生产关系相适应的各种上层建筑的进步以及由此导致的社会生产力的提高。

另外，还有需要层次论（美国，马斯洛等）、法国社会年鉴派（又称杜尔凯姆学派）、分析学派（美、法，鲍顿等）、文化历史学派（德、英、美，格雷布内尔等）、制度学派（美，凡勃伦等）等，都从不同角度、不同层次上研究社会发展，提出了各自不同的理论和观点，丰富和完善了社会发展理论的经典宝库。

二　发展理论

发展理论是随着20世纪50年代兴起的发展研究而形成的。在此之前，经典社会发展理论研究，涉及的多半是西方社会自身的问题。如果我们追溯到历史上孔德、斯宾塞、涂尔干、帕森斯、韦伯、迪尔凯姆等伟大学者在社会研究方面的著作，我们就会看到，他们所阐述的观点，既涉及工业化以前的社会，又涉及工业社会。他们的社会发展理论可归纳为两类范式，一类是注意社会演进过程的进化论范式，一类是寻求社会平衡发展的均衡论范式。这些实际上是建立在关于社会起源、发展演变过程及社会未来的一系列假设的基础之上。虽然经典社会发展理论为后来的研究奠定了基础，但这些理论很大程度上是以19世纪关于社会进化过程理论为依据的。而这种"依据"与第二次世界大战后大多数第三世界国家面对的"不发达"现实毫无共同之处。因而，以专门研究第三世界发展中国家发展问题的发展研究和发展理论蓬勃兴起，相继创立了发展经济学、发展政治学、发展社会学、新发展哲学等学派；经济增长战略、进口替代战略、基本需求战略、经济社会综合发展战略、人力资本投资战略等频频问世；哈罗德—多马增长模式、刘易斯二元结构模式、罗斯托六阶段发展世界模式、巴里洛克模式等流行一时。

发展研究从兴起之时就涉足两方面的领域，一是以第三世界发展中国家政治、经济、社会、文化的发展为对象，研究这些国家现代化的理论、模式、战略乃至具体政策，可称之为狭义的发展研究；二是探讨社会发展的一般规律，从全球的背景上阐明各地区和各国社会经济发展的现状与未来，可称为广义的发展研究。

在发展研究及其理论中，同样存在着各种不同的学派，就其主要观点和方法论而言，大致可分为三种学派：

一是"现代化理论"学派。代表人物有 P. 鲍尔、W. 罗斯托、N. 艾森斯塔德、D. 贝尔、A. 英克尔斯等。实际上，对现代化的研究早在社会学的奠基人那里就开始了。帕森斯在《现代社会体系》一书中就提出了现代化问题，并将世界现代化划分为三个阶段。据此，我们可以把西方社会发展理论中的"现代化理论"也分为以下三个阶段：

第一阶段为 17 世纪到 19 世纪末，与以英法为代表的西欧社会的现代化相对应，包括洛克的古典市民社会论，斯密和李嘉图的古典经济学，圣西门、孔德、斯宾塞等人的实证主义产业社会论等。

第二阶段为 20 世纪前半叶，它与以德国和北欧为主导的第二阶段的现代化相对应，包括迪尔凯姆的从机械连带到有机连带的理论，滕尼斯的从礼俗社会到法理社会的理论，韦伯的从传统社会到近代社会的理论等。

第三阶段从 20 世纪 50 年代开始，与第三世界发展中国家的现代化相对应，也就是本文所说的"现代化理论学派"。他们认为，现代化就是落后的传统社会发展成工业化的西方社会模式。后来，英克尔斯等又提出"社会技术"性的现代化理论，即从教育、服务、保健、生活方式和政治等社会层次实现现代化；从组织结构、权威改造、社会流动、社会调控等制度层次实现现代化。

二是"依附论"学派。这种理论是从西方发达国家与非西方不发达国家之间的关系上论述不发达国家之所以不发达的原因的，以普雷维什、弗兰克、桑托斯、卡托索、伊文思等为代表。他们将依附形式分为三类：一是殖民地型依附，二是进口替代型依附，三是跨国公司型依附。先后提出了"不发达的发展"、"依附的发展"等观点。

三是"世界体系论"学派。这种理论是依附论的提高和发展，主要代表人物是沃勒斯坦。他认为世界是一个统一的整体，在这个体系内少数国家处于"核心"，其他国家分别处于半边陲和边陲地位。发展的主要意义就在于如何改变在世界体系结构中的位置，即从边陲晋升到半边陲。

上述三个学派分别代表着发展理论研究的三个阶段，从强调文化价值与意识形态决定经济增长的现代化理论；到从历史整体的角度探索发展规律的世界体系论，是发展理论研究的深入和进步过程，它们提供的理论和分析框架，颇具参考价值。但是，发展研究及其理论也存在明显的缺陷。总的说来，在50年代、60年代，"发展"几乎总是被看做一种经济现象，不论哪种学派，都把"发展"的定义局限于狭隘的经济增长中，因而我们又把具有这种倾向的发展理论称之为传统社会发展理论。

与这种理论相伴而生的便是传统发展战略，它的基本点是把经济增长，具体而言就是把人均国民生产总值的增长作为社会发展首要的甚至是唯一的目标。因此，通常又将其称之为"增长第一战略"。1969年应世界银行要求所提出的皮尔逊报告和联合国第一个发展10年计划，便是传统发展战略的典型例证。

传统发展理论及其战略的弊端是极为明显的。首先，这种战略是以资源可以无限制开发的假设为前提的,几乎不考虑经济增长对环境和生态系统的破坏性影响;其次,经济的增长并不能自动实现公平分配、充分就业、消除贫困等社会发展目标;再次,以传统发展理论为指导的经济增长偏离了社会主体——人的基本生活需求。

在第三世界国家发展的实践中,虽然经过数十年的艰苦努力,一些国家取得了较高的经济增长率,达到甚至超过了联合国两个"发展的10年"提出的增长指标。可遗憾的是,单一的经济增长并没有使社会发展同步。相反,贫富两极分化、食品短缺、通货膨胀、贪污腐败、政治冲突、社会动荡等日益加剧,大多数发展中国家陷入内部问题的严重困扰之中。

面对传统发展理论及其战略造成的恶果,人们对这一理论的怀疑失望急剧增长,称过去20年的历程为"有增长而无发展"、"无发展的增长"、"以人的剥夺为代价的发展"。因此,从70年代开始,发展研究及其理论出现了从经济层面向社会层面的转变,亦即由重物到物、人并重的转变,由此又促动了协调发展理论的形成。

三 协调发展理论

从传统社会发展理论到协调发展理论的转变,是从对于人的关注开始的,是由"基本需求理论"及其战略引发的。1976年,国际劳工组织在日内瓦召开的世界就业大会上提出了"基本需求战略",强调个人和整个人类的全面发展,以全体人民的基本需求来安排整个社会的发展。其目标不是增长,而是发展,除了国民生产总值的增长之外,还包括消灭贫困、充分就业、公正分配、公民参与等重要的社会目标。

对人的基本需求的关注,经典社会发展理论早就涉足过。社会人类学家马林诺斯基曾提出人的需要的三种类型：第一类是生物性的基本需要，如营养、生殖、安全等；第二类是手段性的需要，如生产技术、社会组织等；第三类是维持性的需要，如知识的积累和传播、道德和文化的维持。①

20世纪50年代，马斯洛学派提出了人的需要的五个层次理论：第一层次为生理需要，包括饮食、睡眠、性欲、活动能力等最基本的个体需要；第二个层次是安全需要，包括安全感、社会秩序的安定、生命和财产的保障等；第三层次是社交需要，也称爱和归属的需要，包括对爱情、友谊、情感交流、社交活动等；第四层次是尊重需要，包括自我尊重和受他人尊重两个方面；第五层次是自我实现需要，包括实现个人理想、充分发挥个人才能和潜力的需要。

在马克思主义社会发展理论中，需要理论占有很重要的地位。他们把人的需要划分为物质需要、社会需要、政治需要、精神需要；认为需要是生产发展的内在的动机，现实行动的推动力，"没有需要，就没有生产"②，"已经得到满足的第一个需要本身……又引起新的需要"③。后来，列宁据此概括出了"需要的上升规律"，并把这一规律同社会生产增长过程和社会发展过程直接联系起来。

此后，随着以微电子技术和空间技术为代表的新技术革命的冲击，经济活动的范围极大地扩展了，经济本身已经深深地渗透到社会领域，与社会相互交叉、相互兼容。与此同时，一些新的社会性障碍和社会问题成为经济发展的阻力，如人口因素、人的素质因素、体制因素，以及犯罪问题、资源问题、生态问题等。因此，无论发达国家还是发展中国家，都面临着经济与社会协调

---

① B.马林诺斯基：《原始人的性生活》，第36页。
② 《马克思恩格斯选集》第2卷，第94页。
③ 《马克思恩格斯全集》第3卷，第31、34页。

发展的问题。

有鉴于此,从 70 年代以来,在西方出现了一批有关论述协调发展的论著。1972 年著名的罗马俱乐部发表了《增长极限》的研究报告,对传统的"增长第一"战略进行了强烈的批评,认为地球是个有限的系统,这种有限性决定了人口和经济的增长必然有一定限度;对增长的陶醉与崇拜势必导致世界体系的崩溃。人类明智的选择是从过度增长转向均衡增长,即经济和社会的协调发展。

法国学者佩鲁在《新发展观》一书中指出,经济增长并不等于发展,没有发展的经济增长是危险的,必须从经济增长与社会发展的协调性上全面评价发展的内容和实质,提出了"发展＝经济增长＋社会进步"的公式。

另外,法国巴黎的未来研究世界联合会、瑞士的日内瓦社会远景世界协会等国际组织也提出了经济和社会协调发展的观点,指出当今世界经济与社会问题相互纠缠,难解难分,如大量的人口增长,现实和潜在的资源匮乏,罪恶和毒品泛滥,恐怖主义肆虐,生态环境恶化,道德价值沦丧等。在这种情况下,已很难对个别问题提出个别的解决办法,而要用系统的方法解决经济、社会的协调发展问题。

全球性的问题终于引起了全球性的关注。在联合国通过第二个发展 10 年（1970—1980 年）计划的决议中,明确提出了满足个人福利问题,并将经济和社会并举,同等关注。决议中写道:"发展的最终目标是为了使个人的福利持续得到改进,并使所有的人都得到好处。如果不正当的特权、贫富悬殊和社会不正义继续存在下去,那就其基本目的来说,发展就是失败的。这就要求有一个以发展中国家和发达国家在经济与社会生活的一切领域中——采取以共同和集中行动为基础的全球性发展战略。"[①] 这个

---

① 潘允康等:《经济改革的社会观》,第 7 页。

战略就是"经济发展与社会发展协调"（均衡）的发展战略。

至此，可以认为从传统社会发展理论到经济、社会协调发展理论的转变已经完成，这一理论的基本内容可以概括为五个方面：一是目标协同，就是经济、社会发展子目标之间与它们协调发展的总目标协调；二是功能齐备，就是经济发展是社会发展的基础和动力，社会发展是经济发展的目的和保障，二者相互促进，共同发展；三是结构合理，指经济结构和社会结构要同步优化，相互适应；四是效益统筹，指既关注经济效益，又要关注社会效益；五是利益兼顾，指在发展中既要兼顾个体利益，又要兼顾群体利益，同时要在多层次上满足社会成员的各种基本需要。

四 以人的永续需要为中心的社会可持续发展理论

经济、社会协调发展理论自70年代形成到80年代以来，虽然表现出了强有力的理论导向作用，对传统发展理论造成的"增长第一"、"有增长而无发展"，忽视人的当代需要的倾向有所遏阻，但并没有根本扭转全球性的生态恶化、资源浪费、环境污染、能源危机等危害当代人类利益，又威胁子孙后代长远利益的问题。而且这些公害大有日趋加剧之势，迫使人类不得不进一步探索更符合现实的社会发展理论。"可发"概念最早提出于1972年斯德哥尔摩的世界环境大会。

1981年，美国世界观察研究所所长莱·布朗博士出版了《建设一个可持续发展的社会》一书，可以认为是可持续发展理论的代表作。它一方面扬弃了罗马俱乐部"增长极限"论的悲观取向，另一方面又重申了罗马俱乐部对全球问题的关注，以大量系统、翔实的统计资料，阐述了这些问题的严重程度，明确提出：人类社会发展必须严肃面对这些问题，以可持续发展为唯一选择，其中包括力求人口稳定、保护资源、开发和利用可再生能源以及改变人们的既有价值观念等。

值得注意的是"可持续发展"概念提出之后,不仅很快成为学术界研究的热门话题,而且日益成为联合国活动的主题之一,1987年,世界环境与发展委员会发表了著名的学术报告——《我们共同的未来》,指出环境问题从根本上说是人类对资源的不合理使用和浪费造成的,而且,由于人类活动对环境所造成的危害已经超出了一个部门、一个国家的限制,并进而发展成为全球性的问题,为此,"需要一条新的发展道路"——可持续的发展。[①]接着,在1992年的联合国环境和发展国际大会、1994年联合国人口与发展国际大会、1995年的世界发展首脑会议、第四次世界妇女大会等,都使社会可持续发展理论及战略的正确性和可行性进一步得到论证和肯定。尤为引人注目的是,1995年的世界发展首脑会议,在可持续发展的总框架下,还把"以人为中心"的内容,用《行动纲领》和《宣言》的形式确立了下来。

作为一种新的社会发展观,"可持续发展"概念的提出,不仅唤起了人类对自己生存环境的关注,更为重要的是,它更新了人类对"发展"的认识。从传统社会发展理论忽视人的单纯经济增长倾向,到经济、社会协调发展的人、物并重,再到可持续发展的以人的永续需要为中心的演变,标志着人类认识和发展理念的日益成熟和理智。这已经远远超出了一种理念所具有的单纯含义,而是触及人类社会更为广泛和深入的层面,迫使人们不仅从当前而且从未来的角度,既控制自己的行为方式,使社会持续发展;又提高持续能力,使社会可持续发展。

从可持续发展理论及战略的形成和发展中可以看出,这一理论蕴涵着发展主体之间的平等原则和发展要素之间的协调发展。这一理论的基本内容可概括为:一是发展状态的持续性,即坚持

---

① 杨恂:《可持续发展浅议》,《中国人口报》1996年8月23日。

不间断的、持久的发展；二是发展能力的可持续性，即今天的发展既要满足当代人的需要，又要积蓄和增强持续发展的能力，顾及后代人的需要；三是空间发展的合理性，即局部的发展要服务于整体的发展，小区域的发展要服务于大区域的发展；四是时间发展的有序性，即今天的发展为明天的发展创造更好的条件，当代的发展施惠于后代的发展。它的理论贡献集中表现为，把经济、社会的协调发展，扩展到资源、环境、生态等人的生存环境领域；把满足人的需要由当代延伸到后代；把以人为中心的内涵由关注人、发展人推广到与人自身的行为约束、自我控制和与自然和谐共处等更广泛的领域。因而，正如和平与发展是当今时代全球的主题一样，人与生态环境和谐的可持续发展也是一个已基本取得全球化共识的当代人类社会的主题。这是20世纪人类探索社会发展道路的最高智慧结晶，也是本世纪人类社会继续发展的基本选择。

建立具有中国特色的社会发展理论体系[*]

社会发展理论是对社会发展问题系统化了的理性认识。到目前为止,对社会发展既不乏广义的解释,又多见狭义的诠注。但一般来说,它必将涉及经济、政治、文化、科技、伦理、精神,以及人的发展和需要满足等方面的内容。因此,可以认为,凡与上述有关的理论、观点、方法和发展模式、战略、政策及操作技术等要素,均属于社会发展理论体系的范畴。而且这些要素在客观上形成一个组合有序、层次分明、相互关联的统一体:即宏观层次到中观层次,再到微观层次的三元递进、双向循环的结构体系。

一 宏观层次——社会发展理论的构架及支点

(一) 社会发展的理论界定

笔者认为,要正确界定社会发展,理应从科学解释"发展"开始。"发展"作为哲学名词,是指事物由小到大,由简到繁、由低级到高级、由旧质到新质的运动变化过程。在发展理论中,发展(derelopment)指一个国家或社会由落后的不发达状态向先进的发达状态的过渡和转化。在发展社会学中对"发展"的争论

---

[*] 《甘肃甘肃科学》1996 年第 2 期。

颇多，英国学者布兰特综合各家之说后认为：“发展”是社会有意识地逐渐向科学化和成熟变化的过程。目的是实现预定的、估计可行的社会和经济的进步。

由于对"发展"一词的不同解释，一旦将"社会"与"发展"联系起来时，也不可避免地出现了学派之争。结构功能论认为，社会发展主要指社会结构的进化以及由此导致的社会适应能力的提高；冲突学派认为，社会发展主要指社会冲突调节机制的进步以及由此导致的冲突调节能力的提高；符号互动论认为，社会发展是指人们之间沟通方式的进化以及相应而来的各种交往能力的增强；法兰克福学派认为，社会发展主要指社会制度的进步以及由此带来的人们束缚的减弱、人的解放或自由程度的提高；马克思认为，社会发展是生产关系和与生产关系相适应的各种"上层建筑"的进步以及由此导致的社会生产力的提高。

透过众说纷纭的不同定义，我们将会发现社会发展主要涉及两个方面：一是社会本体包括社会结构、社会制度、社会关系和社会机制等。二是社会主体，即作为人的社会个体和社会群体。由此引申下去，社会发展的内涵就明晰可见了：即社会发展主要是指社会本体的变革、进步，以及社会主体的解放、需要满足和各种能力提高的动态变化过程。

（二）社会发展的理论构架

最早的社会发展观是理性主义的，主要由以下理论构成：（1）理性先定论。认为社会发展的依据和尺度是理性预先决定的，理性是外在于人先于人而存在的永恒原则。（2）本体还原论。认为理性作为先天的力量是一切存在的本体属性，依据理性的发展是一种向本体复归的过程。（3）单一模式论。认为从理性出发，社会发展的过程是既定的、单一的、无可选择的。（4）世界至善论。认为从理性出发，社会发展向越来越符合理性的趋势前进，最终达到至善至美的终极境界。①

现代的社会发展观是随着"发展"研究的兴起而形成的。其主要理论是：(1) 社会发展决定论。这种理论认为社会发展的过程不以人们的意志为转移，物质因素、技术、信仰和政治体系只决定着社会的特征和发展程度。(2) 现代化理论。西方社会学家探索现代化问题者甚多，如 P. 鲍尔、W. 罗斯托，N. 艾森斯塔德、D. 贝尔、A. 英克尔斯等。起初，西方学者认为，现代化就是落后的传统社会发展成工业化的西方社会模式。后来，以英克尔斯为代表的现代化学派又提出"社会技术"的现代化理论，即从教育、服务、保健、生活方式和政治等社会层次实现现代化，从组织结构、权威改造、劳动报偿、社会流动、社会调控等制度层次实现现代化，以及实现人的现代化。(3) 国际结构理论。这种理论由西方学者保尔·巴兰、T. 黑特尔和布兰特等人提出，他们依据人口学理论，认为由于发达国家和落后国家的人口数量、质量和生活水平的巨大差异，形成了世界经济难以平衡的结构状态，主张发达国家和不发达国家合作互利，共存共荣。(4) 依附理论。这种理论是从西方发达国家与非西方不发达国家之间的关系上论述不发达国家之所以不发达原因的。代表人物有普雷维什、弗兰克、桑托斯、卡托索、伊文思等。他们将依附形式分为三类：一是殖民地型的依附；二是进口替代的依附；三是跨国公司的依附。先后提出了"不发达的发展"，"依附的发展"等观点。(5) 世界体系理论。这种理论是对依附论的提高和发展，代表人物是沃勒斯坦。他认为世界是一个统一的整体，分析总体的发展规律，并从总体发展过程中窥视作为部分的国家和社会的发展现象。

在国外的社会发展理论中除上述外，还有内发性发展论、生

---

① 吴忠民：《"改革开放与社会发展理论讨论会"纪要》，《社会学研究》1993年第1期。

态学警告论、人的基本需求论等。都从不同角度对社会发展的动力、目标、途径等进行了有益的论证，形成了以对象——目标——手段——作用为逻辑模式的理论构架。

（三）中国的社会发展实践及理论探索

中华人民共和国从1949年建立以来，对社会发展从理论到实践的探索经历了四个阶段：一是1949年至1956年，实现了独立、统一、社会平等和经济复兴，从制度上消除了阻碍社会发展的根源，从物质上为社会发展奠定了基础。并在理论上进行了初步探索的尝试，其标志是毛泽东的《论十大关系》，提出了我国经济和社会发展的基本原则；二是1957年至1965年，社会在总体的发展中又有曲折，理论探索有新的进展。以毛泽东的《关于正确处理人民内部矛盾的问题》和"造成一个又有集中又有民主，又有纪律又有自由，又有统一意志，又有个人心情舒畅、生动活泼，那样一种政治局面"的讲话为代表。从哲学层次和人的解放上提出了社会发展的战略思路；三是1966年至1976年，社会发展从理论上离轨，实践上失控，遭受严重挫折；四是1977年至今，社会发展的理论和实践获得质的飞跃，其标志是邓小平社会发展理论的逐步形成。

其基本观点有：（1）经济与社会统一观。社会发展应该是经济发展和社会的全面进步。经济发展和社会发展是相互依存、相互促进的，经济发展是社会发展的前提和基础，社会发展是经济发展的结果和目的。（2）稳定与发展协调观。在保持国民经济持续、快速、健康发展的同时，要把促进社会的全面进步和稳定摆在重要的战略位置来考虑，把速度与效益、效率与公平、先富与共富结合起来，实现社会的稳定与协调发展。（3）"两个文明"并举观。坚持物质文明建设和精神文明建设并举的方针，将世界现代文明和中国优秀传统结合起来，既充分接受和应用现代文明的一切合理内容，又弘扬中华民族优良传统，走有中国特色的发展道路。（4）社会发展的宗旨，是促进人民生活质量、人口素质和社会文明程度的普遍提高。（5）社会发展的途径，是以各项社会事业建设为载体，通过有力的政府行为、人民大众的积极参与和有效的管理运行机制，实施一系列的社会政策来实现。

其理论支点是：（1）生产力基础论。邓小平反复强调："马克思主义的基本原则就是要发展生产力"，"社会主义的首要任务是发展生产力"，"并且在发展生产力的基础上不断改善人民的物质文化生活"，为实现社会发展"创造物质基础"[①]。（2）改革动力论。邓小平首次提出了在社会发展过程中"把改革当作一种革命"，"改革也是解放生产力"的思想。认为改革"引起了经济生活、社会生活、工作方式和精神状态的一系列深刻变化"[②]。（3）分段发展论。邓小平把社会主义分为不同的历史阶段，又把社会主义初级阶段分解为温饱社会、小康社会和现代化社会三种发展形态，提出"分三步走"战略，"本世纪走两步，达到温饱和小康，下世纪用三十年到五十年时间再走一步。达到中等发达国家水平"[③]。亦即在90年代建立起新的经济体制；到建党一百周年的时候（2021年），将在各方面形成一套更加成熟的定型的制度；到建国一百周年时（2049年），基本实现现代化。（4）共同富裕论。这是中国现代化与西方现代化的根本区别。邓小平提出："社会主义原则，第一是发展生产，第二是共同致富。"社会发展的目标，就是"最终达到共同富裕"[④]。

---

① 《邓小平文选》第3卷，第63、116、137页。
② 同上书，第142、370页。
③ 同上书，第251页。
④ 同上书，第172、373页。

二 中观层次——社会发展模式和战略

社会发展模式和社会发展战略是社会发展理论的延伸及其具体化，是构成社会发展理论体系中介层次的两大支柱。

（一）社会发展模式

社会发展模式是社会发展理论的实践形式。在人类社会发展的历史长河中，曾出现过多种不同的发展模式。从世界范围看，由于历史传统与文化等方面的原因，各国采取的发展模式各具特色。现代社会大体上可分为西方模式与发展中国家模式。

在西方模式中有德国的"社会市场经济模式"、英美的"自由竞争市场经济模式"、日本的"政府指导型市场经济模式"和苏联的"高度集中的计划经济模式"，以及瑞典等国的"福利国家模式"等。在发展中国家中，发展模式更趋多元化。从政治发展模式看，就曾有西方民主型、军人集权型、君主白色革命型、激进革命型、伊斯兰社会主义型等；从经济发展模式看，有进口替代型、出口导向型、优先发展重工业型和优先发展轻工业型等；从文化模式看，又有拉美地区的新土著主义民族文化、东亚的儒家资本主义文化、中东的伊斯兰改革主义文化、非洲的"黑人传统精神"文化等。

在亚洲，经济发展模式的趋同点是，以政府为主导的经济发展体制，即政府在经济决策和经济决策的实施过程中起着举足轻重的作用。美国学者詹姆斯·费勒思在分析亚洲模式与欧美模式的社会性区别时曾指出：亚洲模式强调集体性，把经济生活中的民族性与疆域性视为一种本性，[①] 此语道出了亚洲模式独特的社

---

① 《大西洋月刊》1994年第2期。

会特征。亚洲的现代化发展模式是在经济发展模式的基础上形成的，从20世纪下半期开始，正在明显地经历着由"国富主导型"、"国民国家型"、"工业化型"向"民富主导型"、"地区圈型"、"后工业化型"、"共存型"转变，形成了转型现代化的新模式。

纵观上述如此纷繁的"多模式现象"。足以说明一个真理，即任何模式在本质上是多元化的，从来不会有也不可能有单一化的一成不变的发展模式。这一具有历史和现实意义的启迪正好为建立中国特色的社会发展模式构建了理论起点和实践基础。

邓小平社会发展模式包括三个层次：一是解放和发展生产力，打破普遍贫穷的落后状态，消除贫困。满足人们生存的基本需求，进入温饱型社会；二是在实现温饱的基础上，使全体社会成员的生活水平达到丰衣足食，消费水平和质量进一步提高，享受需要得到充分满足，社会内部关系和谐，社会系统运行协调，使整个社会进入文明、有序、进步的小康型社会；三是继续坚持以经济建设为中心不动摇，全面发展科技、教育、文化和社会保障、服务、管理等各项社会事业，不断满足社会成员的享受需要和发展需要，在21世纪中叶使中国进入"中等发达国家水平"的现代化社会。

从世界性现代化的时序系统来看，中国真正意义上的现代化起步于世界现代化进程的第四阶段，其发展模式的前提明显带有"后发外生型"的性质。从推进社会向现代化发展的力量来看主要由国家或政府自上而下地发动和组织；从现代化的起点来看，起步于国家统一和民族独立之后。因此，邓小平的"分段推进社会发展的模式"完全符合中国"后发展"的实际，既注重了利用"后发优势"，又关注到"后发展效应"的消极方面。

（二）社会发展战略

所谓战略，就是对全局的整体筹划和谋略。社会发展战略，亦即社会发展理论的实践形式在社会全局的具体体现。由于社会发展模式的多元化，必然造成社会发展战略的多样性。邓小平在领导中国改革开放和社会主义现代化建设过程中，果敢地摒弃了"传统发展战略"、"变通发展战略"、"替代发展战略"的消极影响，提出并逐步形成了"协调发展"的战略思想。他早在1979年就指出："我们要在大幅度提高社会生产力的同时，改革和完善社会主义的经济制度和政治制度，发展高度的社会主义民主和完备的社会主义法制。我们要在建设高度物质文明的同时，提高全民族的科学文化水平，发展高尚的丰富多彩的文化生活，建设高度的社会主义精神文明。"

后来，中共十二届六中全会根据邓小平"两个同时"的战略思想，提出了现代化建设的总体布局：即以经济建设为中心，坚定不移地进行经济体制改革，坚定不移地进行政治体制改革，坚定不移地加强精神文明建设，并且使这几个方面相互配合，互相促进，协调发展。

进入90年代，随着改革进程向更深层次推进，社会本体的内在矛盾不断显露，各种社会问题异峰迭起，迫使人们重新认识"协调发展"的重要性和必然性。到1994年的全国首次社会发展工作会议，可以说基本完成了对社会发展战略的探索，使"协调发展战略"在全国达成了共识。会议将"促进经济与社会协调发展"确定为《全国社会发展纲要》（1996—2010）的指导思想，并号召"各级政府要认真搞好经济政策与社会政策以及各项社会政策之间的相互协调，使经济发展与社会发展之间和各项社会发展事业之间协调发展"，国务院副总理邹家华在代表政府的总结讲话中进一步强调指出："我们在任何时候都应当坚持经济与社会协调发展这个基本观点。"[①]

[①] 邹家华：《在全国社会发展工作会议上的讲话》，1994年10月20日。

三 微观层次——社会政策和社会工作

社会政策和社会工作，是社会发展理论和模式的具体反映，是完成特定战略任务的行动准则和操作化过程，在社会发展理论体系中处于基础地位。

（一）社会政策

我国的社会政策是党和国家总体政策的一部分，是根据社会发展和社会事业的范围和内容制定的。社会发展的内容和范围主要包括：（1）人口控制与计划生育。（2）科学教育事业。（3）社会保障事业。（4）缩减贫困。（5）就业与人力资源开发利用。（6）城市化与农村劳动力转移。（7）生态环境与资源保护。（8）卫生保健事业。（9）文化艺术、广播影视、新闻出版、体育娱乐事业。（10）城乡公共设施建设（11）社会参与社区建设。（12）民主与法制建设。（13）公共安全与预防犯罪。（14）妇女、儿童、老年人、残疾人等社会群体的保护，等等。我国的社会政策几乎涵盖了上述所有领域，主要包括：（1）关系整合政策。（2）利益协调政策。（3）冲突调适政策。（4）事件防范政策。（5）失范行为控制政策。（6）社会安全政策。（7）社区管理政策等。

目前，在社会政策问题上，世界各国大致有"经济本位"、"政治本位"和"社会政策综合推行模式"等三种倾向。我国的社会政策在本质上更接近后者，具有以下一些基本特征：一是社会政策具有系统性，由解决不同层次、不同范围、不同群体社会需要的政策，组成一个互相支撑、互相制约的完整政策系统。二是社会政策具有广泛性，涉及社会各个领域及全体社会成员。三是社会政策具有继承性和创新性，有的是以往政策的延续和升华，继承和弘扬了过去政策的精华；有的是改革的产物，是在借鉴国内外成功政策的基础上创造性地运用于国内社会实践的。四是社会政策具有阶段性，根据不同时期的不同需要，将社会政策目标分解为若干阶段性目标，并逐步实现。五是社会政策具有协调性，与社会领域内部的部门政策、行业政策、区域政策，以及与经济领域、经济政策相互协调、相互补充。

(二) 社会工作

社会工作又称社会事业。在西方，一般认为是指一个有组织的机关或社团，为解决个人所遭遇的困难问题而实行的一种援助，以及配合社会需要调整社会关系和改善生活的各种服务。在学术上，它被认为是应用社会学中一门独立的学科。在我国，社会工作是一种助人自助的工作，表现为各项社会政策的操作化过程。其目的在于预防和解决阻碍社会协调发展的各种社会问题。工作对象是全体社会成员，侧重于社会弱者。因此，社会工作是社会发展理论体系中不可缺少的一部分。

在现阶段，我国社会工作的主要任务，是根据社会发展总方向和国家总政策，解决社会矛盾，满足社会需要，帮助个人适应社会环境，防范社会问题产生，促进社会全面进步。它的范围包括：(1) 社会发展政策的执行与管理。(2) 社会发展规划、方案的制订与实施。(3) 社会发展工程的设计与操作。(4) 社会工作专业化方法的运用与推广。(5) 社区工作、社会福利、社会救助、社会保护与保险。以及其他领域中的建设性工作。

与西方国家相比，我国的社会工作具有以下特点：第一，西方社会工作的主体主要是机关或社团组织，而我国社会工作的主体，既包括党和国家政府、基层政府部门、企业，又包括工会、共青团、妇联和街道居委会、村委会，以及其他群众社团组织。第二，西方社会工作的对象主要是社会弱者，而我国社会工作的对象是全体社会成员，侧重于弱者。第三，西方的社会工作方法主要是传统的个案工作、团体工作、社区工作等三大工作方法，而我国除借鉴以上三种方法外，还形成了一系列独具特色的工作作风和工作方法。如：实事求是，从实际出发，密切联系群众，从群众中来到群众中去的方法；先实验、后推广和典型引路的方法；社会问题综合治理方法；个人、单位和区域三结合的扶贫方法；各界广泛参与的资金筹措方法等。

综上所述，我们不难发现，在我国社会发展理论体系中，宏观层次的社会发展理论居于这一体系的核心地位，起着主导作用。微观层次的社会政策和社会工作既是这一体系的客观反映，又是支撑这一体系的实践基础。而中观层次的社会发展模式和社会发展战略则发挥着中介作用。只有它们三者之间的有机组合和双向作用，才有可能实现理论与实践的统一，使社会发展理论体系具有完整性和科学性。

在改革中发展社会主义[*]

在十年动乱之后，经过振兴复苏，社会主义在我国大地上重新生机勃勃地发展起来。其速度之快，成效之显著，为国人所共睹，被世界所瞩目。这就不得不使人思考一个问题，我国的这种新局面靠什么打开，又靠什么而推动？通读《邓小平文选》，便可清晰地看到，尽管原因甚多，但最引人注目的一条，就是改革。改革，对冲破"左"的精神枷锁，破除束缚生产力发展的规章制度，调动人民群众的积极性，开创各项工作的新局面，起到了无比巨大的作用。

邓小平关于改革的一系列讲话和文献，不仅对社会主义条件下改革性质和对象的准确性、改革目标的坚定性、改革范围的广阔性、改革方法的科学性、改革内容的深刻性进行了创造性地的阐述，而且大大丰富和推进了科学社会主义学说。

第一，在我党历史上第一次提出改革是对体制的革命，准确地解决了社会主义条件下改革的性质和对象问题。

任何事物的发展都有其内在的联系，受其性质的制约。改革，作为社会主义社会的一项基本实践活动，也必然有其特定的性质和对象。然而，这个问题马克思主义并没有为我们提供现成的答案，我党历史上也一直未能圆满地解决。

---

[*]《社会科学》1983 年第 5 期。

早在无产阶级革命运动初期，马克思和恩格斯就总结了巴黎公社"不但以政治改造，而且以经济改革来开始其工作"的丰富实践，① 提出了无产阶级在取得政权以后，必须全部铲除旧的国家机器，国家机关工作人员应当是人民的公仆，对一切公职人员实行选举制、撤换制和普通工人的工资制等光辉思想。但这主要以对资本主义制度的改造为对象，其性质自然是阶级对抗式的革命。

十月革命以后，列宁虽然提出了改革的一系列理论，认为无产阶级在建立了自己的政权之后，随之而来的便是"下定决心"改革和完善自己的国家机关，② 甚至"全部工作都应该是为了改善机构"③。"如果不进行有系统的和顽强的斗争来改善国家机关，那我们一定会在社会主义的基础还没有建成以前灭亡。"④ 但这正如引文所说，是指"社会主义的基础还没有建成以前"的改革。特别是由于在社会主义制度确立之后，斯大林并没有从改革的性质和对象上，解决这些问题，以致机构臃肿，党政不分，权力过分集中，产生官僚主义，随着阶级斗争的扩大化，一系列改革被迫中止，使世界上第一个社会主义国家遭到严重破坏。

我国在社会主义制度建立之后，曾经相当重视改革的作用，并在一系列具体问题上进行了行之有效的改革。比如：在1956年我国刚刚确立社会主义制度的时候，毛泽东就向全党提出了改革"国家制度中某些环节上缺陷"的任务。指出："资产阶级的意识形态的存在，国家机构中某些官僚主义作风的存在，国家制度中某些环节上缺陷的存在，又是和社会主义经济基础相矛盾

---

① 《马克思恩格斯选》第2卷，第416页。
② 《列宁全集》第23卷，第355页。
③ 《列宁全集》第38卷，第619页。
④ 《列宁全集》第32卷，第311页。

的。我们今后必须按照具体的情况，继续解决上述的各种矛盾。"① 随后，刘少奇，周恩来等党和国家领导人都对改革的必要性进行了论述。刘少奇认为，"社会主义制度不是一成不变的东西。有领导地改变旧秩序，建立新秩序，就是充分发展和发挥社会主义制度的优越性"②。周恩来把改革看做是社会主义"川流不息、万古长新的辩证法的过程"，不如此，"就不能同经济基础相适应，就不能为经济基础服务，甚至起阻碍经济发展的作用。"③等等。

然而，我们党上述改革的思想，由于种种复杂的原因，没有正确的持续地坚持下来。因此，在 60 年代中期，使已经发展的阶级斗争扩大化倾向不断扩大，并取代了改革，终于错误地发动了阶级对抗式的"文化大革命"，导致了我国社会主义的大倒退。

上述简单的回顾，使我们看到，坚持社会主义条件下的改革，首要问题就是要正确解决改革的性质和对象问题。这不仅关系着改革的成败，而且关系着社会主义的命运。邓小平正是在吸取国际共产主义运动和我国经验教训的基础上，运用马克思主义改革理论，以极大的无产阶级胆略，在粉碎"四人帮"不久，毅然建议中央废弃了"以阶级斗争为纲"和"继续革命"的提法，对改革的性质和对象作出了科学的分析和准确的规定。他在《机构改革是一场革命》中指出：改革"是一场革命"，但"这不是对人的革命，而是对体制的革命。这场革命不搞……不仅四化建设没有希望，甚至要涉及亡党亡国的问题，可能要亡党亡国。"

这个规定告诉我们，相对于过去阶级对抗式革命的改革，同样是一个革命范畴的问题。但这种革命其对象不是针对某些具体的人，或者某一个阶层，而是整个社会的政治、经济、意识形态

---

① 《毛泽东选集》第 5 卷，第 374 页。
② 《马克思列宁主义在中国的胜利》，人民出版社 1959 年版，第 22 页。
③ 《三届人大政府工作报告》，第 38 页。

等原有体制中存在的缺陷和弊端。其表现形式也不是阶级对抗式的群众运动，而是在社会主义自身基础上的长时期的自我改造，自我完善。

这样规定，并不是出自人们良好的主观愿望，而是客观地体察和正确地反映了社会主义社会的历史变化。因为，在社会主义条件下，随着剥削阶级的消灭，作为阶级对抗和冲突的革命已经呈下降的趋势，而作为调整社会各结构之间，生产力同生产关系之间，经济基础同上层建筑之间矛盾的改革的作用则愈趋于上升，乃至成为社会主义的基本实践活动。这种极其重要的社会历史的质变，决定了改革体制的社会主义自我革命同阶级对抗式革命本质的区别。这也就是说，现在我们所从事的改革，从本质上讲，不再是从属于阶级斗争范畴的问题，相反，正确处理现存的局部问题上阶级斗争的反映，仅仅是改革中应当注意的一个环节。很明显，这样规定，使改革的性质、对象，同过去的"继续革命"泾渭分明，使人们对改革的认识耳目一新，从而保证了改革的正确方向。

第二，在改革的目标上，极其醒目地提出了"建设有中国特色的社会主义"新的理论课题。我国的社会主义现代化建设究竟应该走什么道路，这是一个关系到四化成败、国家兴衰的大问题。在这个问题上，邓小平倾注了大量的心血。1979年，他在《坚持四项基本原则》的讲话中告诫全党：要使中国实现现代化，至少有两个重要特点是必须看到的，一个是底子薄；第二是人口多，耕地少。中国式的现代化，必须从中国的实际出发。在党的十二大开幕词中，他提出了"把马克思主义的普遍真理同我国的具体实际结合起来，走自己的道路，建设有中国特色的社会主义"的新课题。并特别强调，中国的事情要按照中国的情况来办，照抄照搬别国的经验，别国模式，从不能得到成功。随后，他进一步把改革同建设有中国特色的社会主义联系起来，精辟地分析了它们之间的内在联系，提出改革要贯穿四化建设的整个过程，没有改革，就不可能实现四个现代化。改革的目标就是为了建设有中国特色的社会主义。

在"建设有中国特色的社会主义"这一理论课题中，包含有两个不可分割的纲领性命题，一是"中国特色"，一是"社会主义"，其实质就是"使马克思主义在中国具体化，使之在其每一表现中带着必须有的中国特性"[①]。亦即是说，我们的改革，并不是重新寻找别的主义，别的制度，而必须在马克思主义基本原理的指导下，在不摆脱社会主义的基本方向、基本制度的前提下进行，一句话就是更好地坚持和发展社会主义。同时，这种改革又不是在抛弃了旧的模式之后去搬用其他国家所谓的新的模式，而必须在立足于我国"特性"的基础上，建立适应现代化建设需要的新的政治体制、经济体制和意识形态体制。

比如，在政治体制方面，我国实行的是以工人阶级领导的、以工农联盟为基础的人民民主专政。这种国体把民主和专政两方面的内容结合起来，确切地表明了我国现实的阶级状况和广泛基础，表明了我国政权高度民主的性质和职能。我国的政体是人民代表大会制，它既和巴黎公社、苏维埃的模式有差别，又同南斯拉夫的自治制度不尽相同，明显地体现了我国地域辽阔、人口众多的民族特色。

在经济体制方面，我们取各国经验之长，建立了以农业为基础，以全民所有制、国营经济、计划经济为主，又允许多种所有制、多种经济形式并存和市场调节为辅的新体制，充分体现了我们底子薄、生产力水平低的特色。

在意识形态体制方面，主要以高度的社会主义精神文明为核心，在全社会进行爱国主义、集体主义和共产主义教育，反对封

---

① 《毛泽东选集》第2卷，第500页。

建主义、资产阶级个人主义、本位主义,提高全民族的科学、文化水平,等等。这些都反映了我国封建主义历史长、科学文化落后的特点。

现在,我们虽然已经开辟了一条具有中国特色的社会主义建设的正确道路,但必须看到,社会主义是不断前进的,我们的认识也必须随之深化。我国社会主义的实践表明,在建设社会主义的具体形式和道路问题上,既不能用马克思主义的书本剪裁实践的长青之树,又不能停留在现有的认识和现成的答案上,而必须在改革中探索,在改革中前进。正因为如此,我们可以毫不夸张地说,邓小平关于在改革中建设有中国特色的社会主义的思想,不单是一个提法问题,而是一个重大的理论课题。不仅对目前的现代化建设具有重大的指导作用,而且对开拓社会主义未来,推动共产主义发展具有划时代意义。

第三,在改革的范围上,完整地提出把政治体制的改革和经济管理体制的改革结合进行,同时在各个领域开展全面系统的改革。

社会主义条件下的改革,就其范围来说,本应是客观的、多方面的,而最终具有决定意义的乃是经济方面的改革。但在过去,我们恰好在这个问题上,缺乏科学的分析和实事求是的态度,往往受主观意志的摆布,具有很大的片面性和随意性。

20世纪50年代后期,我们对新生的社会主义制度的成熟程度估计过高,对某些尚在试验的事物肯定过早,对上层建筑领域的缺陷不敢改革,主观地提出"共产主义在我国的实现,已经不是什么遥远将来的事情了",随意无条件地改变所有制关系,"向共产主义过渡"。后来又走向另一个极端,把已经建立起来的社会主义经济、政治、意识形态体制看得一无是处,武断地发动"文化大革命",横扫一切,砸烂一切。

邓小平正是在总结这些经验教训的基础上,对我国现阶段社会主义制度的成熟程度作了客观的分析，既肯定了我国社会的社会主义性质，又实事求是地指出了其"初级阶段"所不可避免的缺陷，完整地提出了在坚持社会主义基本制度的前提下，在各个方面全面系统改革的任务。在具体步骤上，他首先支持和推广了广大农民创造的生产责任制，推动了全国范围内农业体制的全面改革。接着提出了机构改革；党和国家领导体制、干部制度的改革。进而又提出改革经济管理体制的任务，"其中包括扩大企业自主权和民主管理，发展专业化协作，在计划经济指导下发挥市场调节的辅助作用，先进技术和中等技术相结合，合理地利用外国资金、外国技术等等"①。从而使我国大规模的改革，从农业起步，逐步深入到政治、经济、文化等各个领域的所有方面，使之互相促进，健康发展。

第四，科学地提出了"决心要大，工作要细"的改革方法，保证了改革在党的领导下坚决地有秩序地进行。

我们所从事的改革，是与其他任何历史条件下根本不同的改革。之所以不同，区别就在于社会主义条件下的改革一般说来不是由群众自发地自下而上进行的，而主要是在执政党领导下，以自下而上和自上而下有机结合的方法自觉地进行的。因此，邓小平在提出改革的时候，就一再强调："对于党内外任何企图削弱、摆脱、取消、反对党的领导的倾向，必须进行批评、教育以至必要的斗争。这是四个现代化能否实现的关键，也是决定改革成功或失败的关键。"②他严肃地指出，对于领导者来说，首先，决心要大，对改革不能犹豫，不能妥协，也不能半途而废，不管发生什么问题，其中包括示威，包括打黑枪，这些都要料到，但不管怎样，对这场革命要坚定不移，要顽强，不动摇；③其次，工作

---

① 《邓小平文选》，第210页。
② 同上书，第217页。
③ 同上书，第352页。

要细,也就是说,改革要有步骤、分阶段地稳步进行,不能随心所欲,一哄而起,更不能脱离实际,搞一刀切。他强调,对于正确的领导者,应该是"经过试点,取得经验,集中集体的智慧,成熟一个,解决一个","并制定周密的、切实可行的、能够在较长时期发挥作用的制度和条例,有步骤地实施"①。

第五,富有远见地提出了选拔人才和干部年轻化问题,使改革充实了新内容,更加具有完整性。

选拔人才,是列宁关于社会主义条件下改革的一个重要内容。他认为,社会主义国家机关中之所以出现官僚主义、工作效率不高等现象,一个直接原因就是"由于文化人才不够"②。因此,"要研究人,要寻找能干的干部,现在关键就在这里"。对"可以用来建立真正新机关的人才",要舍得花时间进行培养,以此来选拔"精明强干的人",从而提高机关工作水平,把我们从"陷入滥发文件、空谈命令、乱写指示的境地"中解脱出来。③

我们在新中国成立以来,由于历史的原因,日益形成了干部老化、专业化和知识化程度极低的状况,严重影响着现代化建设的顺利进行,成为亟待解决的重大问题。根据这种实际,邓小平在改革中提出:"人才问题,这是国家现代化建设事业客观存在的迫切需要,并不是一些老同志心血来潮提出的问题","体制改革有一个很重要的内容,就是有利于选拔人才"。"干部年轻化,要当作体制改革的一个中心目标。"④ 同时,他还系统地提出并论述了干部革命化、年轻化、知识化、专业化的战略需要和意义,号召全党要坚决解放思想,克服重重障碍,打破老框框,勇于改革不合时宜的组织制度、人事制度,大力培养、发现和破格使用

---

① 《邓小平文选》,第 300 页。
② 《列宁选集》第 8 卷,第 788 页。
③ 《列宁全集》第 35 卷,第 537 页。
④ 《邓小平文选》,第 283、305 页。

优秀人才，坚决同一切压制和摧残人才的现象作斗争。

这个问题的提出和不断解决，迅速打破了我国干部队伍中长期形成的沉闷局面，使成千上万德才兼备的"四化"干部走上各级领导岗位，圆满地解决了危及党和国家前途的交接班问题，使现代化建设呈现出一派从未有过的喜人局面。

这里值得指出的是，列宁当年由于他的过早离世，未能在整体上提出和解决干部年轻化问题。我们党虽然提出了这个问题，但由于指导思想的错误，不仅没有如愿以偿，反而给野心家以可乘之机。这个问题，终于在今天被我们党特别是邓小平提出并顺利地解决了，这无疑是邓小平对我们党的杰出贡献，不仅对我国而且对国际共产主义运动将发生深远的影响。

"人的全面发展"的定位与内涵[*]

江泽民总书记在"七一"讲话中指出:"我们建设有中国特色社会主义的各项事业,我们进行的一切工作,既要着眼于人民现实的物质文化生活需要,同时又要着眼于促进人民素质的提高,也就是要促进人的全面发展。这是马克思主义关于建设社会主义新社会的本质要求。"这一论述继承了马克思主义的社会发展观,对人的全面发展的理论内涵作了新的定位。

一 推进"人的全面发展"是党的最高纲领和最低纲领的契合点

推进"人的全面发展"是江泽民在论证党的最高纲领和最低纲领这一命题关系时指出来的。他认为,掌握最高纲领——实现共产主义,就是实现每个人自由而全面发展的社会。这是马克思主义的基本观点,但长期以来,它却被阶级斗争、暴力革命的思想所淹没、所替代,使党的最高纲领的本质被扭曲。因此,这一问题的提出是踏实地继承了马克思主义的精髓,也是在党的纲领问题上的正本清源和拨乱反正。

同时,江泽民在论述"人的全面发展"问题时又是从中国社

---

[*]《甘肃日报》2001年7月29日。

会主义初级阶段的实践出发的。他一方面摒弃了以往对最高纲领不切实际的具体"设想和描绘",一方面又详细阐述了在党的最低纲领下推进人的全面发展的内涵、任务、途径和方法,用推进人的全面发展把党的最高纲领和最低纲领契合起来,确立了中国共产党人是最高纲领与最低纲领"统一论者"的光辉形象。正是从这个意义上说,不断推进人的全面发展是我们党最高纲领与最低纲领的最佳结合点和统一点。也就是说,尽管在不同时代、不同阶段,党的任务是不尽相同的,但只要抓住推进"人的全面发展"这一"本质要求",我们就能不断由党的最低纲领走向最高纲领。

二 推进"人的全面发展"是党的社会发展观的转折点

从一般意义上讲,人类自产生以来就面临着两种发展问题,一是人类赖以生存的物质财富的发展,亦即经济发展,并在不同时代产生了诸多相应的经济理论;二是人类自身的发展,亦即社会发展。但与经济发展截然不同的是,社会发展理论并没有随着人类的社会实践活动同步产生,而一直到社会学从大哲学中分离出来之后,特别是马克思主义诞生之后,才形成了真正意义上的社会发展理论,即"经典社会发展理论"。自此以后,在经典社会发展理论的基石之上,随着时代发展和社会变迁以及世界现代化实践的需要,又形成了"发展理论",包括"现代化"、"依附理论"和"世界体系理论"等。由于"发展理论"把发展局限于狭隘的经济增长层面,片面追求经济量的增长而忽视社会发展,因而又被称为"传统发展理论",面对在传统发展理论下的"有增长而无发展","以人的剥夺为代价的发展"造成的恶果,从20世纪70年代开始出现了发展观由经济层面到社会层面的转变,从而形成"经济社会协调发展理论"。这一发展观虽然关注到经济和社会发展的同步性和协调性,遏制了片面追求经济量的增长倾向,但并没有从根本上扭转全球性的生态恶化、资源浪费、环境污染、能源危机等危害人类长远利益的问题。而且,这些人类"公害"大有日趋加剧之势,迫使人类不得不进一步探索更符合人类发展及其利益的新的社会发展观。正是在这种背景下,以人的全面发展为目标的"社会可持续发展理论"应运而生。大家知道,对可持续发展观有多种表述,但它的核心是人及人的全面发展,也就是既要满足当代人的需要和发展,又要顾及到后代人的需要和发展。江泽民的讲话牢牢抓住了可持续发展观最本质的东西,在马克思主义基本理论的指导下,从实现党的基本路线和历史任务的高度提出推进人的全面发展问题,这标志着我们党在社会发展观上的日益成熟和理智,是社会发展观的一个新的转折点。它的理论贡献集中表现为:把马克思主义的社会发展观同我国社会主义初级阶段的实践紧密结合起来,把人的全面发展同实现我们党最高纲领与最低纲领紧密结合起来,把人的全面发展的内涵由关注人、提高人、发展人延伸到实现党的基本路线、基本纲领等执政党建设领域,这是对执政党建设理论的新创造和新发展。

三 推进"人的全面发展"是落实 "三个代表"重要思想的着眼点

"三个代表"重要思想把人类社会的物质生产和精神文化生产同社会主体——最广大人民群众的根本利益有机结合起来,从而形成了执政党建设三位一体的理论体系。而且,把"我们建设有中国特色社会主义的各项事业"和"一切工作"的着眼点,统统归结为"努力促进人的全面发展"。关于这两个"着眼"点的论述不仅科学地回答了为什么提出"三个代表"重要思想的问题,同时也回答了怎样实现"三个代表"重要思想的问题。

在马克思主义和社会学理论中，人的"需要"理论占相当重要的地位。马克思主义把人的"需要"划分为物质需要、社会需要、政治需要和精神需要四个层次。江泽民总书记把满足人民的现实"需要"作为推进人的全面发展的前提条件之一，给马克思主义的"需要"理论赋予了新的意义，也是对社会科学的一种新的概括和创新。与此同时，他还提出推进人的全面发展又要着眼于人民素质的提高，这与以往的任何"需要"理论相比，更富有时代特色。因为，在世界现代化蓬勃发展的今天，人的需要不断由低层次、单元型向高层次、多元型发展，特别是实现的人的自我发展和自我价值的需要在不断强化，要满足人的发展需要，就必须为提高人的生理素质、身体素质、心理素质、科学文化素质、竞争创新素质、社会适应素质等创造良好的环境和条件，这既是推进人的全面发展的又一个前提条件，也是"三个代表"重要思想的"着眼"点之一。

这里，需要指出的是，社会生产力和经济文化的发展水平是逐步提高、永无止境的历史过程，人的全面发展程度也是逐步提高、永无止境的历史过程。这"两个历史过程"应相互结合、相互促进地向前发展，任何一方都不可偏废，否则，将会陷入思想理论上的误区。

第二篇

邓小平社会发展理论研究

邓小平社会发展理论初探[*]

社会发展理论作为时代的产物，它在不同地域、不同民族和不同国家具有广泛的意义。但任何理论只有当它与具体的、生动的、千变万化的社会实践相结合时，才具有直接的、功能性的意义。邓小平的社会发展理论，是在总结新中国成立以来社会发展经验教训的基础上，既借鉴国外社会发展理论，又把马克思主义的社会发展理论同中国改革、开放和现代化建设实践相结合的产物，是中国人民长期探索和本土化再造的结果。

一 新中国成立以来社会发展理论的探索过程

中华人民共和国从1949年建立以来，对社会发展从理论到实践的探索经过了四个阶段：一是1949年至1956年，实现了独立、统一、社会平等和经济复兴，从制度上消除了阻碍社会发展的根源，从物质上为社会发展奠定了基础，并在理论上进行了初步探索，其标志是毛泽东的《论十大关系》，提出了我国经济社会发展的基本原则。二是1957年至1965年，社会在总体的发展中有曲折，理论探索有了新的进展，以毛泽东的《关于正确处理人民内部矛盾的问题》和"造成一个既有集中又有民主，既有纪

---

[*] 《特区理论与实践》1998年第12期。

律又有自由，既有统一意志，又有个人心情舒畅，生动活泼那样一种政治局面"的讲话为代表，从哲学层次和人的发展上提出了社会发展的战略思路。三是1966年至1976年，社会发展从理论上严重偏离了马克思主义的社会发展观，实践上背离了中国国情，用主观臆造的政治冲突，彻底打乱了原来较为有序的社会结构和社会关系，破坏了人的基本需要和社会安全，使整个社会处于结构失调、功能脆弱、秩序紊乱、主体变异的无序状态和恶性运行之中，也使已经萌芽的社会发展理论探索重新回到教条主义和僵化模式的禁锢之中。四是1978年至今，在以邓小平为首的中国共产党第二代领导集体的领导下，把马克思主义和国外的社会发展理论同我国改革开放的伟大实践紧密结合，以"真理标准"讨论为发端，开始了对社会发展理论的实践和探索。

从80年代初邓小平就提出了经济社会协调发展问题，既对以往过分夸大生产关系而忽视生产力发展的问题进行了拨乱反正，又充分关注了"传统发展理论"对不发达国家的消极影响。随后，在1981年党中央和国务院批准的《关于我国科技发展方针的汇报提纲》中明确指出，科技与经济、社会应当协调发展。1982年12月，在全国人大五届五次会议上，把我国国民经济发展五年计划正式改名为"国民经济与社会发展规划"，增加了社会发展的内容和指标。1987年，党的十三大报告进一步指出："必须坚定不移地贯彻执行注意效益、提高质量、协调发展、稳定增长"的方针。1990年，全国人大七届四次会议通过的《关于国民经济和社会发展十年规划和第八个五年计划纲要》，强调要使国民经济和社会事业协调发展，"既要考虑经济的发展，又要考虑社会的全面进步"。

从80年代初到90年代初，虽然我国以协调发展理论为指导，在坚持把经济发展放在第一位的同时，十分关注经济和社会的协调发展。但在改革开放初期，仍然受到传统发展理论和"增长第一"战略的影响,在一些领域和一些问题上,过分强调经济量的增长,忽视社会的文明进步,以致造成"一手硬一手软",以及通货膨胀、贪污腐败、道德沦丧、毒品泛滥、资源浪费、环境恶化等社会问题。因此,从 1994 年开始,我国又实现了由协调发展理论及其战略向可持续发展理论及其战略的转变。其标志是 1994 年我国政府发表的《中国 21 世纪议程》和全国首次社会发展工作会议通过的《全国社会发展纲要(1996—2010)》,明确提出了实施可持续发展战略问题,并确定了发展目标,即:"建立可持续发展经济体系、社会体系和保持与之相适应的可持续利用的资源和环境基础。"

后来,党的十四届五中全会和八届全国人大四次会议对这一理论和战略进一步予以确认,在《中华人民共和国国民经济和社会发展"九五"计划和 2010 年远景目标纲要》中得到充分体现。在 1997 年党的十五大和 1997 年召开的九届人大上,又进一步重申了党和政府实施可持续发展战略的决心。这表明我国在社会发展的方针大计上,思路更加清晰,战略更加明确。

二 邓小平社会发展理论的科学体系

在我国对社会发展理论的探索实践中,作为改革开放的"总设计师"和党的第二代领导集体核心的邓小平作出了卓越贡献。其标志是由他创立了具有中国特色的社会主义发展理论,并在发展实践中,逐步形成了一个完整的科学体系。具体包括:

(一) 基本理论

邓小平社会发展理论涉及领域广泛,内容极其丰富,但概括起来,其基本理论主要有四个方面:

一是生产力基础论。人类社会发展的历史,首先是生产力发展的历史。同时，生产力又具有不以社会经济制度为转移的自身发展规律，即生产力加速发展规律。1978年以来，邓小平以巨大的理论勇气和远见卓识，冲破了以往过度强调生产关系和上层建筑而忽视生产力发展的理论误区，果断地提出："社会主义的首要任务是发展生产力"，要"以经济建设为中心"，"并且在发展生产力的基础上，不断改善人民的物质文化生活"，为社会的全面发展"创造物质基础"。以生产力发展为社会发展的基础，这充分揭示了人类社会发展的本质，也使我国社会发展重新进入正确发展的轨道。

二是改革动力论。如果说生产力发展是社会发展的基础和内在动力，那么，它的发展还有待于生产关系和上层建筑的协调和互动，而解决这一问题的外在动力和有效手段就是改革。因此，邓小平提出了"改革也是解放生产力"的著名论断，掀起了全国由农村到城市、由经济体制到政治体制、由单项突进到综合配套的全面改革，极大地促进了生产力的发展，"引起了经济生活、社会生活、工作方式和精神状态的一系列深刻变化"，使我国社会发展进入了前所未有的崭新阶段。

三是发展阶段论。在邓小平的社会发展理论中，它把社会主义分为不同的历史阶段，从而提出了"社会主义初级阶段"的理论。同时，又把初级阶段分解为三种发展状态，即温饱社会、小康社会和现代社会，建立起了中国化的"分阶段推进社会发展"的理论构架。

四是共同富裕论。不断满足全体社会成员日益增长的物质生活和精神文化生活的需要，实现共同富裕，既是社会主义的本质规定，也是中国现代化与西方现代化的根本区别。早在1986年邓小平就提出："社会主义的原则，第一是发展生产，第二是共同致富。"1992年他又一次强调："社会主义的本质，是解放生产力，发展生产力，消灭剥削，消除两极分化，最终达到共同富裕。""共同富裕"一词，贴近中国现实，通俗易懂，不仅代表了劳动人民的根本利益，而且反映了社会发展规律的内在要求，是邓小平社会发展理论最有力的支撑点。

(二) 基本战略

在邓小平的社会发展理论中，果敢地摒弃了"传统发展战略"和"替代发展战略"的消极影响，率先提出并逐步形成了"协调发展"的战略思想，为向可持续发展战略转变奠定了基础。其内容主要有：（1）战略目标理论，即在经济上，到21世纪中叶达到中等发达国家水平，初步实现现代化，在政治上，建立高度的社会主义民主；在文化上，建立高度的社会主义精神文明。（2）战略步骤理论，即"分三步走"的战略步骤：在90年代，初步建立起新的经济体制；到建党一百周年的时候，将在各方面形成一套更加成熟和定型的制度；到新中国成立一百周年时，基本实现社会主义现代化。（3）战略布局理论，即坚持一个中心、两个基本点的基本路线。邓小平反复强调这个战略布局要长期坚持下去。（4）战略重点理论，即以农业、交通能源、科技和教育为重点，促进经济、社会、科技、资源和环境的协调发展。（5）战略方针理论，即抓住机遇，加快发展，隔几年上一个台阶，保持发展的持续性。（6）战略政策理论，即允许一部分地区、一部分人先富起来，打破旧的均衡，然后起带动作用，实现共同富裕，达到新的均衡。

(三) 基本方法

从方法论上讲，邓小平社会发展理论的基本要点有：（1）经济与社会协调观。他认为社会发展是经济发展和社会的全面进步。经济发展是社会发展的前提和基础，社会发展是经济发展的结果和目的，二者是相互依存、相互促进的统一辩证关系。

（2）稳定与发展统一观。发展是硬道理，但要以稳定为条件。在保持国民经济持续、快速、健康发展的同时，要把促进社会稳定和进步摆在重要位置来考虑，把速度与效益、效率与公平、先富与共富有机地结合起来，实现改革、发展、稳定三者之间的相互协调。（3）"两个文明"并举观。邓小平多次强调，要两手抓，两手都要硬。坚持物质文明和精神文明并举的方针，将世界现代文明和中国优秀文化传统结合起来，既充分吸收和借鉴现代文明的一切合理内容，又弘扬中华民族的优良传统，在促进人民生活质量提高的同时，促进人口质量和社会文明程度的普遍提高。（4）宗旨与途径协同观。社会发展的宗旨是实现现代化，最大限度地满足人的多层次需要。发展途径是以各项社会事业为载体，通过有力的政府行为，动员社会成员的广泛参与，实施一系列社会政策来实现。

（四）基本模式

社会发展模式是社会发展理论的延伸与实践形式。在人类社会发展的历史长河中，曾出现过多种不同的发展模式。邓小平的社会发展模式是中国国情与发展实践相结合的产物，可以概括为"分段推进模式"。

第一阶段为温饱型社会。"解决温饱"是邓小平社会发展分段推进模式的第一个层面。其内涵是打破积久成习的普遍贫穷状态，消除80%的人口的贫困，尤其是大多数农民处在非常贫困的状况。因此，他发出了"贫穷不是社会主义"的呐喊，并首先发起了农村的改革，成功地领导了20世纪最浩大最富有成效的反贫困斗争，从而赢得了中国社会大跨度的进步和发展。据国家统计局测算，1978年全国农村人均纯收入低于100元的贫困人口有2.5亿人，贫困发生率为30%。到1995年，贫困发生率（人均纯收入低于530元）降为7.1%，贫困规模降为6500万人。

第二阶段为小康型社会。邓小平曾提出三个全新的概念，一个是"小康"，一个是"小康水平"，一个是"小康社会"。按他的解释，小康社会首先是指经济状况，即从国民生产总值来说，人均达到一千美元，"实现这个目标意味着我们进入小康社会"；其次是指社会状况，即"国家总的力量大了"，就有能力"办教育"、"搞国防"、"改善人民生活"；再次是指由温饱型社会向现代化社会的一种过渡状态，即"所谓小康社会，就是虽不富裕，但日子好过"。小康社会模式提出之后，对全国的社会发展产生了广泛而深远的影响，国家权威机构为此拟定了由15项指标构成的指标体系，为全国人民具体描述了小康社会的真实图景。这些指标是：（1）人均国民生产总值达到2400美元；（2）城镇居民人均生活费收入2380元，农民人均纯收入1100元；（3）第三产业比重为36%；（4）恩格尔系数（食物支出占消费总支出的比重）为50%；（5）城镇和农村住房人均使用面积分别达到12平方米和20平方米；（6）人均日摄取热量2600大卡；（7）人均日摄取蛋白质75克；（8）每百户拥有电视机100台；（9）每百人拥有电话4台；（10）人均订报刊0.11份；（11）成人识字率达到90%；（12）每千人拥有病床6.4张，人均预期寿命72岁；（13）享受社会保障人口占常住人口比重的40%；（14）森林覆盖率为15%；（15）城镇人均绿地面积7平方米。

第三阶段为现代化社会。现代化社会是就社会的文明、进步状态和发达程度而言的，实质上是一种发达型社会，它包括经济、政治、军事、文化、伦理、生活方式、生活质量和环境等多方面的发展水平。邓小平在解释这一模式时借用了"中等发达国家水平"的词语，也就是说，到21世纪中叶我们所实现的现代化，还只是初步的，与高度发达国家还有一定的距离，中国社会发展将进入一个新的发展阶段。

英克尔斯的10条标准是现代化社会的基本标准，也是最低标准。即使用这个低标准衡量我国目前的社会发展程度,除人均预期寿命外,其余指标均相距甚远。这说明实现现代化是一个漫长的社会过程,邓小平的"分段推进模式"在理论上是实事求是的,实践上是符合中国社会发展实际的。

三 邓小平社会发展理论的历史传承和本土化再造

毫无疑问,邓小平的社会发展理论源于中国现代化建设的伟大实践。然而,任何一种理论的形成,总是离不开对前人文化遗产的吸纳、继承和弘扬。如果把邓小平的社会发展理论置于人类社会发展实践及其理论的大背景中去考察,就不难发现,这一理论实质上是在继承马克思主义社会发展理论、借鉴西方社会发展理论的优秀成果和吸纳我国社会思想优良传统基础上的一种再创造。

(一) 继承和发展马克思主义的社会发展理论

作为我国社会主义理论基础的马克思主义,曾对社会主义必然代替资本主义这一社会发展总规律,从理论上给予充分的论证,并对社会发展的原因、目标、动力、主体、形式、阶段等作了具体论述,从而形成了马克思主义的社会发展理论。其基本观点有:生产力和生产关系的矛盾运动是社会发展的终极原因;社会发展的最终目标是解放全人类,建立一个"自由人的联合体"的理想社会;阶级斗争是阶级社会发展的直接动力;社会革命是社会发展的主要形式;社会发展的主体是人及其需要;社会主义发展的途径是不断自我完善和改革等。

但在过去相当长的时间里,我们对马克思主义包括它的社会发展理论的理解是不全面不准确的。如过去只强调"阶级斗争"、"暴力革命",实际上从马克思主义整个思想体系来看,这只不过是一定历史时期的革命手段，并不是目的。其目的是建立一个自由的、民主的、平等的、福利的社会，也就是马克思在《共产党宣言》中提出的"自由人的联合体"。因此，可以认为马克思主义的社会发展理论，本质上就是以人为中心的社会发展理论。

邓小平在倡导实事求是的同时，首先在马克思主义的社会发展理论上进行了拨乱反正。他的解放和发展生产力的理论、改革理论和不断满足人的需要的理论，都与马克思主义的这一理论本质一脉相承。只不过由于马克思所处的时代不同，他只能以资本主义社会经济形态为模型，从一般意义上论证人的解放，论证生产力状况决定生产关系的性质、生产力发展决定生产关系的变革，以及社会主义是"经常变化和改革的社会"等问题。而邓小平则面对的是活生生的社会主义实践，一个被教条主义禁锢多年又亟待发展的社会。因此，邓小平在坚持马克思社会发展理论基本原则的基础上，结合中国现代化建设的实际，以全国人民的现实需要和未来需要为目标，创造性地提出了"社会主义的首要任务是发展生产力"、"改革也是一场革命"、"改革也是解放生产力"等著名论断，从而形成了他的"两种革命"和"两种手段"的思想，即一种是通过政治革命（或暴力革命）的手段解放和发展生产力；另一种是通过社会主义自我改革的革命性手段，解放和发展生产力，两种革命手段的目的是相同的，都是为了解决社会基本矛盾，推动人类社会发展。由此，邓小平把马克思主义的社会发展理论提高到一个新的阶段。

（二）吸收国外社会发展理论的优秀成果

邓小平的社会发展理论是一种开放型的理论。早在改革初期，他就提出要学习和借鉴国外包括资本主义国家的一切先进经验、科学技术和优秀文化遗产，并首先在他的社会发展理论中得到体现。

他博采众长，兼容并蓄地吸收了国外各种社会发展理论中合理的适合中国实际的成果。借鉴以孔德、斯宾塞、韦伯为代表的社会发展进化论，以及以帕森斯、帕累托为代表的社会发展均衡论的积极成分，创造了适合中国国情的社会稳定理论和协调发展理论；借鉴马斯洛的层次需要理论和巴里洛克的"基本需求论"的有关观点，创造了我国以不断满足人的物质生活和精神文化生活需要为目标的分段推进现代化模式。

尤其在农村改革方而，他批判地吸收了列维关于"中国家庭制度不利于社会变革"、中国社会的阶级制度具有"轻商"倾向等思想，以及各种替代发展战略共同倡导的"土地制度改革"等观点，率先在农村进行体制改革，推行家庭经营联产承包制，还土地于农民，增强农民家庭的经济功能以及与社会的广泛联系，促进商品经济发展，改变中国社会传统的"轻商"倾向，由此带动了全国其他领域的改革，卓有成效地解决了农村人口的贫困问题，并为在全国推行社会主义市场经济打下了基础。

（三）弘扬中国古代社会思想的优良传统

在我国古代形成的儒学、经学、理学等学说中，都包含有极其丰富的思辨哲学、社会学和社会伦理学等多方面的内容，为我们研究当代社会发展提供了丰厚的文化积淀。在邓小平的社会发展理论中，不仅在理论思辨和逻辑思辨上借鉴了古代哲学的合理内容，而且将"小康社会"这一古代社会思想及其概念移植于现代社会，赋予其新的含义和内容。

小康一词最早出于《礼记》中的《礼运》篇，是相对于"大同"而言的社会状态。孔子曾将社会发展分为乱世、小康和大同等"三世"，认为小康是"天下为家"的社会，靠礼义来统治人民，如"禹、汤、文、武、成王、周公之治，皆谓之小康"。《诗经》上也有记载，称"少有资产足以自安者谓之小康"。

后来，研究《春秋公羊传》的今文经学家中，又有人提出"三世"之说，即据乱世、升平世、太平世，认为人类社会的进化应该从乱世进化为升平世（小康社会），再从升平世更进为太平世（大同社会）。西方经典社会进化论传入中国后，康有为为了托古改制，极力宣传社会进化论思想，并声称在孔子的《春秋》中发现了"微言大义"，说："大道看何？人理至公，太平世大同之道也。三代之英，升平世小康之道也。"随着时代的演进，"小康"概念流传至今，在民间和一些著书中，常习惯于把那种薄有资财、康泰祥和，安然度日的人家称为"小康之家"；把人民安居乐业的社会称为"小康社会"。

邓小平在借用这一古代传统社会思想时，曾提出过三个相关概念，即小康、小康水平和小康社会，但从其实质来看，主要赋予它"社会"内涵，用以表达我国社会主义初级阶段社会发展的特定时段模式，即指在社会生产力解放和发展的基础上，全体社会成员达到丰衣足食，生活水平和质量不断提高，社会安定祥和，各阶层居民和睦相处，整个社会处于文明、健康、进步的状态之中。对此，在党的十三届八中全会《关于进一步加强农业和农村工作的决定》中得以确认，指出："总的目标是：在全面发展农村经济的基础上，使广大农民的生活从温饱达到小康水平，逐步实现物质生活比较丰裕，精神生活比较充实，居住环境改善，健康水平提高，公益事业发展，社会治安良好。"

上述可见，邓小平的社会发展理论，是集古今中外一切社会发展理论之大成的本土化创造，不仅继承和发展了马克思主义的社会发展理论，而且将国内外的优秀文化遗产创造性地运用于我国社会发展的实践，从根本上解决了我国现代化建设的重大理论问题和实践问题。

试论邓小平的社会发展思想及其特点[*]

20世纪70年代以来,以邓小平为核心的中共第二代领导集体,率领全国各族人民进行了伟大的社会主义探索,几经艰辛,终于创建了建设有中国特色的社会主义理论体系,开创了改革、开放、发展、稳定的历史新阶段。这一理论体系,不仅解决了坚持和发展社会主义的方向、动力、目标、战略和途径等问题,而且继承和发展了马克思主义的社会发展观,创造了具有中国特色的社会发展理论。

一 邓小平社会发展思想的理论支点

自从马克思主义诞生以来,彻底拨开了几千年来唯心史观的迷雾,给人类社会发展以真正科学的解释。揭示了人类社会由于自身矛盾的运动,由低级向高级发展的规律,同时阐明了人类社会发展的本源论、主体论、实践论,创造论等基本理论。邓小平的社会发展思想,继承了马克思主义社会发展的基本理论,并结合中国国情,进行了新的探索和发展,提出并解决了当代中国社会发展的基础(基本动力)、手段、战略步骤和最终目标等一系列理论和实践问题,从而构筑了其坚实的理论支点。

---

[*] 《甘肃社会科学》1994年第5期。

(一) 生产力基础论

人类社会发展的历史，首先是生产力发展的历史。在社会发展的三大要素中，生产力的发展是最基本的要素，是社会其他多方面的发展，乃至社会形态更迭的基础。然而，马克思主义的这一基本理论却被误解甚至歪曲，造成了我国社会发展的乏力和滞缓。

十一届三中全会以后，邓小平以巨大的马克思主义勇气和远见卓识，冲破了社会发展的理论误区，果断地提出："马克思主义的基本原则就是要发展生产力。"① "社会主义的首要任务是发展生产力。"② "科学技术是生产力。"从而为我国的社会发展指明了前进的方向。

在人类社会发展的长河中，生产力有不以社会经济制度为转移的自身发展规律，即生产力加速发展规律。在构成社会三大要素的生产力、生产关系和上层建筑中，不论生产关系和上层建筑如何变更，都不会摧毁或消灭包括科学技术在内的现存生产力，相反，任何社会制度都必须继承和保护生产力，把它作为前进的出发点和发展的基础。邓小平正是从生产力的自身发展规律出发，以中国社会的快速发展和全面进步为基本目标，反复强调社会主义的"根本任务"、"首要任务"是发展生产力。

同时，他还总结了我国长期以来过分强调生产关系的反作用，把经济规律曲解为生产关系的规律和忽视发展生产力的沉痛教训，多次强调指出了生产力在社会发展中的决定作用和基础作用。他说："马克思主义最注重发展生产力。我们讲社会主义是共产主义的初级阶段，共产主义的高级阶段要实行各尽所能、按需分配，这就要求社会生产力高度发展，社会物质财富极大丰

---

① 《邓小平文选》第 3 卷，第 116 页。
② 同上书，第 63 页。

富。所以社会主义阶段的最根本任务就是发展生产力……并且在发展生产力的基础上不断改善人民的物质文化生活"[①],"为实现共产主义创造物质基础"[②]。以生产力的发展为社会发展的基础,这充分揭示了人类社会发展的本质,不仅在理论上继承和发展了马克思主义,而且在实践上解决了我国社会发展的根本途径问题。

(二)改革动力论

如果说生产力的发展是社会发展的基础和内在动力,那么,它的发展还有待于与生产关系、上层建筑的协调和互动,解决这两个问题的外在动力和有效手段就是改革。如果不及时改革不适应生产力发展的生产关系和上层建筑,就会束缚甚至扼杀生产力发展。因此,邓小平首先提出了改革的主张,设计了改革的蓝图,带领全党和全国人民,由农村到城市、由经济体制到政治体制、由单项突进到综合配套,使改革不断深入,生产力大幅度提高,社会全面进步。正如他指出的那样:"改革促进了生产力的发展,引起了经济生活,社会生活,工作方式和精神状态的一系列深刻变化。"[③]

随着改革的深化和经济社会的全面发展,邓小平对改革的内涵不断作出新的论证和解释。1984年他提出"我们把改革当作一种革命"。在1992年的南巡讲话中,又进一步论述了改革的革命性意义。指出:"革命是解放生产力,改革也是解放生产力。""社会主义基本制度确立以后还要从根本上改变束缚生产力发展的经济体制,建立起充满生机和活力的社会主义经济体制,促进生产力的发展,这是改革,所以改革也是解放生产力。

---

① 《邓小平文选》第3卷,第137页。
② 同上书,第142页。
③ 同上书,第370页。

过去,只讲在社会主义条件下发展生产力,没有讲还要通过改革解放生产力,不完全。应该把解放生产力和发展生产力两个讲全了。"① 这些著名论断,首次提出了在社会发展过程中"两种革命"和"两种手段"的思想,即一种是通过社会政治革命的手段,建立新的生产关系和上层建筑,解放和发展生产力;另一种是通过社会主义自我改革的革命性手段,变革不适应生产力发展的生产关系和上层建筑,解放和发展生产力。两种革命手段的本质和终极目的是相同的,都是为了解决社会基本矛盾,推动人类社会的发展。

(三) 发展阶段论

在社会主义的发展实践中,一直没有解决如何建设社会主义和实现共产主义的战略问题和战略步骤问题。邓小平正确总结了迄今为止的国际共产主义运动的经验教训,首先把社会主义划分为不同的历史阶段,提出了社会主义初级阶段理论,为我们党制定路线、方针、政策,提供了理论基础和指导思想。接着,他又把社会主义初级阶段划分成三种发展阶段和发展形态,全面阐述了"分三步走"的战略步骤:"我国经济发展分三步走,本世纪走两步,达到温饱和小康,下世纪用三十年到五十年时间再走一步,达到中等发达国家的水平。"②

党的十四大再次肯定了我国现代化必须分三步走的战略决策,并在此基础上进一步提出了近期目标和长远的三个社会发展目标。即在 90 年代,初步建立起新的经济体制;到建党一百周年的时候,将在各方面形成一套更加成熟和定型的制度;到建国一百周年时,基本实现社会主义现代化。

这一分阶段发展、分三步实现现代化的发展战略和战略步

---

① 《邓小平文选》第 3 卷,第 251 页。
② 同上书,第 172 页。

骤，把经济和社会发展目标有机统一起来，使经济发展目标的实现同社会发展的目标相辅相成，同步发展，标志着我们党对社会主义认识的日益深化和社会发展理论的不断成熟。

（四）共同富裕论

共同富裕这是社会主义制度的本质规定。也是中国共产党人孜孜以求的基本目标。早在1986年，邓小平就郑重地指出："社会主义原则，第一是发展生产，第二是共同致富。"① 1990年，他进一步指出："共同致富，我们从改革一开始就讲，将来总有一天要成为中心课题。"② 1992年，在南巡讲话中，他又一次强调："社会主义的本质，是解放生产力，发展生产力，消灭剥削，消除两极分化，最终达到共同富裕。"③

这些极其精辟的论述，提出并解决了社会主义条件下社会发展的三个基本理论问题：一是解放和发展生产力问题；二是坚持排除剥削和两极分化的生产关系问题；三是达到共同富裕这个社会发展的最终目的问题。特别是"共同富裕"四个字，通俗易懂，贴近生活，既体现了社会主义的目的、本质、基本原则和发展方向，反映了社会发展客观规律的要求，又集中代表了劳动人民的根本利益，具有巨大的号召力和感染力。

15年来的实践也证明，我国社会发展始终是朝着共同富裕的目标前进的。尽管在发展过程中出现了先富与后富、大富与小富、快富与慢富的不平衡，以及地区之间、阶层之间、行业之间差距拉大的现象。但我们基本解决了全国人民的温饱，摆脱了普遍贫穷的状态，正向小康社会发展。

---

① 《邓小平文选》第3卷，第364页。
② 同上书，第373页。
③ 同上书，第64页。

二 邓小平社会发展思想的实践模式

(一) 温饱型社会

"解决温饱"是邓小平社会发展实践模式的第一个层次。它的内涵是打破普遍贫穷状态，消除贫困，满足人们生存的基本需求，实现社会的安宁与祥和，并为向另一个层次发展创造最基本的条件。

在过去的传统体制和极"左"路线的束缚下，勤劳的中国人民没有摆脱贫穷的缠绕。面对中国贫穷落后的社会现实，邓小平以极大的政治胆略，向全党全国人民大声疾呼："大多数农民处在非常贫困的状况，衣食住行都非常困难"，因此，"改革首先要从农村开始"，解决"百分之八十的人口的贫困"。"贫穷不是社会主义，社会主义要消灭贫穷，要鼓励一部分地区、一部分人先富起来，最终达到共同富裕"。在他的消灭贫穷，解决温饱的号召下，中国大地上俯拾即是的怕致富、患均贫的精神桎梏土崩瓦解，人们怀着强烈的生存欲望向贫穷宣战，赢得了整个社会的进步和发展。

贫穷首先是个经济问题。按照国家统计局拟定解决温饱的量化指标，目前农村人均纯收入在 300 元以下为贫困，200 元以下为特困。温饱又分为三种形态：(1) 温饱初期，人均纯收入约在 300 元至 500 元；(2) 温饱中期，人均纯收入约在 500 元至 1000 元；(3) 温饱后期，人均纯收入约在 1000 元至 1100 元。根据这个指标，1993 年全国农民人均纯收入达到 920 元，已进入温饱中上期。但就地区来讲，西部大多数地区刚进入温饱中期。甘肃 1993 年，农民人均纯收入为 563 元，处于温饱阶段的中下期。

贫穷更重要的是一个综合性的社会问题。只不过它的外层表现是生产力落后，收入薄，人民生活困难等，而其深层表现则是生产工具简单、生产方式落后，社区间的逾越互动能力脆弱，社区文化隔离机制过强，劳动群体素质差，以及思想、观念、道德和习俗的传统性与时代相抵触的精神型贫困。因此，消除贫困，解决温饱，是一个包括发展经济、社会、科技文化的社会工程。邓小平之所以一再倡导重视和发展教育，一手抓物质文明、一手抓精神文明，培养"四有"新人等，其着眼点和立足点全在于此。

（二）小康型社会

邓小平在他多次讲话中首次提出了三个全新的概念，一个是"小康"，一个是"小康水平"，一个是"小康社会"。他说："我们提出四个现代化的最低目标，是到本世纪末达到小康水平。这是1979年12月日本前首相大平正芳来访时我同他首次谈到的。所谓小康，从国民生产总值来说，就是年人均达到800美元。"[①]后来，他又说："第二步是到本世纪末，再翻一番，人均达到一千美元。实现这个目标意味着我们进入小康社会。"[②]"所谓小康社会，就是虽不富裕，但日子好过。""国家总的力量大了"，就有能力"办教育"、"搞国防"、"改善人民生活"[③]。还可以进行"智力投资"，增加"科研经费"[④]。他强调指出："不坚持社会主义，中国的小康社会形成不了。"[⑤]

1. 小康型社会应包括的含义

第一，小康是一个古老而又全新的概念。说其古老是因为小康一词源于我国古代，一是指居民家庭的经济状况。早在《诗

---

① 《邓小平文选》第3卷，第226页。
② 同上书，第161页。
③ 同上书，第88页。
④ 同上书，第64页。
⑤ 同上书，第383页。

经》上就有记载:"民亦劳止,讫可小康","少有资产足以自安者谓之小康"。所以小康即是小安;二是指社会状况,《礼运》篇中讲道:"政教修明,使人各亲其亲,各子其子,如禹汤文武成王周公之治,皆谓之小康。"

说其全新是邓小平将这一古代用语移植于现代社会,并赋予新的含义和内容,古为今用。

第二,小康是一个宽泛的富于弹性的概念。从其内涵考察,它是一个以享受为特征的消费发展阶段,介于温饱和富裕阶段之间;小康又是指中等生活水平。从国际范围看,指达到中等收入国家水平,从国内来看,城乡家庭平均收入水平要达到目前城镇居民的水平;从消费需求满足程度分析,小康意味着基本生活资料相对富裕,可用来满足部分享受和发展的需求。

从外延分析,小康水平是指在温饱的基础上生活质量的进一步提高。小康和富裕又是相对的概念,不同时代有不同的标准,具有较大的弹性。

第三,小康既是一个经济概念,又是一个社会概念。经济发展到一定水平是小康的物质基础,但小康更标志着社会发展水平,如政治、科技、文化、教育、医疗卫生、交通通信、社会安全、社会保障、生态环境等都达到一定的水平。

第四,小康水平与小康社会是紧密相连而又有所区别的概念。小康水平着重反映社会成员的生活水平,指生活质量的进一步提高。而小康社会则是指一种社会形态,即社会主义初级阶段的一种社会发展形态。它反映了在社会生产力解放和发展的基础上,全体社会成员的生活水平达到丰衣足食,消费水平和质量进一步提高,社会内部各种关系和谐,社会风气良好,整个社会处于一种文明、健康、进步的状态。

2. 小康型社会的定量描述

根据国家权威机构拟定的指标,到 20 世纪末:(1)人均国民生产总值达到 800 美元；（2）城镇居民人均生活费收入 2400 元，农民人均纯收入 1200 元；（3）第三产业比重为 33.3%；（4）恩格尔系数（食物支出占消费总支出的比重）为 50%；（5）城镇住房人均使用面积为 12 平方米，农村人均使用面积为 20 平方米；（6）人均日摄取热量 2600 大卡；（7）人均日摄取蛋白质 75 克；（8）每百户电视机拥有量 100 台；（9）每百人拥有电话 4 部；（10）人均订报刊 0.11 份；（11）成人识字率达到 90%；（12）每千人拥有病床 6.4 张，人均预期寿命 72 岁；（13）享受社会保障人口占常住户籍人口比重的 40%；（14）森林覆盖率为 15%；（15）城镇人均绿地面积 7 平方米。由以上指标构成的指标体系，涵盖了经济水平、产业结构、文化教育、生活质量、生态环境、社会保障等各个方面，描述了小康社会的真实前景，易于被广大群众所接受。

（三）现代化社会

现代化社会是就社会的文明、进步状态和发达程度而言的，实质上是一种发达型社会，它包括经济、政治、军事、文化、伦理、生活方式和质量等多方面的发展水平。

邓小平虽然没有明确提出发达型社会的概念，但他的多次谈话充分表达了类似的思想。他指出："如果从建国起，用 100 年时间把我国建设成中等水平的发达国家，那就很了不起！"[①] 又说："再花 50 年时间，再翻两番达到人均四千美元。那意味着什么？就是说，到下一个世纪中叶，我们可以达到中等发达国家的水平。"[②]

这里的"发达国家"既包括经济水平，也包括社会发展水平，实质上是指除社会制度之外的社会的发展形态。

---

① 《邓小平文选》第 3 卷，第 224 页。
② 同上。

现代化社会的一般标准是什么？我国尚无统一的规定。目前，最具权威性的是美国现代化问题专家阿历克斯·英克尔斯提出的十项标准：（1）人均国民生产总值在3000美元以上；（2）农业产值在国民生产总值中所占的比重不超过12%—15%；（3）第三产业产值在国民生产总值中的比重达到45%以上；（4）非农业就业人员在总就业人口中所占的比重超过70%；（5）识字的、有文化的人口在总人口中超过80%；（6）同龄组青年中，受高等教育的人数占10%—15%；（7）城市人口占总人口的50%以上；（8）100人中有一名医生；（9）平均预期寿命在70岁以上；（10）3人中有一份报纸。

用这个标准评价我国现在所处的水平，除平均寿命已接近现代化标准外，其余均存在相当大的差距。如：人均国民生产总值相差近10倍，农业在国民生产总值中的比重多出近20个百分点，第三产业在国民生产总值中的比重低23个百分点，适龄青年受高等教育的人数少13个百分点，城市人口占总人口的比重低20多个百分点，平均每个医生服务人口多630人，人口自然增长率高出2%。

事实说明，实现现代化是一个漫长的社会过程，它需要经济、社会、文化多方面的协调和同步发展。有鉴于此，邓小平提出在21世纪中期达到中等发达国家的水平，基本实现现代化，在实践上是实事求是的。也是符合我国国情的，它有利于克服我国曾反复发生的急躁情绪和经济社会发展中的盲目性。

三　邓小平社会发展思想的特点

邓小平的社会发展思想，是在继承世界上一切优秀文化遗产的基础上，把马克思主义的社会发展理论同中国的具体实践相结合的产物，具有鲜明的时代特色、中国特色和创造特色。

第一，破除了传统社会发展观的理性先定论，回归到马克思主义人的自我决定论。传统的社会发展观是理性主义的，认为社会发展的依据和尺度是外在于人的理性力量决定的，是先于人存在的永恒原则。邓小平的社会发展思想，依据我国社会主义的客观实际，实事求是地提出问题和解决问题，体现了人类社会主体——人的主动精神和能动性。倡导在经济发展的基础上，实现以人为主体的社会全面进步；以培养"四有"新人为基点，推动社会的全面发展。

第二，破除了社会发展的理想论，回归到马克思主义的"需要"论。过去的社会发展观过分地强调理想作用和精神作用，而邓小平的社会发展思想把理想和需要紧密结合起来，突出了人们的生存需要、享受需要和发展需要。马克思主义的社会学说有一个很重要的理论，就是需要理论。他认为人类社会发展的一个主要动力是人的需要，需要是人的"本性"。他把人类对生活资料的需要分为"生存、享受和发展"三个层次，认为"为了生活，首先就需要衣、食、住以及其他东西。因此，第一个历史活动就是生产满足这些需要的资料"。又说："已经得到满足的第一个需要本身、满足需要的活动和已经获得的为满足需要用的工具又引起新的需要。"① 邓小平提出的社会主义初级阶段社会发展的三种实践模式，充分体现了马克思主义的需要理论。"温饱"所解决的就是马克思所说的"第一个需要"，即"生存"需要；"小康"主要是满足人们的享受需要，也包括一定的发展需要；"现代化"解决的既有新的层次上的享受需要，更多的则是发展需要。

第三，破除了社会发展的本体还原论，回归到马克思主义的实践创造论。本体还原论认为，社会发展是依据理性的发展，是一种向本体复归的过程，越发展越接近和符合本体自身的规定。邓小平的社会发展思想注重实践，注重科学技术的力量，他提出

---

① 《马克思恩格斯全集》第1卷，第32页。

并发动了"实践是检验真理的唯一标准"的大讨论,提出并确立了"科学技术是生产力"的基本理论。在社会发展的广阔领域里,充分尊重社会成员的创造作用,一切改革措施都先行试验,自下而上地不断完善,依靠群众的力量和科学技术力量,征服自然,创造日益丰富的物质财富和精神财富。

第四,破除了社会发展的单一模式论,回归到马克思主义的因地制宜论。过去的社会发展特别是社会主义国家大都照搬苏联的传统模式。而邓小平的社会发展思想突出本国国情和理论与实际的结合,他提出要"走自己的路","中国农村就是根据这样的原则,走自己的路取得成功的"①。"二十年的历史教训告诉我们一条最重要的原则:搞社会主义一定要遵循马克思主义的辩证唯物主义和历史唯物主义,也就是毛泽东同志概括的实事求是,或者说一切从实际出发。""外国的经验可以借鉴,但是绝对不能照搬。"②

总之,邓小平的社会发展思想,既不同于传统的社会发展观,又不等同于马克思主义的社会发展理论。它的最根本的特点,就是理论上的鲜明性、实践上的可操作性、体系上的完整性和风格上的民族性。

---

① 《马克思恩格斯全集》第 1 卷,第 96 页。
② 同上书,第 118、140 页。

论邓小平的协调发展思想[*]

一个社会要进步，不能没有理论指导；一个国家要发展，不能没有理性思维；一个民族要振兴，不能没有精神支柱；一个执政党及其所奋斗的事业要繁荣兴旺，不能没有科学理论。邓小平理论，作为当代中国的马克思主义，是一个内容丰富、完整科学的理论体系。邓小平的社会协调发展思想不仅是这一理论体系的重要组成部分，而且为中国共产党确立"以人为本，全面、协调、可持续"的科学发展观奠定了基础。

一 邓小平协调发展思想的缘起和形成过程

（一）邓小平协调发展思想的缘起

任何思想、理论的形成，都与它所处的时代相关，与这个时代社会主体的实践相联系。邓小平的协调发展思想主要缘起于以下三个方面：

1. 缘起于对马克思主义社会发展观的传承

马克思和恩格斯对人类社会的全部历史进行了最缜密、最精到的研究，在汲取人类关于社会发展认识史上一切最优秀成果的基础上，创立了科学的社会发展理论。这一理论把人、社会、自

---

[*]《毛泽东思想研究》2005年第2期，同魏胜文合作。

然的统一体作为研究对象,既揭示了作为社会发展基础的物质生产本身发展的内在机制——生产力和生产关系的矛盾运动规律,又主张社会发展的"合力"论。恩格斯曾经指出:"历史是这样创造的:最终的结果总是从许多单个的意志的相互冲突中产生出来……这样就有无数互相交错的力量,有无数个力的平行四边形,由此就产生出一个合力,即历史结果。"[①]这种"合力"是由自然的、社会的、经济的、政治的、物质的、精神的等多种因素构成的,而且,它们之间有机地联系在一起,协同地、交织地对社会系统发生作用,促使社会系统整体的协调发展。

邓小平的协调发展思想同马克思主义的社会发展观一脉相承,是把马克思主义不断中国化的产物。作为我国改革开放的总设计师,从一开始他就运用马克思主义的"合力"论,既高度关注发展生产力的极端重要性和迫切性,又充分关注生产关系的改革和适应,主张"改革是全面的改革,包括经济体制改革、政治体制改革和相应的其他各个领域的改革"[②]。把改革看做是调节和解决社会主义社会矛盾的基本手段,把改革看做为推动社会主义发展和进步的动力。通过全面改革,实现社会主义制度的自我完善,实现社会系统各种要素的协调,形成持续发展的合力,促进经济发展和社会的全面进步。

2. 缘起于对传统发展理论弊端的扬弃

传统发展理论及其战略的弊端是极其明显的。首先,它以资源可以无限制开发的假设为前提,几乎不考虑经济增长对资源环境系统的破坏性影响;其次,经济增长与公平分配、充分就业、消除贫困等社会发展目标相偏离;最后,经济增长与社会主体——人的基本生活需求相脱节。正因为如此,不少第三世界国家虽经数十年的艰苦努力,取得了比较高的经济增长率,但遗憾

---

① 《马克思恩格斯选集》第4卷,人民出版社1995年版,第697页。
② 《邓小平文选》第3卷,人民出版社1993年版,第237页。

的是，单一的纯经济增长忽视了同社会的协调性，由此使贫富两极分化、食品短缺、通货膨胀、政治动荡、社会冲突日益加剧，大多数发展中国家陷入了"有增长而无发展"、"以人的剥夺为代价的发展"的严重困扰之中。

我国改革开放之初，正是国际上不断扬弃发展理论及其战略造成的弊端，使发展的战略倾向从经济层面转向经济与社会同步协调发展的时期。邓小平及时洞察了当时世界发展的战略转型，早在1978年就告诫我们，"现在是我们向世界先进国家学习的时候了"①，"从实践中学，从书本上学，从自己和人家的经验教训中学"②。后来，他又反复强调要借鉴不发达国家发展的经验教训，"应当把发展问题提到全人类的高度来认识，要从这个高度去观察问题和解决问题"③。邓小平正是从这种战略高度出发，适时地将我国发展引向"扎扎实实，讲求效益，稳步协调地发展"④的轨道。

3. 缘起于对我国社会主义建设经验教训的反思

1978年年底召开的党的十一届三中全会，确定了解放思想，实事求是，改革开放，为实现现代化而奋斗的方针，对"什么是社会主义、怎样建设社会主义"这个根本问题，进行了重新认识，使全党的认识达到一个崭新的境界。在这一进程中，邓小平坚持"以史为鉴"，对新中国成立后近30年社会主义建设的经验教训进行了反复认真的总结。

邓小平从1978年到1992年的南方谈话中，有21次谈到新中国成立以来的经验教训问题，多次使用"太急"、"急性病"、"过高指标"、"折腾"、"波折"、"严重错误"和"很大灾难"

---

① 《邓小平文选》第2卷，人民出版社1994年版，第132页。
② 同上书，第153页。
③ 《邓小平文选》第3卷，人民出版社1993年版，第282页。
④ 同上书，第375页。

等词语对过去经验教训进行了反思和概括。1987年,他在会见荷兰首相贝尔斯的谈话中明确指出:"我为什么讲这个历史?因为我们现在的路线、方针、政策是在总结了成功时期的经验、失败时期的经验和遭受挫折时期的经验后制定的。历史上成功的经验是宝贵财富,错误的经验、失败的经验也是宝贵财富。这样来制定方针政策,就能统一全党思想,达到新的团结。这样的基础是最可靠的。"①

针对过去经济建设中反复出现的盲目冒进、片面追求产值产量的增长所付出的沉痛代价,邓小平一再告诫全党,中国的现代化事业必须循序渐进、健康稳步的发展,我们的经济,步子不能迈得太快、太急,太快不切合实际。经济要发展,社会也要尽快地发展,但是,我们还是要讲求效益,稳步协调地发展。

(二)邓小平协调发展思想的形成过程

1. 萌发于经济体制改革

邓小平的协调发展思想,早在他1980年1月16日《目前的形势和任务》的讲话中就有鲜明的体现。他说:"近三十年来,经过几次波折,始终没有把我们的工作着重点转到社会主义建设这方面来,所以,社会主义优越性发挥得太少,社会生产力的发展不快、不稳、不协调,人民的生活没有得到多大的改善。"② 同时,他尖锐地批评了在农业和工业、农林牧副渔之间和轻重工业之间、煤电油运和其他工业、"骨头和肉"(工业和住宅建设、交通和市政建设、商业服务建设)、"积累和消费"、"经济发展和教育、科技、文化卫生发展"等六个方面存在的"比例失调"问题。要求尽快采取有效措施,促使国民经济各方面"综合平衡"③

---

① 《邓小平文选》第3卷,人民出版社1993年版,第234页。
② 《邓小平文选》第2卷,人民出版社1994年版,第249页。
③ 同上书,第250页。

发展。

如何扭转诸多"比例失调"现象，实现"综合平衡"和"逐步协调"呢？邓小平选择了我党历史上多次成功运用的"调整"方针。他指出："在经济比例失调的条件下，下决心进行必要的正确的调整，是我们的经济走向正常的、稳定的发展的前提。这在全国解放初期和 60 年代初期两次调整的历史经验已经充分证明了。"① 调整"是为了站稳脚跟，稳步前进，更有把握地实现四个现代化"②。"如果再不认真调整，我们就不可能顺利地进行现代化建设。只有某些方面退够，才能取得全局的稳定和主动，才能使整个经济转上健全发展的轨道。"③ 但"调整不是后退，而是前进"④。目的是"下决心去掉不切实际的设想，去掉主观主义的高指标"⑤。"真正摸准、摸清我们的国情和经济活动中各种因素的相互关系，据以正确决定我们的长远规划的原则"⑥，促进国民经济各种比例关系由不同程度的不平衡走向比较平衡。可见，邓小平的协调发展思想，发端于经济体制改革，这与党的十一届三中全会确定的"以经济建设为中心"的基本路线是相一致的。

2. 拓展于政治体制改革

几乎与经济体制改革同步，邓小平就提出了政治体制的改革问题，以期更好地解决生产力发展与生产关系相适应、相协调这一基本矛盾。他在 1978 年 12 月 13 日党的十一届三中全会上作的《解放思想，实事求是，团结一致向前看》的主题报告，不仅标志着党和国家工作重心的转移，而且意味着党的政治价值观念发

---

① 《邓小平文选》第 2 卷，人民出版社 1994 年版，第 161 页。
② 同上书，第 356 页。
③ 同上书，第 355 页。
④ 同上书，第 357 页。
⑤ 同上书，第 358 页。
⑥ 同上书，第 356 页。

生了重大转型,为我国政治体制改革和实现经济基础与上层建筑的协调发展指明了方向。他指出:"我们要在大幅度提高社会生产力的同时,改革和完善社会主义的经济制度和政治制度,发展高度的社会主义民主和完备的社会主义法制。"① 后来,他多次强调,"我们越来越感到进行政治体制改革的必要性和紧迫性"②。不克服过去在政治体制、政治行为方式以及政治文化上形成的权力过分集中、家长制、终身制、特权、个人崇拜、重人治轻法治等体制弊端,"就会阻碍生产力的发展,阻碍四个现代化的实现"③。在邓小平倡导和推动下,我国步入了政治现代化的轨道,这极大地拓展了邓小平协调发展思想的理论主题和涵盖领域。

3. 集成于社会关系整合

社会整合通常是指通过各种方式,将社会结构的不同要素、互动关系及其功能结合为一个有机整体,从而使社会处于一种稳定与协调状态。改革开放以来,我国社会进入由传统社会向现代社会的转型期,伴随各种异质因素的频繁出现,社会关系日趋复杂,稳定问题日益凸显。邓小平敏锐地觉察到这些问题,提出"我们每走一步都要总结经验,哪些事进度要快一点,哪些要慢一点,哪些还要收一收,没有这条是不行的"④。并倡导积极采用教育手段、"两手抓"手段、法律控制手段、道德规范手段、利益调整手段等综合手段,整合社会系统内部的各种思想冲突和利益关系,有效防止"左"倾思想,抵制自由化思潮,打击各种违法犯罪、惩治腐败、调整地区间群体间的利益冲突,维护社会稳定和协调发展。他反复强调,稳定是改革开放与社会发展的前提

---

① 《邓小平文选》第 2 卷,人民出版社 1994 年版,第 208 页。
② 《邓小平文选》第 3 卷,人民出版社 1994 年版,第 179 页。
③ 同上书,第 176 页。
④ 同上书,第 219 页。

与条件,"中国的最高利益就是稳定"①。

可见,邓小平的协调发展思想萌生于经济体制改革,但伴随着改革开放和现代化进程,这一思想在政治领域得到延伸和拓展,又在社会领域的各个层面进一步升华和定形,最终成为一个完整的社会协调发展思想体系。

(三) 邓小平协调发展思想的历史地位

邓小平协调发展思想的形成,与我们党在改革开放中对发展问题的探索是同步的。而且,不断地通过党的会议、全国人民代表大会等法定程序,及时地将其固定化、法制化,上升为党的指导思想和政府工作的指导方针。因而,在我党探索科学发展观的漫长实践中,邓小平的协调发展思想居于首创地位。

自20世纪80年代初邓小平提出协调发展问题后,1981年党中央国务院批准的《关于我国科技发展方针汇报提纲》就吸纳了这一思想。指出科技与经济、社会应当协调发展。1982年12月,在全国人大五届五次会议上,根据邓小平的协调发展思想,首次把我国国民经济发展五年计划改名为《国民经济与社会发展规划》,并增加了社会发展的内容和指标。到1987年党的十三大报告,正式提出了必须坚定不移地贯彻执行注意效益、提高质量、协调发展、稳定增长的方针。1990年,七届全国人大四次会议通过的《关于国民经济和社会发展十年规划和第八个五年计划纲要》进一步强调要使国民经济和社会事业协调发展,既要考虑经济的发展,又要考虑社会的全面进步。

进入20世纪90年代,随着改革进程向更深层次推进,各种社会问题愈加显露,迫使全党进一步认识"协调发展"的重要性和必然性。因此,在邓小平南方谈话两年后的1994年,党中央

---

① 《邓小平文选》第3卷,人民出版社1993年版,第313页。

和国务院召开了全国首次社会发展工作会议，形成了《全国社会发展纲要》，并将促进经济与社会协调发展确定为《纲要》的指导思想。号召各级政府要认真搞好经济政策与社会政策以及各项社会政策之间的相互协调，使经济发展与社会发展之间和各项社会发展事业之间协调发展。至此，邓小平的协调发展思想已经成为全党的共识和指导思想，这是他对我们党探索科学发展观的巨大贡献。

二　邓小平协调发展思想的内涵和理论体系

邓小平在探索我国"怎样发展、发展什么"的过程中，立足于国情和社会主义初级阶段的实践，创立了具有中国特色的协调发展理论，并在发展中逐步形成了完整的思想体系。具体包括：

（一）基本内涵

协调发展是社会主义发展规律的客观要求，是社会主义社会本质的重要体现。在社会发展客观规律基础之上的协调，最根本的就是社会基本矛盾的协调，即生产力与生产关系、经济基础与上层建筑的矛盾运动过程的协调，其中生产力与生产关系之间的协调和互动处于核心地位。社会基本矛盾的协调，一是指人与自然的协调。根据马克思提出的"两种生产理论"，物质资料生产与人类自身的生产是有机联系在一起的，表现了人与自然协调的真谛。二是社会物质文明、精神文明、政治文明之间的协调，这是社会基本矛盾协调的主要体现，是社会基本矛盾协调的制高点。三是社会生产与社会需要之间的协调。四是社会成员、阶层之间的利益协调。这四方面的协调既构成了社会基本矛盾的协调系统，同时也是邓小平协调发展思想的基本内涵。

协调是经济社会稳定发展的前提条件，也是衡量经济社会发展水平和持续能力的重要尺度。没有社会各个方面、各种因素的相互配合、协调互动，就不可能有社会的持续、健康发展。邓小平所指的协调，既包括科技、经济、社会、文化、人口、生态、资源的协调，也包括人的发展与经济社会发展的协调；既包括经济内部各产业和各行业之间的协调，也包括地域之间的协调，是一种动态的全面的协调。

（二）基本观点

1. 经济与社会发展同步观

邓小平认为，社会发展是经济发展和社会的全面进步。经济发展是社会发展的结果和目的，二者是相互依存、相互促进的辩证统一关系。早在1979年他就提出"两个同时"的观点："我们要在大幅度提高社会生产力的同时，改革和完善社会主义的经济制度和政治制度，发展高度的社会主义民主和完备的社会主义法制。我们要在建设高度物质文明的同时，提高全民族的科学文化水平，发展高尚的丰富多彩的文化生活，建设高度的社会主义精神文明。"[①] 党的十二届六中全会根据"两个同时"的思想，提出了现代化建设的总体布局，即以经济建设为中心，坚定不移地进行经济体制改革，坚定不移地进行政治体制改革，坚定不移地加强精神文明建设，并且使这几个方面相互配合，互相促进，协调发展。

2. 稳定与发展统一观

由于我国的改革是在新旧体制的转换过程中进行的，因而，正确处理改革、稳定、发展三者间的关系，就成为伴随改革和发展始终的一个重大问题。邓小平正是基于对中国近代史和新中国成立后历史的冷静分析，针对改革开放中的某些不稳定因素，反

---

① 《邓小平文选》第2卷，人民出版社1994年版，第208页。

复强调稳定与发展的关系和意义:"中国发展的条件,关键是要政局稳定"①;"中国要实现四个现代化,摆脱落后状态,必须有一个安定团结的政治环境,必须有领导有秩序地进行建设"②;"中国人这么多,底子这么薄,没有安定团结的政治环境,没有稳定的社会秩序,什么事也干不成。稳定压倒一切"③。但要稳定,必须加快发展,发展才是硬道理。在稳定与发展关系度的把握上,发展要控制好速度,稳定要掌握好力度,从而做到相互协调,相得益彰。

3. "两个文明"并举观

邓小平协调发展思想的一个基本观点,就是"两个文明"并举,即"两手抓,两手都要硬",一手抓物质文明,一手抓精神文明。他多次强调:"一个真正的马克思主义政党在执政以后,一定要致力于发展生产力……要特别注意建设物质文明。与此同时,还要建设社会主义的精神文明,最根本的是要使广大人民有共产主义的理想,有道德,有文化,守纪律。"④

从广义上说,邓小平以"两手抓"为核心的"并举观"包括多方面的内容。例如,在坚持以经济建设为中心的同时,既坚定不移地推进改革开放,又毫不动摇地坚持四项基本原则;在改革开放和打击经济犯罪、惩治腐败问题上,一手抓改革开放,一手抓打击经济犯罪;在经济建设和民主法制问题上,一手抓经济建设,一手抓民主法制建设;等等。

(三) 基本模式

社会发展模式是社会发展理论的延伸与实践形式。邓小平的

---

① 《邓小平文选》第3卷,人民出版社1993年版,第216页。
② 同上书,第208页。
③ 同上书,第331页。
④ 同上书,第28页。

协调发展模式是中国国情与发展实践的产物,可概括为"分段推进、整体协调"模式。

第一阶段为温饱型社会。为了打破积久成习的普遍贫穷状态,注入发展动力,邓小平发出了"贫穷不是社会主义"的呐喊,首先发起了农村改革,成功地领导了20世纪最浩大最富成效的反贫穷斗争,从而赢得了中国社会大跨度的发展和进步。第二阶段为小康型社会。在解决温饱的同时,邓小平倡导让一部分人先富起来,以此打破旧有的平衡,带动全社会致富,实现小康。按他的解释,小康社会首先指经济状况,即人均国民生产总值达到一千美元,"实现这个目标意味着我们进入小康社会"①;其次是指社会状况,即国家总的力量大了,就有能力办教育、搞国防、改善人民生活;再次是指由温饱型社会向现代化社会的一种过渡状态,即"所谓小康社会,就是虽不富裕,但日子好过……使所有的人都得益"②。第三阶段是现代化社会。现代化社会是就社会的文明、进步状态和发达程度而言的,它包括经济、政治、军事、文化、伦理、生活方式、生活质量和生态环境等多方面的发展水平。邓小平解读这一模式时借用了"中等发达国家水平"概念,以此说明在这一阶段要继续大力发展生产力,全面发展各项社会事业,使全体社会成员的生活质量进一步提高,社会内部关系和谐,社会系统运行协调,整个社会进入文明进步、共同富裕的现代化社会。

三 邓小平协调发展思想的理论和实践特色

邓小平的协调发展思想,从三个层次上回答并解决了我国经济社会协调发展的问题:一是从历史观层次,二是从社会哲学层

---

① 《邓小平文选》第3卷,人民出版社1993年版,第226页。
② 同上书,第161页。

次，三是从战略、政策层次。这三个层次的统一，不仅解决了"彼岸"的目标问题，而且解决了到达"彼岸"的"桥"和"船"的问题；不仅解决了"成其事"的问题，而且解决了"利其器"的问题，因而具有鲜明的理论特色和实践特色。

（一）突出生产力的基础作用，以发展促协调

以发展生产力为基础，观察和解决社会发展尤其是经济社会协调发展问题，既是邓小平协调发展思想的核心，也是这一思想的重要特点。马克思强调：人们所达到的生产力的总和决定着社会状况，物质生产是人类存在的第一个前提，是一切历史的基本条件。邓小平把这些观点简要地概括为：马克思主义的基本原则就是要发展生产力，社会主义必须大力发展生产力。在大力发展生产力的同时，邓小平又特别关注稳定和协调问题。"对于我们这样发展中的大国来说，经济要发展得快一点，不可能总是那么平平静静、稳稳当当。要注意经济稳定、协调地发展，但稳定和协调也是相对的，不是绝对的。发展才是硬道理"①，必须以发展促协调，在发展中求协调。

（二）突出改革的动力作用，以创新促协调

把改革当做调节和解决社会主义社会矛盾的基本手段，以及推动经济社会发展或进步的动力，这是邓小平协调发展思想的鲜明特色之一。"通过改革，要取得长期持续稳定发展的条件。"②"没有改革就没有今后的持续发展。"③ 回顾党的十一届三中全会以来的所有改革，包括经济体制改革、政治体制改革和其他方面的改革，几乎无一例外地伴随着一场思想解放和观念更新。所有

---

① 《邓小平文选》第3卷，人民出版社1993年版，第377页。
② 同上书，第160页。
③ 同上书，第131页。

发展中的不协调问题，都是通过理论创新和体制创新迎刃而解的。

（三）突出民主与法制的调控作用，以制度促协调

政治民主化和完备的法制是现代化过程中影响社会稳定和协调发展的两个重要因素。邓小平一方面把民主看做是政治体制改革和社会主义现代化的重要目标，认为没有民主就没有社会主义，就没有社会主义现代化。发扬民主，可以化消极因素为积极因素，团结可以团结的力量，同心同德，群策群力，维护和发展安定团结的政治局面。另一方面，邓小平强调民主必须制度化、法制化。认为制度更带有根本性、全局性、稳定性和长期性。因而，要从制度上保证党和国家政治生活的民主化、经济管理的民主化、整个社会生活的民主化。同时，邓小平又特别强调法制对经济社会协调发展乃至中国整体发展的保证作用。

（四）突出"共同富裕"目标的凝聚作用，以价值导向促协调

"共同富裕"既是社会主义的一个根本原则，也是社会发展最重要的价值目标。这个价值目标就是要解放生产力，发展生产力，消灭剥削，消除两极分化，最终达到共同富裕。"社会主义原则，第一是发展生产，第二是共同致富。"[①] 社会主义最大的优越性就是共同富裕，这是体现社会主义本质的一个东西。但是，实现共同富裕是一个过程。在这一过程中，一方面不可能做到"平均富裕"、"同时富裕"和"同步富裕"，因而要以让一部分人和一部分地区先富裕起来为手段，团结凝聚、示范引导、激励感召其他人、其他地区也富起来。另一方面，由于在发展进程中的速度差异和程度差异，将不可避免地出现地区之间、群体之间

---

① 《邓小平文选》第3卷，人民出版社1993年版，第172页。

和阶层之间在利益上暂时的不协调。在这种情况下,大力倡导"共同富裕"的价值目标,运用道德影响力凝聚人心,加快致富进程,促进不同地区和不同社会群体之间的协调发展。

作为邓小平理论重要组成部分的协调发展思想,引领我们克服了改革开放中诸多波折、起伏、风险和动荡,保证了我国连续30多年经济社会的稳定、协调和有序发展。今天,我们有理由相信,在我们党实践"以人为本,全面、协调和可持续发展"科学发展观的历史时期,邓小平的协调发展思想必定会大放异彩,显示出无比的活力。

持续、稳定、协调发展的方针是社会发展的保证[*]

党的十三届五中全会强调："必须始终坚持持续、稳定、协调发展的方针，这是总结我国 40 年的经济建设得出的最重要的经验教训。"这也正是我国社会发展的最深刻的历史概括和经验教训，作为内涵丰富的指导思想，应当确立为我国整个社会发展的基本方略。

协调是我国社会发展的客观要求和基础。社会协调作为历史唯物论的范畴，所反映的是人类共同活动的特定适当方式，即一定社会中和谐贯通而相对稳定的关系及运动状态。中华人民共和国的基本本质，展示了社会主义社会从根本上总体上是协调发展的。以工人阶级领导的工农联盟为基础的人民民主专政的国家政权，人民代表大会制度，保证了广大人民管理国家事务、社会事务的权利。为社会主义事业和祖国统一大业共同奋斗的多党合作的政治协商制度，广泛吸收各民主党派和各界爱国人士参政议政，组成了最广泛的爱国统一战线。这都为国家政治、经济、文化、社会生活的民主化，提供了充分的可能性和广阔的前景，构成了我国社会协调发展的政治基础。以生产资料公有制和按劳分配为主体的社会主义经济制度，与生产的社会化相一致，为提高

---

* 《中国社会报》1980 年 9 月 28 日，同段华明合作。

社会生产力和劳动生产率，提高全体人民的物质、文化生活水平，提供了充分的可能性和广阔的前景，构成了我国社会协调发展的物质基础。

我国社会的协调发展，要求社会总体发展战略必须以生产力发展为基础，以人的发展为核心，社会的经济、政治、文化、教育、科技、环境等各个系统、各种要求、各个环节、各个层面之间和过程相互依存、功能耦合、良性运行、全面发展。因之，应随时注意协调它们之间的利益关系，力求让各种社会力量均沾改革之利。这就需要建立系统而有效的利益协调机制，以此保证各方面利益的协调，进而在此基础上，促进社会稳定、持续地发展。

稳定是我国社会发展的环境和条件。社会稳定是社会赖以维护、运转和发展的基本环境，既是社会发展的一种标志，同时也是社会进一步发展的必要条件。全党全国人民曾经全面广泛地感受了极"左"思潮导致的社会动乱带来的痛楚。在此共识的基础上，对党中央提出的稳定是中国的最高利益，以及稳定政治、经济、社会的战略思想由衷拥护。现实的国情是只有在稳定的条件下，才能安下心来搞建设，一心一意发展生产力，最大限度地满足人民的物质和文化需求。

我国社会的稳定与发展，既互为条件，又互相影响。没有社会稳定，就谈不上社会发展；社会不发展，稳定也不能持久。为实现社会发展而进行的改革，会引起一定程度的社会震荡。当这种震荡有可能影响社会稳定时，又必须调整改革的步伐。因为改革是社会主义制度的自我完善和发展，只能在安定团结的条件下有领导有秩序地推进。如果稳定和谐的社会环境遭到破坏，改革的道路就被堵塞，改革的措施就无法实施，改革的成果就可能被断送。

社会发展的本身就意味着对旧的平衡的破坏和对新的平衡的

预期。处在发展速度加快的改革进程中，某些方面的不稳定因素则可能出现和增加。增加依据社会稳定与发展的辩证思维，必须始终把握稳定中求发展的原则，在社会控制上下工夫。一是消源。在我国资产阶级自由化与四项基本原则的对立，是社会不稳定的重要根源，因而是消源的重要方面。加强决策科学化、民主化、健全民主与法制，建立社会监督系统，以减少官僚主义和腐败现象，都是消源的重要内容。二是调适。及时制定相应的政策以减缓和减少各阶层的利益矛盾，加强思想政治工作使社会成员正确对待存在的问题和困难，保证群体的团结与稳固。三是泄流。建立社会宣泄机制，使一定量的不稳定因素得以及时排放，不致转化为大量、持久、集中的冲突因素，避免它们不断积淀造成积重难返。协商对话、民主生活、舆论监督等制度的建立和完善，称之为社会减压阀机制，可起到积极疏导的作用。四是规范。健全必需的社会秩序和社会规范，整合、引导、约束社会行为，把偏离和越轨的行为减少到最低限度。

我国国情决定了现代化的长期性和艰巨性。中国现代化将是一个不断积累、渐变，进而部分质变的长期历史过程，持速胜论的观点是不现实的，只能坚持持久战。事实上，如果我们能力求在长的时期内保持合理、适当的增长速度，这本身就能实现最好的社会效益，最大的社会进步。我国经济和社会发展的"三部曲"的目标和部署，生动体现了循序渐进、持续发展的宏观战略。

保持政策的连续性和稳定性，是持续发展的重要内容。实践证明，党的十一届三中全会以来制定的一系列方针、政策是符合国情，党中央和国务院再三强调不会变，也是没有理由变的。这种"不变"是指其基本方向、基本内容不变，而不断补充和完善恰是政策的连续性的本质要求。

持续、稳定、协调发展，构成我国社会发展的三个基本特征，这是一个三位一体的完整目标，体现了全面建设和发展社会主义的客观要求。三个特征密切关联、缺一不可，必须同时具备，才会有真正科学意义的社会发展。

社会主义生产关系、人民民主专政的国家政权以及马克思主义为指导的意识形态，构成我国社会一整套完整的协调系统，社会主义的稳定、持续发展，必须有赖于这套系统的有效协调。推动我国社会协调、稳定、持续发展，是作为社会生活组织者、领导者的中国共产党人的基本方略和神圣职责。唯有坚持四项基本原则，坚持改革开放的总方针，其中最根本的就是坚持党的领导，才能维护稳定的国内环境，利用有利的国际环境，团结全国各族人民励精图治，卓有成效地组织现代化的经济、政治、思想、文化建设，步履稳健地实现有中国特色的社会主义伟大事业。

和谐社会的实质是"三大关系"的和谐[*]

实现社会和谐，始终是人类追求的理想。从社会学角度看，和谐社会本质上是指"三大关系"的和谐。即人际关系、人群关系和人地关系的和谐。

一　人际关系的和谐

和谐的人际关系是构建和谐社会的基石。在一个以人为本的生活共同体内，人与人之间的交往互动是不可避免的，由此产生并结成的人际关系是社会关系的"元关系"，它是构建和谐社会的基石。

党的十六大和十六届四中全会决议都提出，要"形成全体人民各尽所能、各得其所而又和谐相处的社会"，这意味着构建社会主义和谐社会着眼于中国社会中的每一个人。要让每一个个体都能够享有生存权和发展权，最大限度地发挥自己的创造力。一个和谐的社会必须贯穿着人与人之间的平等、社会公平和正义，为人的自由发展、全面发展提供广阔的空间。这在中国，将是一项长期的艰巨的任务。因为我国有很长历史的封建传统，而中国传统社会的基本特征就是人与人之间在人格和身份上的不平等。

---

[*]《甘肃日报》2005年6月3日。

新中国成立以来尤其是改革开放以来，党和国家不断推进民主政治和法治意识，但官本位、事本位、父母官与子民意识，以及城市居民与乡村居民的不平等，在实际生活中普遍存在。构建和谐社会，就要努力消除各种束缚和弊端，为每个人自由全面地发展创造条件，形成人人平等相处，互爱互助的人际关系，为实现和谐社会奠定基础。构建和谐社会不仅需要相应的物质、制度保障，更需要共生互利的理念，宽容并包容的心态，感恩报德的意识，以及人文关怀、社会支持等人文精神和现代化文明素质来维系。

二 人群关系的和谐

人群关系是人际关系的自然延伸和拓展，主要包括群体关系、阶层关系和地域关系，它是和谐社会的"主关系"。当前我国正处于人均国民生产总值1000美元到3000美元这样一个机遇与挑战并存的关键时期，为了顺利渡过这一发展的临界点，防止我国出现"拉美化"病态的现代社会，关键在于正确处理和妥善协调各群体之间、阶层之间和地区之间的发展格局，形成各人群之间公正合理的、协同增长的、良性互动的利益关系。协调各方面的利益关系，就要正确运用我们党处理人民内部矛盾的理论、观点和方法，区分和把握群众的根本利益、不同方面的利益和最直接利益的三个不同层面。坚持把最广大人民群众的根本利益作为战略决策、制定政策、开展工作的出发点和落脚点，正确反映和兼顾不同方面群众的利益、高度重视和实现人民群众最现实、最直接、最迫切的利益。一旦遇到某种利益冲突时，要引导群众以理性合法的形式表达利益要求，提倡个人利益服从群体利益、局部利益服从整体利益、当前利益服从长远利益。这不仅是社会主义和谐社会的内在要求，也是实现真正和谐社会的保证。

三　人地关系的和谐

人地关系是指作为社会主体的人同赖以生存与发展的资源、生态和自然环境之间的关系，是和谐社会的"次关系"。

自然界对人类开发活动过度的报复，在甘肃和整个西北地区尤为突出。据地理学家史念祖考证，历史上西北地区曾是林木茂密、水草肥美、良田千畴、牛羊遍野的肥原沃土。那么，是什么原因使西北和甘肃变成后来的"昔日耕桑，今日草莽"，"陇中苦瘠甲于天下"的呢？回答是肯定的，除生态环境自然演变外，主要是人类无节制的繁衍和非理性的开发活动所致。可以说，自中唐以后的所有开发活动，在开发目标上以农为本，开发方式上以滥垦滥植为主。几乎每一轮开发活动，都使绿色一片片减少，都以资源和生态失衡为代价。致使昔日中华文明的发源地只给后世留下了聊以自慰的历史陈迹。曾经青翠葱郁的人类家园。只剩下无尽的黄土和沉重的贫穷锁链。

西北特别是甘肃生态环境不断恶化的史实证明，正确处理人地关系对经济发展和构建和谐社会尤为重要。建立和谐的人地关系，首先要在理念上走出工业文明时代把人与自然对立起来的认识误区。实际上人类是自然界一个很小的组成部分，离开了自然界，人类就不可能存在，两者既不能并列更不能对立。人类只有遵循自然界的客观规律，才能获得自然界的厚报。其次，建立和谐的人地关系，要就寻求和掌握人类开发活动的"度"。最根本的就是用新的发展观规范开发过程，实现开发系统的理论转型，开发方式的现代转换，开发目标的多向替代，使新的开发活动对生态系统的互动保持在生态系统"自恢复"的限度内、环境的"自净化"范围内，用最低的代价获取最高的开发效益。最后，建立和谐的人地关系，必须走循环经济之路。循环经济模式是以

"减量化、再使用、再循环"为准则的新型经济形态,目标是实现人与经济、社会、技术、环境的和谐。如果全社会都培育和发展循环经济,人地关系的和谐便指日可待了。

第三篇

农村和区域社会发展研究

从发展战略看中国社会第一问题[*]

改革开放以来，我国经历了由经济优先的非均衡发展到经济、社会相协调的均衡发展的战略性转变，直至向社会可持续发展战略过渡的认识过程。这不仅标志着我国对世界现代化规律宏观驾驭上的不断成熟，也标志着对我国现代化战略选择上的日益理性化和科学化。然而，在如何实现社会可持续发展，或者说在确立可持续发展的重点、基本目标等重大问题上，应当对中国社会第一问题，即农村、农业和农民问题给予特别的关注。

一 绝非臆构的"第一问题"

直言农村、农业和农民问题是中国社会的第一问题，非主观臆造，也非游文戏墨，而是由我国特殊的历史和现实所决定的。

沿着历史的轨迹不难发现，在中华民族形成和发展的数千年中，它的根深深地扎在农村、农业和农民这个丰厚的土壤之中。以家庭宗法制的村社组织构成的基层社会细胞，既是它亘古不变的社会结构、生产和生活组织，又是封建广义永恒的经济基础；中华民族的所有物质文明和精神文明，其发源地和创造者，都离不开农村、农业和农民这个"根"；历史的更迭、社会的变迁、

---

[*] 《中国社会报》1996年8月8日。

文明的演进，其原始动力皆源于农村和农民。几千年来，农村的兴衰、农业的扬抑、农民的生活、意志和要求，作为中国社会最深厚最巨大的力量，从根本上左右着社会发展的进程和趋势。

在现实生活中，尽管中国历史已发生了根本性变化，社会制度、政治结构、经济结构和文化结构也与以往迥然不同。特别是工业化、城市化进程不断加速，人民生活水平日益提高，使中国正在走向现代化。但是，谁也难以否认这样一种基本事实，即农民在人口构成中的主体地位没有改变，农业是国民经济的基础地位没有改变，农村作为中国社会变迁、发展、进步的决定性问题的性质没有改变。当代中国的改革、发展、稳定和现代化，最深层最广泛的基础还是在农村、农业和农民。因此，直至今天，无论是面对改革开放大计，还是设计未来蓝图，我们仍然不能不把农民的生存、农业的发展和农村现代化问题，置于立国治国的第一位置去考虑。而且在整个现代化过程中，都必须充分估计和最大限度地解决这一牵动全局的战略性问题。

二 "第一问题"与社会可持续发展

农村、农业和农民是三个不同的概念。农村是一个区域概念，它与城市相呼应。人类在没有农业之前，是没有农村社会的。直到产生了原始农业，人类开始有了固定的住所，从而才出现了原始的农村社区。后来，随着生产力发展和社会变迁，农村逐步进入近现代社会。显然，农村作为以农业生产为主的一个地域，它必然具有相对固定的地理地貌环境、生态资源环境和人口、文化、经济、社会环境。这样一个区域的发展，不可能只是农业的发展，也不单纯是农民的发展，而必须寻求一条使经济、社会、人口、环境相互协调，兼顾当代和子孙后代利益的发展道路，这就是社会可持续发展。任何顾此失彼的单向发展和过度开发，都将可能打破生态、环境、资源的平衡，抑制经济、社会的协调，祸及子孙后代。可见，社会可持续发展既是农村发展的必然选择，也是我国保持持续发展的首要选择。

农业是农村的主要生产部门，它是指人类利用生物的机能和外界的自然力，通过劳动把生物生存环境中的物质和能量转化为动植物等产品，以满足社会需要的行业或部门。与其他物质生产部门相比，它的特殊性在于：（1）土地是农业中最基本的生产资料，土地的固定性和有限性，决定了农业生产的地域性和艰难性；（2）农业劳动要随生物不同生长阶段循序渐进，因而具有较长的周期性和季节性；（3）农业产品既是人类必须的生活资料，又是生物体自身再生产的生产资料，具有消费资料和生产资料的双重性；（4）农业生产过程既受生物体繁殖周期的限制，又受自然环境条件变化的影响，具有不稳定性和灾损性。这些特点表明，农业生产过程比其他物质生产受生态、环境、资源的影响更直接、更广泛。同时，农业生产的现代化必将与化肥、农药、锄草剂、地膜等的采用形影相随，再加之因城市化和兴办乡镇工业占地而导致的开荒扩种，反过来又将给生态环境、资源造成新一轮的影响，甚至破坏。如目前已普遍出现的水资源污染和短缺、环境恶化、森林覆盖率低下和草原退化、土地水土流失严重和耕地锐减、濒临物种增加和资源减少等，都昭示着农业生产走可持续发展道路的必要性和紧迫性。

农民是指农村从事以农业生产为基本职业的劳动群体。农民不仅是农业的主体，也是农村社会发展的主体。我国人口中近80%是农民，9亿农村人口始终是我国考虑社会经济发展问题的基本出发点，是我国现代化进程中的长期制约因素。庞大的农村人口基数，给我国资源配置、劳动就业、福利保障、社会安定、农业发展等一系列影响可持续发展的根本问题带来持久而巨大的压力，任何一项发展都难以摆脱农村人口因素的基础性制约。从社会可持续发展的战略高度看，中国的社会可持续发展，离开了对9亿农民的清醒估量是不可能实现的。没有对农村人口的有效控制，没有广大农民素质的有效提高，无论是我国的资源，还是生态环境，都难以支撑经济社会的协调发展，更谈不上积蓄持续性发展的能力，保证社会长久的可持续发展。

三 现代化过程中的"两翼"同步发展

中国现代化是世界现代化的一部分，它必然要遵循现代化的一般规律，最终走向社会可持续发展。同时，中国现代化又是在特定地域、特定民族、特定国情下进行的，必然具有地域性、民族性特征，而农村、农业和农民的发展问题更是这些特征的集中体现。因此，在中国现代化过程中，始终伴随着农村、农业和农民的发展和社会整体的可持续发展这两个最根本的发展问题。它犹如一架飞机的两翼，制约着我国现代化的"航速"和基本目标的实现。

社会可持续发展从1992年联合国环境和发展大会确立之后，就以崭新的发展思想和深刻的理论内涵为世界广泛认同。它与传统的发展观和发展战略的本质区别是：确立了人类与经济、社会和环境的系统观，既关注当代的经济发展和社会进步，又前瞻现代化和现代化的发展；既关注空间发展和时间发展的合理性，更关注积蓄扩张持续性发展的能力。

农村、农业和农民的发展，是中国现代化过程中最持久最艰难的发展问题。它既是社会可持续发展的一个分支系统，又以鲜明的个性特征构成中国发展的另"一翼"。根据我国城市化发展水平预测，即使到基本实现现代化的那一天，农村人口仍占全国总人口的一半左右，农村和农民问题仍然是不可忽视的主要问题；而我国人口大国的特殊国情，也决定了与吃饭问题密切相关的农业问题永远是第一位的问题。

农村、农业和农民的发展，除传统的重视、扶持、政策引导、增加投入等条件外，最根本的是要实现两个转变：一是要由过去的把农村、农业和农民相分割的政策、战略和管理模式，转向农村、农业和农民紧密结合为一体的农村社会系统发展模式。确立农民的发展主体地位，以提高农民素质为龙头，不断提高农业的现代化水平，促进农村社会走向现代化。二是由过去把农村与城市、农业与大工业、农民与城镇居民相分割的政策、战略和管理模式，转向三者结合为一体的社会可持续发展模式，把农村社会现代化融入整体现代化过程之中，彻底打破二元结构、二元经济和二元体制的刚性切割，加速乡村城市化、工业化进程，使农村获取持续性发展的活力和动力。

中国西北黄土高原山村
社会结构调整与社会发展[*]

在我国走向现代化的漫长过程中,关注社会结构调整和社会发展问题,是社会学的学术灵魂。不可讳言,在中国13亿多人口,9亿在农村的基本国情下,农业、农村和农民的发展问题始终是关系改革开放和现代化建设全局的重大问题,因而也是社会学赖以拓展理论空间、发展自我的当代"第一社会问题"。本文以黄土高原山区农村为研究对象,采用社区研究法,个案调查法和田野作业等方法,对山村社会结构调整进行了较深入的研究,提出了山村社会发展的"二元动力聚合转换理论"和高原生态结构调整的"分级治理,多点释能"对策。

一 问题的提出

改革开放以来,我国的现代化总体上是以"递次推进"的态势前行的。也就是说,东部和沿海地区以经济转轨、社会转型为特征的现代化过程,要早于和快于中部地区,而中部地区又早于和快于西部地区,尤其是西北地区。到目前为止,可以说东南沿海地区以乡村工业化、人口城镇化为标志的社会转型已成定势,

---

[*] 原载《中国经济改革与社会结构调整》,社会科学文献出版社2000年版。

中部大多数地区正在向转型"临界点"逼进，而西部特别是西北地区农村社会转型临界点还不明晰，社会结构调整速度慢，现代化程度低，已成为制约全国现代化进程所有问题的"重中之重"。

同时，与此相伴而生的东西差距问题愈来愈尖锐地摆在我们面前。据国家统计数据表明，1994年在全国经济总量中，东、西部所占的比重分别是58%和14%，较之80年代初有明显拉大的趋势。1980年至1995年，东部地区工业生产年增长速度为30%—40%，西部地区为8%—15%，其中西北地区则为8%—12%；工业化是现代化的重要标志，西北地区1990年一、二、三产业比重与全国平均水平相比，分别相差2.08、-3.46和1.38个百分点，1996年扩大到4.37、-8.80和4.43个百分点。1990年至1996年间，西北地区第二产业比重与全国平均水平的相对差距扩大了5.34个百分点，尚处在工业化的初级阶段；在对外开放方面，1994年全国进出口贸易额为2367亿美元，占国民生产总值的46%，其中东部外贸进出口总值为1931.5亿美元，约占全国的81.6%，西部仅有77.6亿美元，约占全国的3.3%。在1984年至1994年间，全国共利用外资745.76亿美元，其中东部地区660亿美元，占88.5%，西部地区29.53亿美元，仅占4.0%。不仅外资流入规模小，国内投资也严重不足，西北五省"八五"期间的投资总和仅为广东省的44%。1990年西北地区投资总额占全国的6.55%，1996年却下降到4.74%。农业方面的差距更为明显，以生产能力指数为例，东部省区为3—10，西部四川最高为5.97，陕西次之，为2.41。其余各省均在2以下，最低的青海为0.13。乡镇企业是农村现代的主要推动力量，1994年全国乡镇企业收入超亿元的有1795家，其中东部地区占总数的83%，中部占12%，西部仅占5%。1995年东、西部地区农村人均乡镇企业出口产品生产值之比为33∶1。东部出口产品交货值在100万元以上的企业3.48万个，占全国的89%，而中、西部仅占

9%和2%。东西部差距的拉大和日益明确化，虽然是现代化过程中难以避免的现象，但它使西北地区的"三农"问题更加突出，成为诸多问题中的"难中之难"。

我国是一个多山国家，而西北山区和丘陵荒漠区占国土面积的2/3以上。特别在黄土高原这片曾孕育过中华民族文明的土地上，近千年来由于人类无休止地索取和掠夺，已使昔日塬平地广，林草茂密的千里沃野，沦为千沟万壑、地瘠民贫、山穷水尽和灾害频繁的地方。资料表明，其年侵蚀高达3720吨/平方公里，为长江的14倍，密西西比河的38倍，尼罗河的49倍。对于生存条件和生态环境如此恶劣的黄土高原地区，现代化究竟意味着什么？进一步讲，如果没有像黄土高原这样的山区农村的现代化，中国又如何实现现代化呢？因此可以说，研究和探索黄土高原山区社会结构调整以及经济、社会、人口、资源、环境、生态的发展和治理途径，使该区域尽快融入现代化进程之中，不仅对西北地区而且对全国现代化建设而言，都是必须审慎面对诸多问题的"急中之急"。

也正是基于上述认识和目的，我同我们社会学研究所的同人，从1986年开始，把研究触角伸向农村社会学这个广阔的领域，在相继研究了甘肃农村社会问题与社会发展、西北民族地区社会稳定与社会发展、不发达地区农村社会发展等中观发展与现代化问题之后，又于1995年将中观层的社会发展研究转向微观层的社区发展研究。将研究足迹迈向被现代化冷落的"角落"——黄土高原山区农村。

二 框架与概念

（一）研究框架

按照社会学一般的理解，"社区发展"应属"社会工作"范畴，其内涵侧重于指用以促进社区内各方面发展的工作方法。但本研究所指的社区发展既包含其一般的含义，更主要的是从社会结构变迁、社会发展的角度来理解其内涵的，即将社区发展界定为黄土高原山区农村具体社区中的社会发展。

同任何事物的发展一样，社会发展总是在一定力量的作用下实现的。有关社会发展（包括社区社会发展）动力研究文献普遍强调的动力要素包括：（1）科学、技术、文化、知识、规范等；（2）社会主体——人及自然要素；（3）经济结构调整及其发展；（4）社会组织、权威、权力结构调整等。同时，社会学理论特别强调社会发展的"内源性"特质。认为社会发展本质上在于社会或社区内源性的发展。即由社区内部产生的、源于自我本体的内力所推动的发展。社区社会发展虽然不可缺少外部力量的推动，但归根结底是根植于社区内部的、整体的和内生的结构变迁过程。社区社会发展的主体是人，作为其整体结构的内在动力，主要来自社区成员的合作态度和积极参与，这种自觉自愿参与的广度和深度决定着社区社会发展的规模和程度。

在西北黄土高原山区，生产经营体制的变革在山村社区内部产生了很大的内在生长力；但这种动力仍然囿于传统农业的圈子，依然停留在种田的积极性之上，尚未像东部发达地区农村那样，向社会和市场全面转化和深层次推进，尚未形成源自社区内部的社区成员广泛参与的向市场经济和现代化迈进的强大结构性动力及其群体行为。到目前为止，农村社会发展主要是一种政府发展战略的机械延伸，主要是县、乡政府从外部强力推动的结果，来自社区内部的、自我本体发展的动力不足。因而，山村社区社会发展有待于从外部政府行为向社区行为转化，把发展动力从外源推力向内源动力转换。我们认为，发展动力的来源和转换可分为三个阶段，即：外源动力输入阶段、内外源动力聚合阶段、内源动力扩张阶段。同时，与这三个阶段共生的有三种发展状态，即外源动力嵌入型发展、内外源动力聚合型发展和内源动力扩张型发展。由此，本研究提出的理论假设是：（1）西北黄土高原山村社会发展的动力来源符合上述三个过程，动力要素存在调整及转换的合理性和必然性。（2）西北黄土高原山村发展滞后于东部地区农村的要害，在于动力来源较多的停留在外部输入阶段，或处于向内外源动力聚合阶段的过渡过程。所以，加快黄土高原山村社会发展，缩小东西差距，关键在于促成发展动力来源向"内源动力扩张型"的转换。（3）由于黄土高原生态环境的特殊性，使人的生产与再生产、物质生产与再生产、环境生产与再生产等"三种生产"紧密交织在一起，由此又使社会发展与生态协调不可分割的联为一个共生体，任何发展都必须与生态再造相伴而行。如果黄土高原地区整体的社会发展和现代化进程，离开了生态环境的治理、改良和再造终将是一纸空谈而已。

（二）相关概念工具

社会发展、社区发展、社区社会发展和社会发展动力是本研究的主要概念工具。

关于社会发展，国内外社会学流派和著述曾有过各种各样的解释，但透过众说纷纭的不同定义，就会发现社会发展是指以"社会"为主体的发展。从形态上看它是指社会整体的经济、政治、文化等方面的演化和进步；从内涵上看，它是其内在基本结构以及诸具体环境的不断趋向"合理性"的变化；从本质上看，由于社会的主体是具体的历史的人，因此，社会发展又是人类及其生存方式不断完善的过程。正因为如此，我们可将社会发展的内容概括为两个方面：一是社会本体包括社会制度（体制）、社会结构、社会关系和社会机制等。二是社会主体，即作为人的社会个体、社会群体。由此引申下去，社会发展便可以界定为社会本体的变革、进步，以及社会主体的解放、需要满足和各种能力提高的动态变化过程。

社区发展概念是 20 世纪 50 年代由联合国经济理事会在其通过的 390D 号决议案中提出来的。此后，又于 1952 年专门成立了"社区组织与社区发展小组"，1954 年改为社会局社会发展组，具体负责推动全球特别是落后地区的社区发展运动，到目前为止，已有一百多个国家在执行全国性的社区发展计划，社区发展已作为社会发展的具体目标和方式，越来越受到世界的认同。联合国为社区发展所作的解释是："社区发展是一种过程，通过这个过程，社区居民共同努力并与政府权威人士合作，以促进社区的经济、社会和文化的发展，并进一步协调和整合各社区，使它们为全国的繁荣和进步作出积极的贡献。"由此可见，社区发展的实质就是加强社区同外部动力要素的联系，动员社区成员广泛参与社区生活。主要依靠社区内部的力量促进经济、社会结构调整，满足社区居民的多重需要，实现人与生态环境的和谐相处。

社区社会发展是本研究使用的一个特殊概念。自 50 年代联合国提出用建立社区福利中心的社区发展方法来推动整体经济和社会发展的设想后，社会发展观发生了重大变化，出现了一般的社会发展同社区社会发展渐趋合流之势。不仅一般的社会发展的必要性日益为人们所认同，而且社区社会发展作为一般社会发展的具体目标和方式，亦越来越受到重视。从社区这一基础出发，依托和着眼于社区的社会结构调整来谋求整体的或宏观的社会发展，将社区社会发展置于社会发展理应包容的目标之中，这便构成了社区社会发展的基本含义。

提出和使用这一概念，旨在强调和重视将一般社会发展的目标具体化到各个社区自身，并通过社区自己的发展来实现社会的总体发展目标。同时，强调社会发展与具体社区的发展相协调，是对以往"无社区发展的社会发展"、"牺牲社区利益的社会发展"等社会发展观的批判。也是在理论上确认不同社区在社会发展上的特殊性和复杂性，并根据各种不同的"区情"，在战略、规划和措施手段上区别对待，促进社区持续的和富有成效的发展。

社会发展动力包括社区社会发展动力，是本项研究的主要对象。西北黄土高原的山区农村，既是一个区域社会，又是相对独立存在的山村社区。它的发展不是单元的和孤立的，不仅受外源动力的推动，而且主要靠自身聚发的内源动力的作用，因而，其发展动力将由两种系统动力要素构成。一是外源动力，主要包括组织要素（县、乡、省乃至中央的各级党、政、经组织）、制度要素（包括体制和微观的具体管理制度）、政策要素、法律要素、市场要素；二是内源动力，主要包括社会成员或社区居民、社区文化（包括科学技术、教育、道德规范等）、社区组织和生态、环境、资源等自然要素。

三 研究方法和操作技术

在某种程度上，研究方法的正确选择，决定着研究过程的合理性和研究成果的科学性。在本项目研究中，我们采用的方法主要有：

一是按照调查对象接触的方式分，有间接调查和直接调查两类方法。在间接调查中，主要针对所研究的地域对象分布广、疆域大的特点，对陇中、陇东、宁南、陕北四大黄土高原地区农村经济发展和社会变迁的历史及现状，进行了"文献法"、"座谈法"和"统计法"调查，以此获得四大黄土高原以政府公布的法定数据、材料为基础的系统资料，为本研究提供认识和分析的广阔背景和参照坐标。

在直接调查中采用了社区研究法和个案调查法。概括地说，社区研究法是一种综合性调查研究方法，是用来研究社区主体与特定生活环境、社会条件之间相互关系的方法。在该研究中，我们以四大高原为基础，以具体的山村社区为重点，将社区视为一个相对独立的社会系统，从全体成员之间的关系及该社区与外界的联系中，综合考察社会资源、环境、条件，社区社会生活过程，社区结构及其功能，社区主体及其需要，社区各种社会系统的变化与发展趋势，社区物质文化与价值观念、行为规范体系以及发展中的种种社会问题。为此，将上述问题分解成不同类型的多变量量化的指标，用问卷形式对陇中黄土高原沟壑区的小西岔村进行了整体问卷入户调查。除调查期间的外出户、无能力回答户（残疾、高龄老人户）和拒答户外，调查户数占全村总户数的92%。

在对全村进行整体调查的过程中，还运用个案调查法和访谈法对该村新中国成立以来的历任支书、老者（大家族最长者）、三年困难时期的"下放户"、最高和最低收入户、蘑菇养殖户以及唯一的乡村工业共56户进行了调查。在个案调查和访谈中，笔者又运用参与法和观察法深入被调查对象的生活环境，充分利用与被调查对象本乡、本土的"权力资源"，在庭院、炕头、田间、埂旁，随时与调查对象交朋友、拉亲戚，建立相互信任的人际关系，以实现良好的社会交际活动，保证第一手资料获取的全面性和准确性。

二是采用社会学和人类学相结合的方法。我国著名社会学家费孝通教授在1990年给北大校领导的信中曾提出："从我几年来亲自实践的经验看，把社会学和人类学结合起来，以社区为对象，用实地调查研究方法，对学科建设和培养年青一代扎实的学风很有必要。"[①] 笔者在十多年研究农村社会发展问题中也体会到，人类学的方法论所强调的参与、本土性知识、文化超越与反

---

① 潘乃谷、马戎：《社区研究与社会发展》，天津人民出版社1996年版。

思，如果同社会学的问卷、数据等方法结合运用，既可突破原有人类学在研究领域、研究对象方面的局限，又使社会学对人类社会复杂的社会、文化现象的理解得以超越单纯的调查、统计数据、文献等而达到跨文化理解的深度。为此，笔者在本项目研究的三年中，运用"田野作业"法，每年深入到小西岔村一至两次，住土房，睡土炕，吃"百家饭"，除参与当地农民的日常生活外，还参与组织和实施了该村新中国成立以来最大的"修坝"和"筑路"两项工程，调解了两户兄弟、婆媳冲突，协调解决了前任和现任村干部之间的矛盾。通过参与亲自感受山区农民生活的艰辛，了解社区发展的障碍，体察社会变迁和运行的逻辑，从中提炼出具有本土性、人民性的理论。

四　个案概况

相对于西北黄土高原山区农村这个总体而言，本项目研究的"个案"主要是位于陇中黄土高原定西县的小西岔村。

小西岔村位于定西县南部黄土高原沟壑浅山区，是一个三面环山，形似马蹄状的村落，总面积约13平方公里。1996年有居民234户、1077人。地势自西南向东北倾斜，海拔约1860米。境内梁峁起伏，沟壑纵横，年降水量一般在400—450毫米，蒸发量年平均为1520毫米。全村共有土地面积9308亩，其中耕地面积4884亩，人均4.53亩。就其人口规模、自然环境和发展状况来看，在西北黄土高原山区属中等村，具有广泛的代表性。其主要特征是：

（一）社区变迁与黄土高原生态演化的"同步性"特征

史前时期的陇中是以少数民族为主的多民族畜牧区，当时地阔草肥，人畜稀少，自然生态系统处于相对稳定的状态。历史时期陇中逐渐有了农垦业，西汉时期农垦业达到相当规模，天然乔木林基本被砍伐一空。北宋以来，人口猛增，促使了由畜牧业向农垦业的全面转变。自明、五代十国到清同治年间，陇中黄土高原的荒山草坡被辟为农田，形成万山皆种、草木稀疏的境况。小西岔村在明朝前期仍为一未被开垦的处女地。据当地祖传，当时两山青翠，山前平地辽阔，间有一步宽小溪，两边茅草可没人，常有候鸟栖息群聚。后来，随着人口的不断增多，垦殖规模的日益扩大，引发了旷日持久的水土流失，使昔日草木繁茂、生态系统相对平衡的山间"宝地"，成为如今沟壑密度3—4公里/平方公里、年平均每亩水土流失3.76吨的荒漠山村。

（二）经济发展的"生存型"特征

历史上该村一直属农业经济，没有任何手工业和工业。因受自然环境的影响，粮食产量低而不稳，1949—1982年的34年中，亩产在5公斤以下的有20年，最高年份为1976年，92.5公斤。在1983—1996年的14年中，除个别大灾之年外都超过50公斤。1996年亩产达到137公斤。即便如此，温饱问题的压力并没有彻底消除。所以，该村的产业结构的基本形态仍然是古老而单一的超稳定"生存型"产业结构。即为温饱而生产，生产是为了温饱。1996年，该村农业总产值占社会总产值的81.86%，第二产业占9.39%，第三产业占8.75%。在农业内部仍然是"三为主"：三大产业以农业为主，农业以种植业为主，种植业以粮食为主。生产方式以自给自足的简单再生产为主，生产手段以"二牛（驴）抬杠"为主。其他非农产业虽有发展，但不成气候，还不足以促成经济结构的转型。

（三）社会发展的"自然进化式"特征

改革开放以来，我国农村社会发展及其转型整体上呈加速趋势。但黄土高原山区农村则与此不同，其发展速度缓慢，水平低下，转型临界点不明晰。就小西岔村来说，到1996年年底，其职业结构为：从事一产的劳力占总劳力的77.17%，二产劳力占13.02%，三产劳力占9.81%；居民收入结构为：农业收入占总收入的65.18%，林业收入占0.12%，牧业收入占2.42%，二产收入占20.26%，三产收入占12.12%；消费结构为：食品支出占生活消费支出的54.53%，衣着支出占6.75%，住房支出占8.41%，医疗支出占8.13%，教育支出占4.62%，其他支出占15.9%。多少年来，该村从未制定过一部完整的发展规划，不论是历届村级组织还是社区成员，都对发展目标和前景不甚了了，不知道小西岔村应该发展成什么样，能够发展成什么样，时常处于一种群体无意识的自然进化式状态。即使有发展大多也是区外组织和力量直接推动的结果，社区居民的主动精神和参与度都很低。

五　探索与讨论

面对西北黄土高原山区社会结构调整和农村发展缓慢的社会事实，我们的研究将不得不从探索其滞缓原因入手。从发展观这一根本性理论问题来看，在改革开放以来，这些地区很大程度上沿袭了"传统发展观"，即片面地、单纯地把经济量的增长作为山村社会发展的主要目标，而忽视了经济结构调整的增质式发展。在经济发展与社会进步的关系上，只关注经济发展而忽视经济与社会的协调发展。在社会发展上，只关注宏观性的社会发展而忽视微观性的社区社会结构调整。在微观性的社区社会发展上，又过多地依赖区外动力推动式发展，而忽视依靠区内本体力量的自我发展，尤其是经济、社会、生态、环境和资源的结构性调整和可持续发展。

有鉴于此，本项目的研究将从构建新的适合西北黄土高原山村社会结构调整及社会发展的理论和对策上探讨以下两个问题：

（一）西北黄土高原山村社会发展的"二源动力聚合转换理论"

党的十一届三中全会以来，率先在农村兴起的生产经营体制变革，有力地推动了农村经济、社会、文化等各个领域的结构调整。就全国来讲，农村社会发展的过程、层面、规模和形态，可概括为三种类型：一是区外动力嵌入型发展。即发展动力源于社区外部，社区内部的动力要素处于被动状态。这种发展的领域是局部的，发展过程是间断的，发展成果是有限的。二是内外源动力聚合型发展。即发展过程由外源动力输入而起，但主要动力源于社区内部，表现为外、内源动力的有序聚合。三是内源动力扩张型发展。即在内外源动力聚合发展的基础上，社区内部的动力要素不断强化和扩张，日益成为农村社区发展的主体性力量，这时外源动力输入减缓，社区发展主要表现为高度组织化的群体自主行为。这种发展涉及经济和社会结构的各个领域，发展状态是持续的，发展成果是全面的。因而，西北黄土高原山村社会发展亟待从外部政府行为向社区自主行为转换，把发展动力从外源推力向内外源合力、内在生长力转换。此即是提出和构建二源动力聚合转换理论的实践基础。

从一般意义上讲，任何社区社会发展的主体性力量源于其内部，外源动力要通过内源动力而发挥作用。但在偏僻落后的高原山区，排斥外源动力输入的发展是根本不可能的，唯一有效的途径是促使外内源动力的聚合和转换。这种聚合转换过程如下：

第一为外源动力要素输入阶段。即区外组织（政府）通过行政手段，向社区推行宏观性的社会政策、发展战略及其计划，以及输入必要的资金等。动力来源于政府的明政，表现为单一的区外组织行为。

第二为外、内源动力要素聚合阶段。即外源动力要素输入后，以社区组织为载体，与社区居民、家庭的需要相结合，形成社区发展的"二源合力"，表现为社区自组织行为。

第三为内源动力扩张阶段。即在"二源合力"的基础上，动员社区成员广泛参与社区规划、社区决策和社区发展，使内源动力不断发展、扩张，外源动力要素输入相对减弱，区外组织的功能由"输入"转向"服务"，社区发展主要表现为组织化了的社区群体自主行为。据我们在陕北、宁南、陇东、陇中四大黄土高原山区和定西县小西岔村的调查，这一理论基本符合山村社会发展的实践，动力来源贴近上述三个过程，并存在聚合和转换的必然性。目前高原山村社会发展普遍处于第一阶段向第二阶段的过渡过程，只有加快动力要素向第三阶段的转换，促使内源动力生长和扩张，才能加速山区农村社会的全面发展。

(二) 黄土高原生态再造的"分级治理、多点释能"对策

考察西北黄土高原发展滞后的原因，其中最主要的就是经济、社会、人口、资源和生态环境的恶性循环所致，而人的不断增长的需要与脆弱的生态环境之间的矛盾是这一循环链中最薄弱的环节。要实现该地区社会的可持续发展，必须从强化这一环节入手。为此，我们根据江泽民总书记"再造一个环境优美的大西北"的指示，提出了西北黄土高原生态再造的"分级治理、多点释能"对策。

这一对策的要点是：将黄土高原划分为整体级、区域级和单元级，在这三级分别采取不同的措施。即整体转型、区域减压、单元增力。

整体转型：是指作为以农业为主的黄土高原，要把生态再造与农业发展有机结合起来，使农业这个基础逐渐由传统农业转向生态农业和持续农业。从世界农业的发展来看，由原始农业到传

统农业、再到现代农业,是农业发展的普遍趋势。但现代农业在以其高度的功能为人类提供丰足多样的食物需要的同时,几乎不可避免的都面临生态环境基础的破坏。因而,在现代农业理论和模式中,生态农业和持续农业都以协调人与自然、发展与环境为基本目标而独树一帜,同时也为西北黄土高原的农业转型指明了方向。

根据西奥多·W.舒尔茨的理论,我们将黄土高原地区的农业转型划分为三个阶段,即生存农业阶段、混合农业阶段和持续农业阶段。持续农业是一种新的发展观,从理论和模式上改变了传统的单程式增长型经济发展理论,改变了传统的资源观念、效益观念,把生态环境优化和质量改善作为经济、社会发展的一个新的力量源泉,代表着所有农业普遍的基本的走向。80年代以来,西北地区曾小范围试验和推广的生态农业,实质是持续农业的一种具体模式,为黄土高原地区整体转向持续农业创造了经验。

区域减压:是指在人口密度较高、生态环境恶劣的山区,通过控制人口数量、劳务输出、开发型移民等措施,进行人口布局的区域性调整,减轻一定区域的人口对资源、环境和生态的压力。

1982年以来,在西北地区的"三西建设"中国家和地方政府投入巨资,实施移民百万计划,截至1996年已超过60万人。此次移民认真总结了新中国成立以来移民工作的经验教训,坚持自愿原则,扶贫和开发有机结合,自力更生与扶持政策并举,精心组织,多种方式安置,使移民工作始终健康有序地进行。基本实现了成熟一批迁移一批,落户一批巩固一批,扎根一批脱贫一批的目标,取得了显著的经济效益、社会效益和生态效益。如甘肃靖远县若笠乡双合村,移民前人均耕地6.95亩,移民后增加到12.4亩,粮、经、林、草的种植比例由移民前的77:14:6:3调为

59∶16∶14∶11，使生态环境逐步由掠夺型转向保护型。

单元增力：是指以组成黄土高原的无数个小流域为治理单元，进行各种措施多管齐下的综合治理，将以往的低能单元建成经济功能单元，将侵蚀单元变为生态功能单元，使弱质单元成为社会功能单元。

以小流域为单元的综合治理，是西北广大干部群众进行国土整治的伟大创造。它巧妙地将系统论、协同学、流域经济学和耗散结构理论运用到再造生态环境的实践，创造出了以定西县为代表的"系统协同型"、以庄浪县为代表的"梯田主导型"和以延安地区为代表的"生态恢复型"等模式，为黄土高原的生态再造提供了广阔前景。只要像他们一样，坚持不懈地、一个单元一个单元地长期治理，总有一天，由单元到整体，由小流域到大流域、再到整个黄土高原，都会重披绿色盛装，实现社会的文明进步和全面发展将不再是梦想。

西北开发的历史教训与
低代价开发理论建构[*]

西部大开发，作为21世纪我国实现现代化目标的一项大战略，愈来愈引起世人的关注。但现在的西部开发既不能成为前人开发史的重复，也不是外人开发经验的再版，更不是单纯经济活动的地理延续，而是以经济全球化和知识经济为宏观背景，以我国现代化建设和"两个大局"为前提的全社会创造性活动。

对于这样一场规模宏大的探索性社会实践，必须要有科学理论为先导，也就是探索构建新的开发理论来解决开发主体与开发客体的关系问题。进一步讲，就是要解决用新的思维、新的理念和新的方式，统揽开发目标、对象、动力、手段和效益问题。

一　西北开发的历史反思

西部尤其是西北地区，曾是中华民族历史上开发最早的地区，已有7000多年的历史。我们常说西北包括甘肃是中华民族的发祥地，实际上指的就是历史上人类开发活动创造的华夏文明，尤其是农业文明。正因如此，甘肃在历史上辉煌一时。然而，它沉甸甸的开发史给我们留下辉煌的同时也留下了许多历史

---

[*] 《兰州大学学报》2011年第4期。

教训，在新一轮开发中必须予以理论上的廓清。

（一）西北史前良好的生态环境成就了其中华民族发祥地的地位

大量历史文献记载，历史上西北地区气候温暖湿润，天然植被茂盛，大多数地区属于森林草原地带，很适宜人类生存。据历史地理学家史念海考证，历史上西北地区包括黄土高原地区是林木茂密、水草肥美、良田千畴、牛羊遍野的肥原沃土。西周时期，森林4.8亿多万亩，植被覆盖率为53%。[1]《汉书·地理志》曾记载：周秦时代，甘肃的"天水、陇西山多林木，民以板为室屋"。隋唐时期，西北和甘肃成为全国最富庶的地区之一，农业、纺织业、黄金生产、水资源利用等，在全国具有重要地位。《资治通鉴》中称，是时"天下称富庶者无如陇右"[2]。《新五代史》也载称：当盛唐之时，河西、陇右三十三州，凉州最大，土沃物繁而人富乐。在发现于甘肃省秦安县大地湾遗址、陕西西安市的半坡遗址、甘肃的马家窑文化、齐家文化等古人类文化遗存，都充分展示了华夏文明在西北兴盛的历史。

（二）农耕文明在使西北成为当时中国经济、政治和文化中心的同时，使人与生态环境的矛盾日趋尖锐

西北地区在古代具有广阔的森林和大面积草原，为人类最初发展畜牧业提供了良好的条件。黄土高原和内陆河流域丰富的土地、光、热和水资源又成为农业开发的理想场所。周人发迹于黄土高原，其祖先"好耕农"，教民"播时百谷"。为了寻找适宜开垦务农的土地资源，周人在黄土高原不停地迁徙，最终完成了由

---

[1] 史念海：《河山集》（三集），人民出版社1988年版，第60页。
[2] 司马光：《资治通鉴》（卷216），天宝十二年秋八月条，清同治十二年，湖北崇文书局刻本。

畜牧社会向农业社会的转型。秦人繁衍生息于秦地，即当今甘肃的清水县、张家川回族自治县一带。西周孝王时，秦人以畜牧业为主，到秦文公时随着农耕文化在黄土高原的广泛传播，出现了由农业生产逐渐替代牧业生产的转变。秦随之征服了周围的"戎"等少数民族部落，进而"开地千里，遂霸西戎"①。

周秦先民创立的农耕文明，为周秦王朝的建立奠定了坚实的经济社会基础。周秦王朝建都西北，确立了西北在全国经济、政治、文化中心的地位，并一直延续至盛唐。此时，黄土高原及其他适宜农耕的地方大都变成了农耕文化区。再发展到明清时期，农耕文化以其不可阻挡的扩张力，将农业垦殖扩大至无以复加的地步。明朝时垦种的农田已"错列在万山之中，岗阜相连"，"山之悬崖峭壁，无尺寸不耕"②，从而使西北原来天然的森林草原生态系统向人工种植的农业生态系统转变，人与生态环境的矛盾日益尖锐。

（三）过度的农业开发活动使西北付出了巨大的生态环境代价

综观西北的开发史，农业开发规模的不断扩大已成为一个亘古不变的规律。农业开发的过度扩张，以及由此引发的多次农牧业交替转换，构成了西北开发的主轴画卷。从这部壮阔的历史画卷中我们可以看出，西汉武帝以前，西晋至唐初约400年，唐安史之乱后至元的约600年间，先后有三次畜牧业生产占优势。西汉武帝至西晋约400年间，唐初至安史之乱的100年间、明清迄今约600年间，先后三次被农业所替代。③凡以牧业为主时，经

---

① 《史记·周本记》，中华书局1959年版，第112—114页。
② 吴晓军：《生态环境影响：解读西北历史变迁的新视角》，《甘肃社会科学》2005年第5期。
③ 党瑜：《历史时期河西走廊农业开发及其对生态环境的影响》，《中国历史地理论丛》2001年第16期。

济发展比较缓慢，但生态环境修复转好；凡以农业为主时，经济发展较快，但生态环境恶化加剧。经过"草原—农田—草原—农田—土壤退化"这样的恶性循环，森林草原减少，土地表面失去植被，再在风力的干预下，干旱、风蚀、水土流失、荒漠化等就成为不可抗拒的灾害了。

长期以来，不知有多少人多少次发问，究竟是什么原因使过去天下最富庶的西北变为后来的"昔日耕桑，今为草莽"，"陇中苦瘠甲于天下"的呢？在历史这面镜子面前我们终于看到，这就是除生态环境的自然演化和战火破坏外，主要是人类自身无节制地繁衍和非理性地开发活动所致。可以说，从中唐以后的几乎所有开发活动，在开发目标上都以农业为本，开发方式上以滥垦滥殖为主。每一轮开发活动，都使大西北的绿色一片片减少，都以资源和生态环境的破坏为沉重代价。从此，昔日文明繁盛的大西北，只给后世留下了聊以自慰的历史陈迹；曾经青翠葱郁的黄土高原，给人们留下的只是哀怨绵绵不尽的黄土和沉重的贫困枷锁。

以上简单的历史回顾至少可以得出以下四个结论：一是开发是人类社会的主要实践活动，是社会发展的基本动力，西北地区的发展有待于再度开发；二是西北开发历史悠久，对中华民族的产生和发展起过至关重要的作用，现在的开发必将对振兴中华民族再度发挥不可替代的作用；三是历史上的西北开发，一直是在缺乏长远目标和科学理论指导下盲目进行的，某些方面的成就掩盖了开发者在自觉地功利行为下不自觉地造成开发过度和生态环境破坏的极高代价；四是虽然农耕文明对中华文明作出了重大贡献，但必须正视传统农业与生态文明的内在冲突，彻底摒弃重农抑商（抑工、林、牧）的传统观念，不断消除为开发过度付出的生态环境代价。比如，为满足日益增长的人口对粮食的需求，无节制地毁林毁草开荒，垦殖陡坡地和非农地，不仅使植被发生逆转性变化，而且引发水土流失、土地退化和荒漠化，加速生态环境恶化；再如，由于矿产资源开发目标的单一性，开发方式的浅表性，使资源不能加工和综合利用而造成破坏或浪费；又如，能源和原材料因无序开发而导致滥采滥挖，结构失调，环境破坏等。因此，在十年后的新一轮开发活动中，最根本的就是用科学的理论规范开发过程，实现开发目标模式的理论转型，使开发活动保持一个合理的度。这个"度"就是使开发活动同生态系统的互动保持在生态系统的"自恢复"限度内，使环境保持在"自净"能力范围内，使经济运行保持在"自循环"状态中。也就是使新的开发行为有利于社会系统的良性循环和生态再造，用最低的代价获取最高的开发效益。这便是构建低代价开发理论的基础和客观需求。

二 新一轮开发呼唤新理论的应对与支持

开发是以人类社会系统同生态资源环境系统的能量相互输入、交流、转换和反馈为主要形式的经济社会活动。如果说前十年的西部大开发主要以人类社会系统的发展和效益为目标的话，今后的新一轮开发将进入以调节农业与生态环境的冲突、反哺和修复生态资源环境系统为主要目标的深度开发，要坚持走两大系统在互动中要素互补、能量互补、功能互补的低代价开发之路。

（一）代价、开发与代价

代价一词，从一般意义上说，泛指为达到某种目的所耗费的物质资源或精力，或作出的某种舍弃、付出、投入和消耗。在经济学中一个经典性原理是，人们在经济生活中以最小的代价谋求最大的利润，在这里代价同引申意义上的成本基本相同。社会学把代价视为"一种理性的尺度"[①]，通常指的是包括成本在内的社会代价。

[①] 李迎生：《社会转型加速期的代价支付及其补偿问题》，《新华文摘》2007年第18期。

开发与代价有着内在的统一性，也就是说，开发是内含着代价的开发，代价是依附于开发的代价。对于人类为了谋求生存与发展而进行的开发活动所付出的代价，我们可以从各种角度去审视。在社会学理性尺度的判断中，开发和代价的关系多是一种价值关系。开发和发展是与人们的价值取向相一致的积极成果，而代价和付出是人们为实现开发和发展目标而消耗和牺牲的一些价值，以及由此所承担的与价值取向相悖的消极后果，它和开发与发展具有互为补偿的性质和作用。因此，在所有开发活动中追求以最低的代价获取最大的利益是一种必然的价值选择。

（二）开发与代价关系的演进使低代价开发愈来愈成为可能

开发和发展与代价的关系并非凝固不变的，它随着社会发展实践的变化而不断呈现出具体的历史阶段性特征。在原始社会的渔猎文明时期，是以获取现成的天然产物为主的时期，人类活动常态是低开发、低收益、低代价。在奴隶社会和封建社会的农业文明时期，人类生存和发展的常态是低开发（浅表性开发）、低收益、高代价（生态环境失衡）。到了现代，随着科学技术进步和生产力的高速发展，开发、发展与代价的关系开始由同步增长，逐渐向大开发、快发展、高收益、低代价的方向转变。这是开发、发展与代价关系演进的一个新的历史时期。可以看出，当前无论是世界范围内为建立一个可持续发展社会的努力，还是我国以人为本、协调、全面、可持续发展科学发展观的实施，都可以看做对大开发、快发展、高收益、低代价理念的实践追求。因而，只要我们顺应这一低代价开发和发展的时代大势，低代价开发就会由理念、方略变为可能。

（三）低代价开发理论建构

低代价开发由一种理念发展到理论必须经过一个创新和创造

过程。从西部大开发的目标、对象、动力、手段和基础等实际出发，低代价开发理论的主要内容可概括为：一循环二转换三协调，亦即循环理论、转换理论和协调理论。

一循环：是指在开发行为发生和发展的社会系统内部实现要素的良性循环。根据帕森斯的系统分析理论，当我们把开发行动者之间有规则的互动称作"社会系统"时，"系统"这个概念就有其内在的分析逻辑。这种逻辑强调同时对待相互依赖的现象的整体的必要性。构成开发社会系统的多要素是相互依存的，所以系统中的开发行动也是相互反馈的。在这一条件下，如果一个要素由于开发行动发生变化，它就会影响到其他变项，而其他变项又反过来影响开发行动。进一步说，在下一阶段，第二个循环又会以同样的方式发生，从而产生对原变项的新压力。

一个相对独立的社会系统内，一般具有五种要素，即人口、资源、生态环境、经济和文化，并由此构成两个系统，一个是开发行为发生系统，一个是开发对象系统。就目前西部大多数地区的社会系统而言，人及其活动是影响社会系统各要素良性循环的主要变项。若要改变这种非良性循环的态势，就要规范和约束社会系统的主体变项——人的再生产过程、开发目标的纯经济性和开发方式的掠夺性。只有当社会系统的各种开发要素实现有序互动时，两个系统才能趋向良性循环和功能互补，开发的成本和代价就会降低。

同时，开发活动一般都是从经济开始的，因而，走循环经济之路是实现开发系统良性循环的基本要求。循环经济是以"减量化、再使用、再循环"为准则的新型经济形态，目标是实现经济、社会与技术环境的和谐。企业通过清洁生产工艺、废料回收技术和排污控制技术，建立节能、降耗可再生的现代化工艺。以生态工业链的形式，把不同企业工厂连接形成共享资源和互换副产品的产业共生组合体。全社会通过废弃物再生利用实现消费过程中和之后物质与能量的循环。但单纯的经济过程的循环并不能改变传统开发过程单一的开发模式,不能真正实现经济、社会与生态环境的协调和持续发展。只有建立包括经济发展模式、居民消费模式和生活方式的循环社会系统,才能实现真正意义上的低代价开发。

二转换:一是作为开发基础的资源系统的转换。自然资源、社会资源和经济资源构成了人类开发活动的资源系统,它们之间既相互依赖又相互作用,同时又存在一种双向转换关系。如果我们把自然资源当做开发客体,把社会资源(包括人力资源、人才资源、文化科学技术和智力资源等)当做开发主体,把经济资源当做开发目的的话,就可以发现,社会资源开发程度越高,自然资源的开发利用就越合理,转换为经济资源的速度就越快,付出的代价就越低。反之,就会出现逆向转换,使开发行动付出高昂代价。

二是开发动力系统转换。任何开发行动都发生在特定的地域之内,这些地域又由各种不同类型的社区所构成。社会学传统历来主张社区的内源式发展,但西部尤其是西北地区农村的社区发展,必须要有外源动力的启动。从目前来看,农村的开发和发展主要是来自社区外部的政府行为的延伸,即县、乡组织从外部推动的开发和发展,来自社区内部的、自我开发动力不足。因而,在新一轮西部大开发中,必须确立西部人的主体视角,开发行动亟待从外源式的政府行为向社区自组织行为转换,把开发动力从外源推力向内源生长力转换,使以社会为依托的开发动力实现内外源动力聚合、转换和扩张:第一阶段为外源动力输入,即开发初期由区外组织的政策、资金、技术输入,启动开发行动;第二阶段为内外源动力聚合,即外源动力输入后,以社区组织为载体,与社区成员实现开发要素的合理组合和内外源动力的有序聚合;第三阶段为动员社区成员广泛参与,使内源动力生长、扩张，成为开发行动的主体性力量，而外源动力由"输入"逐渐转向"服务"，自主开发行动的持续能力增强，开发代价不断降低。①

三协调：西部开发既是我国现代化大目标下的区域性开发，又是全国开发和发展不可分割的一部分。从全国看，改革开放以来，大规模、高强度的城镇化、工业化开发是将绿色空间转化成水泥建筑、工厂和道路的过程，没有节制的过度开发已使一些区域成为不适宜人居的空间。目前深圳的开发强度是36%，东莞是40%，上海是29%，都大大高于日本三大都市圈的15.6%，法国大巴黎区的21%，德国大斯图加特区的20%。如果像现在这样继续开发下去，再过10—20年，一些区域就会因为没有森林、水面、农田，都变成了水泥地，②迫使人们重新寻找自己的家园。

西部的新一轮开发，要在保持合理的开发强度上下工夫，做到以下三个协调：一是开发目标与社会主体的多层次需要（生存需要、享受需要、发展需要）相协调，力戒急功近利式开发，与社会群体需要相悖的开发，以及无社区发展的开发。二是开发规模与资源容量及其循环替代相协调。三是开发规模与可持续发展能力相协调。这"三协调"的核心是正确处理好开发行动与资源环境、人的需要和可持续发展之间的关系，在改造自然中实现人与自然的和谐相处，以防止重蹈历史上西北开发和当今一些区域开发的覆辙。

三 低代价开发的路径选择

从一般意义上讲，任何开发活动都要同生态环境、资源系统发生互动，必须付出一定的代价。如农业开发必然破坏原有植

---

① 刘敏：《山村社会》，甘肃人民出版社2000年版，第11页。
② 张翼：《构建协调、和谐、可持续的家园》，《光明日报》2007年11月28日。

被，改变微地貌，疏松地表，加剧表土侵蚀；开发水资源必然要筑坝提高水位而淹没土地，导致库岸失稳；开发矿产资源必然因施爆或开掘坑道导致地质结构疏松，留下塌陷、滑坡隐患。还因堆积废料造成沙尘和污染等。但大开发不一定必然付出大代价，这两者间没有规律性的关联度。

（一）切实实现低代价开发由理念到理论的转变

低代价开发不仅是人们的一种良好的主观愿望，而且也是人类社会开发和发展的必然趋势。根据开发收益与开发代价的良性逆向互动原理，我们必须转变开发和发展观念，不能仅仅关注开发和发展，或不能为开发而开发，而应当从代价的角度理解和把握开发和发展，从抑制和消解代价的角度促进开发，实现发展。这就是说，从代价的角度理解开发和发展，不仅仅要看到代价存在的客观必然性，还要进一步看到实现低代价本身就是实现开发和发展的必然要求。对于开发主体来说，不能只是关注和追求开发和发展，应当同时关注和抑制代价。在评判一种开发活动时，不能只看开发中获得了什么，获得了多少，还要看在开发中付出了什么代价，付出了多少代价，比别人少付出多少代价。通过抑制、消解和克服高代价来实现理性开发和科学发展。①

（二）把低代价开发政策化

目前中国因"发展加快"造成的环境污染和因"开发过度"导致的生态破坏并存，并且呈加剧趋势，正在或即将威胁中华民族的生态安全。发达国家在实现现代化过程中，在人均GDP达到3000美元以后，才开始大规模的环境污染治理。而且通常认为，当人均GDP达到4000—5000美元时，环境质量才会好转。西部

---

① 邱耕田、张荣洁：《价值论视阈中的发展与代价关系》，《新华文摘》2007年第23期。

目前人均GDP只有1000美元左右，不可能付出大量资金用于环境治理、生态环境建设和保护，但与开发和发展紧密相关的产业结构、科学技术、消费方式、环境意识、社会管理等因素也对其产生不可估量的影响。上述这些因素实际上规定了运用政策调控开发活动的可行区间，即通过将低代价理论政策化，制定各种政策调控这些因素，以弥补经济系统对生态环境治理投入的不足。比如，由国家统筹制定加快西北发展和生态再造的生计维持型政策、生态反哺型政策和生产发展型政策。在国家主体功能区建设大视野下，将一些生态环境脆弱和低质功能区划定为限制开发区，建议在甘肃陇中黄土高原地区进行限制开发区建设试验，为全国国土整治和生态环境建设提供经验支持。在此基础上，完全有可能在低于环境库兹涅茨曲线峰值（人均GDP 4000—5000美元）下，走出低代价开发的现实之路，跨越传统的依靠经济实力治理环境的老路。

（三）建立与低代价开发相关的配套机制

从开发过程和效益的角度看，开发代价主要包括，一是开发活动付出的投入或成本消耗；二是开发活动对社会某些方面造成的损失或抑制性后果；三是伴随开发和发展而产生的有悖于人地和谐发展目标的消极结果。其类型有成本性代价和损失性代价，必然性代价和人为性代价，合理性代价和非合理性代价，短期性代价和长期性代价等。我们所指的低代价是同开发投入和产出、开发成本和效益、开发程度和结果相一致的成本性、必然性、合理性和短期性代价。我们避免的是那些超越客观规律的损失性代价、人为性代价、非合理性代价和长期性代价。同时，低代价也是相对而言的，是指开发的全局、开发的长过程、开发的整体效益，它与局部时段、局部问题上付出相对较高的开发代价并不矛盾。这就要求我们在理论上避免误导，在体制、政策、战略模式和方式上引入社会可持续发展和低代价开发理念，做到科学决策、长远筹划、统筹兼顾、理性开发，尽量减轻因开发付出的高昂社会代价，使开发代价减少到最低限度。

要实现低代价开发还必须建立一系列相关配套机制，如建立低代价、高效应的开发体制，低代价、高技术的开发方式，开发代价与效益的评估机制和指标体系，开发政策的负效应监控机制，开发过程中开发效益的反馈机制，开发行为的法律约束机制，等等。从法律、制度、机制上规范开发活动，约束开发行为。

可以相信，在经济全球化的今天，西部开发已不可能完全重复历史的老路。低代价开发的理论将伴随着知识经济的兴起，日益融入西部开发的大潮。我们期待着通过全社会的努力，在西部开发的实践中，建立起低代价开发理论的体系，为西部大开发提供强有力的理论支撑。

小农观念的调查与思考[*]

1985年是我国农村实行第二步改革并卓有成效的一年。今后农村经济改革和发展的趋势如何？有什么新的矛盾和问题？怎样才能推动农村商品经济持续稳定协调地向前发展？这是当前众所关注的问题。

最近，我们在甘肃省定西县进行"农村社会问题调查"。从大量的社会现象中发现，农村普遍建立的联产承包制，是以家庭经营为基础、以合作经营和家庭经营相结合的双层经营结构。这种结构为农村商品经济发展提供了基本条件，已使许多地方从自给性、封闭性的经济转向商品经济。然而，商品经济的持续发展，除了必要的外部经济条件，如市场条件、市场机制外，还需要良好的思想条件，如观念更新等。在这一点上，可以毫不夸张地说，不少地方特别是比较贫穷落后的地方，商品经济的持续发展，正在受到小农观念的束缚。对此，值得引起我们的重视和思考。

一 正确估量小农观念的存在和影响

小农观念是在自然经济或小商品经济基础上产生的。在我们

---

[*]《社会学研究》1987年第1期。

这样一个经历了几千年封建社会的国家里，小农观念的存在并不是奇怪的事情。然而，在今天我们发展商品生产，进行现代化建设的变革中，对小农观念进行正确的估量和理论上的分析并在实践上认真改造，却是至关重要的。

那么，目前农村小农观念究竟有哪些表现，程度如何，有什么影响呢？从对定西县18个乡56个村的100户农民的抽样问卷调查来看，主要是：

（一）目光短浅，满足现状

近几年来，定西县实行了农村生产责任制，由于有中央和省里的大力支持，加之风调雨顺，农业生产连续三年丰收。1985年，全县人均产粮达到750斤，人均纯收入246元，90%的农户粮食够吃并有富余，基本解决了温饱问题。在这种情况下，有不少农民不是更上一层楼，追求新的生产目标，而是满足于现有的低生产水平和低消费水平。据对100户的调查：在回答"你对现在的家庭生产和生活水平有以下哪种感受时"，答"和从前一样，没有什么大的变化"的8人（8%），这大概是极少数的困难户、贫困户；答"还要锦上添花，追求更高的标准"的占40%；答"今非昔比非常满意"和"能保持现在这个水平就行"的占52%。这就是说，这100户中占一半以上的农民，已满足于目前的生产水平，缺乏继续发展商品生产的动力和思想准备。并且发现，越是落后的地区，人均纯收入比较低的户，越容易满足现状，而收入高的农户却要求更高的标准。如葛家岔乡青明村一户农民人均纯收入25元，答"非常满意"，康乐村的一户农民人均纯收入只有14元，就满足于"保持现在这个水平"。还有人均纯收入7元的也是如此。相反鹿坪一户专业户人均纯收入250元，还有存款，却感到不满足，答"还要锦上添花，追求更高的标准"。在回答"你对穿着打扮和吃的方面同意哪种观点"的问题中，答"不必追求时髦，穿什么都一样"的占81%，答"填饱肚子就行"的占71%。这种现象说明，对贫困落后地区的农民在初步温饱之后所产生的安贫乐道，不求进取，满足于"窖里有水，锅下有柴，仓里有粮"的观念是不可轻视的。反之，对持续发展商品生产就缺乏动力和进取精神。

（二）闭关自守，轻工抑商

自然经济或自给自足经济的基本特点是，生产目的不是为了交换，而是为了直接满足本经济单位或生产者个人的需要。与此相适应，在人们的思想观念上必然是重生产，轻交换，重农业，轻工商业。这种观念的思想原因是长期基于农业自然经济的封建社会造成的。西汉士大夫贾谊在上书文帝的《论积贮疏》中就说过："今背本而趋末食者甚众，是天下之大残也。"就是说现在背弃农业（本），而从事工商业，使流动和白吃饭的人口增多，这是对国家的最大摧残。这种观念在定西这些落后地区至今仍甚为严重；通常我们听到"做买卖下贱"、"发不义之财"的说法，不少人还以"饿死不出门"为荣。这次问卷调查中在回答"据说以下的提法，是一些传统观念，对此你有何意见"时，答"在家千日好，出门处处难"的占70%。可见，一些农民"贫家难舍，故土难离"，"七十二行，庄稼为王"的观念是何等严重！

（三）因循守旧，轻视科学文化知识

在小农经济条件下，由于生产力水平低下，社会分工简单，生产规模狭小，各经济单位又彼此处于分散、孤立的状态，因此，不需要多么先进的科学技术和文化知识，就可以维持简单的生产。而且这种粗笨的生产方法和操作技术又世袭相传，逐渐形成了因循守旧，墨守成规，轻视科学、文化知识的小农观念。

在"你认为实行生产责任制后孩子有没有必要学习文化科学

知识"的问题中,回答"有必要"和"很有必要"的占48%,回答"无必要"的占51%。在"你认为农村高、初中毕业生在生产经营过程中能不能发挥作用"的问题中,回答"能发挥作用"的占47%,回答"不能"和"作用不大"的占53%。这种情况说明,目前定西农村中有一半的家庭,还没有把科学文化知识和发展生产联系起来,没有认识到科学文化知识对发展生产的作用,不仅自己轻视科学文化知识,而且把这种愚昧落后的观念传给了下一代,更谈不上学习和运用新的科学文化知识促进商品生产。

与这些情况相联系,我们就很容易解释在农村教育中出现的这样一个新的问题:为什么实行生产责任制后,适龄儿童上学的积极性减弱?在"你家在实行生产责任制后有没有中途停学的学生,原因是什么"的问题中,回答"有停学学生"的占31%。这个比例应当说是相当高的,其原因虽然大部分回答是"生活困难"或"缺乏劳力",但同上面的情况联系起来分析,就可以看出,实质性的原因还是轻视科学文化知识,认为读书对务农无用、生产无用的思想在作怪。

(四) 狭隘的自私的宗法观念

在小农经济的情况下,劳动力与劳动对象是僵死地结合在一起的。农民与土地终生不分离,世世代代不分离,这是小农经济的基石。因此,宗法观念、裙带关系等就成为小农经济的必然同生体。

在对一些传统观念的问答中,答赞成"人生如梦,转眼百年"的占82%,答赞成"少管闲事,自扫门前雪"的占71%。

在"你认为一个人活在世上主要为了什么"的回答中,答"千里做官,为了吃穿"的占13%,赞成"人为财死,鸟为食亡"的占3%,赞成"传宗接代,荣华富贵"的占41%。这三种类似情况合起来共57人(57%),而以传宗接代为甚,足以说明宗法观念的严重性。赞成"创造财富，为国为民"的占43%。

在"你认为社会主义条件下，应该建立怎样的人与人、人与社会的关系"的问答中，答赞成"一切为了自己"的占21%，"以我为主，公私兼顾"的占14%，"先人后己，大公无私"的占5%，赞成"互相帮助，共同致富"的占60%。

从以上回答中，我们既能看到农民思想上积极的方面，如赞成为国为民的占43%，赞成互相帮助的占60%；同时也毫无保留地暴露了小农观念在农民思想、道德上的深刻烙印。除了以上四种小农观念的表现外，在这次调查中我们还发现，在定西农村，封建的菩萨观念、伦理观念、迷信等交织在一起，形成一股相当顽固的思想倾向。

如在"你家在逢年过节，生病遇灾和办红白喜事时经常采用哪种礼仪形式"的问答中，答"烧香、拜佛、念经"的占37%；答迷信和现代化礼仪"兼而有之"的占41%，两项占78%，而答采用"现代礼仪"和"相信科学"的只占有22%。

在"你对结婚仪式中的一些旧风俗习惯（迷信）怎样看"的问答中，答"这是风俗习惯，谈不上是迷信"的占79%；答"无所谓"的占21%，也就是说100%的人对这种封建迷信和旧风俗习惯持肯定态度。

在"你对陪嫁与要彩礼的制度是何态度"的问答中，认为"天经地义"的占36%，"有利有弊"的占12%，认为"为小农家庭奠定基础"的占9%，"无所谓"的占21%，也就是说肯定、基本肯定和不反对的占78%。而答"应该取消"的只有22%。

上述调查表明，在我省农村特别是贫穷落后的地区，小农观念的存在是一个不容否认的事实，而且在个别地方表现相当突出，已成为持续发展商品生产的严重阻力。因此我们有理由说，现在能否加快商品生产的步伐，根本的已不是政策问题，而是观念更新问题。第二步改革的成效将在很大程度上取决于对小农观念的突破,对此,我们应该有一个清醒的认识和基本的估计,认真加以解决。同时,这种现象向我们提出了一个值得反思的问题:为什么过去长期批判的小农观念至今仍然存在,而且在个别地方有增无减?这是因为,过去我们虽然提出批判小农观念的任务,但由于指导思想上不承认商品经济的存在,又把小农观念的劣根都归罪于农民个人,加之方法上简单粗暴和极"左"路线的影响,所谓的批判只不过是上批下,批农民,而不是农民自己从生产需要出发进行自我批判,因此就不可能正确地克服它。只有在实事求是的思想路线下,特别是确立了商品经济在社会主义社会中的地位之后,我们才有可能从大生产、大经济的高度,认清小农观念的真正本质和危害,从而逐步克服小农观念。这也告诉我们,破除小农观念,首要的问题是要有一个正确的指导思想和科学的方法,过去那种脱离实际的思想和方法是无济于事的。另外,我们说小农观念表现严重,但并不等于小农观念充斥一切。而事实也并非如此。目前农村中小农观念和商品生产观念正处在激烈的冲突、较量和互换过程之中。在总的方面,小农观念不断缩小,商品生产观念逐渐扩大,并将取而代之。如调查中有40%的人并不满足于低水平的温饱,希望向生产的深度进军。这应该说是一个可喜的变化。即使是对回答在现在的生产、生活非常满意,保持现在水平就行的52%的人群也要做具体分析。有些人满意的不只是目前生产和生活水平,还包含对三中全会以来党的政策的赞扬和肯定,因此不全是故步自封的消极观念。只要在政策上继续保持稳定,这些人是会很快投入到新的商品生产中去的。从这个意义上说,正确的政策和正确政策的连续性是克服小农观念的重要因素。

二 "治穷"必须"治愚"

贫穷和愚昧就像一对孪生兄弟,总是形影不离地联系在一起，在定西县的调查中我们非常明显地感觉到了这一点。首先，可以肯定，定西县的农村商品生产已经有了相当可观的发展，但现在还处于起步或低层次阶段，其规模和速度还不能算很大很快。在这种特定的环境里，带头者和开拓者大都是当地有较高文化水平和素质的人，如葛家岔乡是定西县比较贫穷的一个纯山区乡，1985年劳务输出600人，其中80%是高初中毕业生。这些人虽然只从事临时性的粗重劳动，但他们有胆量，不恋故土，成为穷乡僻壤与外界联系、传播经济社会信息的主要媒介，其致富的积极性和求知探索的渴望与土生土长、缺乏文化知识的农民迥然不同。

又如，我们在500份问卷中发现90%以上的各类专业户不仅户主文化水平高，而且整个家庭的文化素质也高于其他普通农户。同时，在对待封建迷信和其他落后的传统观念的态度上，文化高的和文化低的、有文化和无文化的也大不相同。凡具有较高文化水平的人和农户，大都外向性强，不甘落后，善于捕捉经济信息，开辟生产门路，成为当地发展商品生产中异军突起的能人层。由此可见，农村生产力的发展，劳动生产率的提高，农民经济地位的改变，不能就商品生产抓商品生产，还要抓科学文化的普及和发展，使新一代农民不仅在商品经济的环境里成长，而且要掌握较多的科学文化知识，同新的科学技术结合在一起。

另外，"穷"和"愚"的本身互为因果关系，在目前商品生产初步发展的条件下，治"愚"又具有决定性作用。这是因为科学文化直接影响着人们的价值观念，改变着人和社会的需要结构。这种新的经营观念、劳动价值观念和生活观念，显然是小农观念的强大冲击力，毫无疑问也是持续发展商品生产的强大动力。

三　告别"小农"，奔向"小康"

社会发展的实践告诉我们，人类社会的经济活动总是由小生产、小经济向大生产、大经济不断发展的,这是一个不可逆转的必然趋势。因此,小农观念的存在和最终破除同样是不可避免的,只不过是一个由量变到质变的长期过程,而这个过程又总是同发展商品生产和科学技术的投入相联系的。从定西县的调查中可以看出,目前,除了10%的困难户外,约有60%—70%的农民在解决温饱之后正在观望。他们在心理上一方面对过去的艰辛困苦"余悸"尚存,对现在低水平的温饱倍加珍惜和满足,缺乏进一步发展商品生产的迫切感和冲动。一方面又受约20%左右富裕户的感染,憋着一把劲。显而易见,只有不停顿地发展商品生产,并逐渐用科学文化知识武装农民,才能使广大农民最终冲出小农经济的汪洋大海,到达现代化大生产的彼岸,进入"小康"的崭新前景。

应当指出的是,发展商品生产不只是一种经济进步,它同时会带来意识形态的巨大进步。

首先,商品生产的发展使一部分农民开始摆脱几千年来自然经济特有的土地对农业生产者的束缚,不仅成了有自己经济的相对的生产者和经营者,而且可以离土离乡,务工经商,到处创业,充分发挥多种才能。在这种环境里,"农民"将不再是原来意义上的集合概念,他们被分化成新的经济社会人群,他们会以特殊的方式同社会经济中某种产业联结在一起,以新的生产方式和生活方式自立于社会,其个性和人格大大提高了。

其次,自然经济是封闭性的。自给自足的小农生产方式不是使经营者相互交换,而是使他们相互隔离。商品生产的本质则是开放性的。越是开放,越是与外界发生纵横交往,交换价值才越能得以发展。同时,越是开放,生产者和经营者的视野就愈加广阔,思想就愈加解放,那种目光短浅,自我封闭,不求进取的小农观念也就愈少。

还有,商品生产由于受价值规律的作用,使生产者和经营者总处在不断竞争、不断发展的过程中。社会主义条件下的竞争,既是同生产目的相适应的,又是对社会、对人民高度负责的,不仅可以推动生产力发展,而且通过竞争,使广大农民不得不抛弃因循守旧,墨守成规,自我封闭,安贫乐道的小农观念。

最后,不论是小生产还是商品生产,都是以生产为中心,生产多少才能消费多少,生产决定消费是铁的规律,这是经济活动的"决定论"。只不过在小生产的情况下,它的消费特征是最单调、最被动的平均主义,而商品生产条件下的消费则是大规模的社会化。这种社会化的消费,既大大改变着人们的生活方式,也改变着人们的生活观念和消费观念。那种"穿什么都一样"、"填饱肚子就行"、"平均主义"、"听天由命"的生活观念,将会在社会化的消费观念冲击下,逐渐消失。

不发达地区农村的社会保障与社会整合*

在社会保障的理论研究和实践中,人们常常忽略两个基本问题,一是它的层次性和区域性,二是它的目的性和宏观效益,因此极易导入新的理论误区,使社会保障孤立于社会整合和社会发展这个宏大的系统工程之外。本文拟以上述问题为基点,探讨不发达地区农村社会保障与社会整合的相互关系,以及同经济社会协调发展过程的行为相关状态。

一 社会保障是社会整合的有效手段

社会整合是指调整或协调社会中不同因素的矛盾和冲突,将社会存在和社会发展的各要素有机地联合到一起,使之成为统一的体系的过程或结果。主要包括四个层次:一是社会制度的社会整合,二是社会组织的社会整合,三是文化和舆论的社会整合,四是功能整合。

高度的社会整合程度,一般是社会各集团、各群体、组织、企业、社区的合理的有机的组合,以及各组织内部成员的合理有序的配合。因而,为了提高社会整合程度,国家和社会就运用各种杠杆对群体和个体进行疏导、规范协调和组织升贬,由此不可

---

* 《社会工作》1990年第2期。

避免地产生社会性的结构分化、交往互动和流动等社会现象。在这一过程中，社会保障通过对社会流动和分化过程中产生的失业，降低生活水平的保障，通过对人们安全的保护和生活基本需要的公平满足，减缓社会冲突，调整利益矛盾，保证社会整合过程的顺利实现。因此，从这个意义上说，社会保障是社会整合的有效手段。

首先，从社会制度的社会整合过程来看，制度通常表示为一系列规定、行为准则，人们只有遵循一定的社会规范，才能使整个社会关系表现得结构完整，各种社会活动有条不紊，各个环节配合默契，整个社会机体呈现灵活良性运转。而对于一种制度的统治阶级来说，维持该制度稳定和发展的一种主要方法，就是运用各种手段对其成员的生活给予有效的社会保障。

因此，我国历代封建王朝都以"赈穷"、"恤贫"、"济穷乏"等手段，整合社会冲突维持封建制度的稳定。在西方，也以建立被称为"社会稳定器"，"社会安全网"的社会保障制度作为社会整合的手段，为维护资本主义制度服务。在社会主义国家，社会保障是为了满足人民的物质文化生活的需要，体现社会主义制度的优越性。但在客观上同样起到了维护社会主义制度、稳定社会秩序的作用，仍然是社会制度的社会整合的有效手段。

其次，在社会组织的社会整合过程中，当一些集团、群体和个人发生越轨行为或发现制度本身缺陷时，社会组织便运用一定的手段控制越轨行为，或调整某些制度，从而达到社会整合的目的。在所有的社会组织中，司法机构和社会保障机构是最强有力的社会整合组织。司法通过法律手段、调解手段来维持社会整合。而社会保障机构则通过救济、保险、福利等手段，组合为一种行之有效的外在社会稳定机制，增强人们生活的稳定感和安全感，形成社会发展各要素的一体化和高效率。

再次，从社会文化和舆论的社会整合来看，社会保障的多种具体形式本身就是社会文化和思想的积淀和光大。国家通过各种大众传播工具开展社会保障及其他宣传教育工作，在全体公民中形成共同的意志和目标，也可以起到社会整合的作用。

最后，从功能整合来看，社会保障的系统目标、具体主张同国民的期望、外表行为是一致的。只要社会保障本身能够充分显示它的显功能、潜功能和替代功能，改变和消除反功能，建立一套行之有效的社会保障体系，以一种稳定的制度化的措施替代以往主观随意性保障，就会在社会整合过程中发挥"协调"效能和稳定作用，实现功能整合的目的。

二 培育和构造社会保障机制，促进社会保障和社会整合同步发展

机制，一般包括自然机制和人工机制两大类型。社会保障也同样包含这样两种机制。就社会保障的自然机制来看，构成社会保障系统的各个部分具有不以人的意志为转移的自然属性。如社会救济是从社会发展初期随着社会分工而产生的，尽管在各朝各代、各种社会制度下有着迥然不同的方式、程度和结果，但作为社会保障的一个构成部分是必不可少的。西方的社会保障体系虽是资产阶级被迫实施的，但又是社会生产力发展的必然产物，是劳动力再生产的必要条件，终于成为公民的一项基本权利。它们都在社会发展的不同时期自发地发挥着调节作用。

社会保障的人工机制，是人们在对社会保障规律充分认识的基础上，有目的、有计划地设计、建立和完善的各种运行方式。如我国长期以来实行的低工资、多就业政策，其特征是就业和保障高度重合。目前，在我国农村实行的合作保险也是由全面的社会保障替代以往的只对城市居民实行就业保障的过渡方式。此外，还有不同的救济方式、福利方式、抚恤方式等，都是随情况

变化通过人的主观努力进行设计和完善的。通过这些多变的运行方式自觉地引导、调节，促进社会整合和发展。

目前，在不发达地区农村，由于生产力落后，生产工具简单，社会分工速度慢、规模小，社会主要表现为一种分散经营和自给自足的简单再生产状况。因此，社会保障也主要是一种有限的分散的临时性的救济，保障面窄，项目较少，社会化水平很低。从严格意义上讲，作为系统的社会保障其构成部分是残缺不全的，其组成部分之间客观存在的联动作用无法发挥，自然机制尚难形成。而且，由于保障体系的结构的制约，人们还不能自如地设计、建立和完善各种社会保障运行方式，影响着人工机制自觉地发挥作用。

另外，我们看到，不发达地区农村在社会保障的经济实力、保障意向、保障对象、保障内容、保障方式、保障目标等方面，明显地表现出巨大的层次性和区域差异性。一是不发达地区农村社会保障系统的构成部分不全，结构单一，自然机制脆弱；二是保障范围小、项目少、方式简单，人工机制的调节功能弱；三是农村经济、社会、文化发展的区域差异，不仅制约了社会保障的区域保障功能，而且大大削弱了社会保障的社会稳定机制作用，因此，不发达地区农村的实践呼唤我们，必须抛弃昔日高（要求高）、大（范围大）、全（项目全）的理想模式，从特定的地域条件出发，建立低层次、小范围、多类型、善管理的以自我积累、自我管理、自我服务、自我保障为主的社会保障体系，培育和构造社会保障的新机制，强化社会整合功能。

初步构想是：（1）保障主体由民政部门逐步扩大到各级社会组织，开拓社会保障社会办新局面；（2）保障客体由农民逐步扩大到乡镇企业工人和劳务输出人员，促进农村产业结构调整和剩余劳动力转移；（3）在保障类型上，根据不同情况，逐步由救济型转向同保险型、福利型、服务型的结合；（4）在管理体制上，逐步由村本位转向乡、村两级结合，或全乡统一保障组织、统一筹集资金、统一保障项目、统一保障标准；（5）在保障内容上，突出合作养老保险、医疗保险和救灾合作保险，改变救济方式，加强发展福利生产，强化社会服务；（6）在集资方式上，既要国家、集体、个人相结合，又要使基金式、现收现付式、积累储备式相结合。总之，构造不发达地区农村社会保障的新机制，应毫不动摇地遵循层次有别、区域各异、形式多样、速度不同的方针。同社会整合相结合，优先发展微型社区的社会保障，随着经济、社会的发展，逐步融合扩展到小型社区，使其由小到大，由单到全，与社会整合同步发展。

三 重组保障纽带，强化功能

社会是在不断分化、保障和不断整合的过程中向前发展的。分化、保障与整合密不可分，但分化和保障具有超前性，整合则有滞后性，然而如果分化和保障已经达到一定程度，不建立与之相适应的整合模式，就会减弱功能，导致社会发展的紊乱无序。不发达地区农村社会整合的目的，就是借助社会保障纽带和其他手段，协调农村政治、经济、文化、人际关系、社会生活等各种关系，调整社会分化过程中产生的日趋严重的社会不公，使农村社会获得较强的凝聚力和内动力，促进经济、社会、文化持续、稳定、协调地发展。

第一，重组保障纽带的重要任务，是在深化经济体制改革的同时进行社会保障自身的改革。我国农村现行的经济体制改革，是社会主义社会的自我调节和自我完善。它不是一个纯经济行为，是覆盖面广、触及度深的全面改革，需要有与其相配套的社会保障体制改革。如果说经济体制改革要建立一个充满活力的动力机制的话，那么社会保障体制的改革就要增强构成部分的纽带作用，把社会发展的各要素有机联系起来，建立完善社会的协调稳定机制，使改革、保障、整合三者互为条件，相互作用，共同推动生产力的发展，增强社会的有序性和组织性。

第二，重组社会保障的经济纽带。农村社会保障水平在改革前就大大低于城市，实行联产承包责任制以后，由于农村集体积累挖空或减少，村级组织失去了直接干预生产经营和控制分配的权力，集体保障的经济纽带已大大弱化。削弱了村级组织的功能和凝聚力，使社会保障的经济纽带断环缺节，上下不能有机联结和发挥联结互动作用。因此，不断发展村级集体经济，逐年扩大集体积累，重视和增强经济纽带，是不发达地区农村社会保障和社会整合刻不容缓的任务。

第三，重组社会保障的组织纽带。社会保障和社会整合是依靠社会组织的功能实现的，但不发达地区农村的基层组织在撤社建乡（镇）后，既没有理顺管理体制，也没有与保障和整合相适应。突出的问题是村委会和村民小组丧失了过去的经济职能，又没有新的管理方法和措施，造成了各种社会冲突和社会问题的蔓延，也使社会保障和社会整合失去了组织纽带。重组的办法，一是加强和完善乡（镇）、村两级组织的社会管理职能，健全农村社会事务管理制度；二是改革条块分割体制，进一步简政放权，加强与扩大乡政府的管理职能；三是除继续发挥农村党团、妇女等群众组织的作用外，要适应发展的需要，加速解决村级干部的待遇问题、素质问题；要建立个体劳动者、乡镇企业工人、工商业者组织和各种民间组织，把行政组织、群众组织、家庭组织、民间组织等各种纽带联系起来，形成强大的社会力量和整合力量，搞好社会保障和社会管理。

第四，重组文化和规范纽带。不发达地区农村的社会分化过程中，传统落后的文化和规范是一种链条腐蚀剂，必须重视和改造。如过去一个时期，我们在农村片面地理解和宣传让一部分人先富起来，至于让什么人先富，用什么手段富？往往缺乏明确的内涵和导向。实践表明，先富起来的人中有一部分与投机倒把、偷税漏税、坑蒙拐骗等不当行为相联系，同时，这种现象造成自私自利、拜金主义、违法乱纪等价值观念在农村的流行。冲击和破坏了社会主义文化和行为规范体系。因此，当前在农村要大力加强社会主义文化建设，宣传和提倡社会主义公德和规范，创造行为与规范相协调的社会文化环境，使社会在不断分化中产生的不同要素，通过共同文化和共同规范的纽带作用，结成一个整体，形成整体发展。

第五，重组保障的法律纽带，增强宏观社会整合能力。宏观社会整合能力是指国家通过政策、法律等形式协调各种矛盾统一体之中的综合能力。据统计，全世界已有140多个国家在不同程度上实行社会保障制度，而且多数国家制定有各种法规使之法律化。如美国的"社会保障法"、英国的"济贫法"、德国的"社会保险法"、墨西哥的"社会法"、罗马尼亚的"社会救济法"等等。但我国到目前为止，尚未建立社会保障的基本法规，单项法规也十分缺乏，从而造成了我国社会保障的临时性、随意性的弊端，降低了社会保障在分化与整合过程中的宏观功能。今后，我们应该积极创造条件，制定符合我国国情的社会保障法和各项具体法规，促使社会保障逐步走向法律化和秩序化的轨道，在社会整合中实现社会发展的有序性和稳定性。

中国西北扶贫的举措
——开发型移民[*]

自从有了人类，便有了贫困，也开始了反贫困。当人类社会进入20世纪80年代之时，改革开放的春风，唤醒了沉睡千百年的中国大西北。这里的人民不再甘受贫困，在国家和政府的强力扶持下，群策群力向贫困宣战。发端于甘肃、宁夏两省"三西"地区（包括甘肃河西、定西和宁夏西海固地区）的扶贫开发型移民，便是中国西北人民同贫困抗争的一种创造。这一举措，用较小的投入，实现了巨大的经济效益；用短期的付出，换取了远久的社会安宁；用当代人的"阵痛"，积蓄了后代持续发展的能力。真可谓功不可没，利在千秋。

一 扶贫开发型移民的动力源

我国扶贫开发型移民始于20世纪80年代。1982年，在中国的大西北，来自全国的农业专家对全国最大的极端贫困地区，即以甘肃定西地区为代表的18个干旱县和宁夏西海固地区的8个县进行"治贫会诊"，通过反复调查论证，提出了该地区的脱贫措施：有水路的走水路，没水路的走旱路，水旱两路都不通的另找

---

[*] 《中国研究》（日本），1997年5月号。

出路。这另找出路就是移民。将没有生存条件的 100 多万人口分期分批移至县内县外的可垦灌区。这一措施的延伸，在甘肃就产生了移民的区外流向地——河西。由于这三块地方都有"西"，故被称之为"三西建设"，移民则为"三西建设"的主要内容之一。①

（一）移民的动力之一：人口超载的挤压

打开全国地图，在北纬 34°45′至 37°5′东经 102°45′至 108°35′之间，有一片东西长约 532 公里、南北宽约 320 公里，总面积 10.29 万平方公里的广袤山区。这里过去统称为"陇中"，包括了以定西地区为代表的甘肃中、东部的定西、陇西、通渭、临洮、靖远、会宁、永靖、东乡、秦安、庄浪、静宁、环县、华池、景泰、古浪、榆中、皋兰、永登等干旱县，以及毗邻的宁夏西海固地区的同心、海原、中卫、隆德、泾源、固原、彭阳、西吉等干旱高寒山区县。这里共居住着 838 万人口，其中农业人口 765.16 万，占总人口的 91.20%。从 1949 年到 1983 年，甘肃中部地区的人口由 261 万增加到 572.17 万，增长了 118.8%，平均每年递增 23‰，高于全国 18.93‰、全省 21.37‰的水平。人口密度由 1949 年的每平方公里 37.6 人增加到 1983 年的 82.2 人/平方公里，增长 1.19 倍。按国际通行的标准，以干旱、半干旱地区土地对人口负荷量的极限分别为每平方公里 7 人、20 人来衡量，这里土地对人口的超载量已达极限的 3 倍以上。

在宁夏的西海固地区，同期人口年递增率高达 30.12‰，其中固原地区 6 县从 48 万人猛增到 140.6 万，比新中国成立初增加近 2 倍。1949 年以来，固原地区的粮食总产量增长了 1.16 倍，人口却增长了 2.29 倍，人口增长速度大大超过了粮

---

① 孙敬之：《中国经济地理概论》，商务印书馆 1983 年版。

食增长速度。人均耕地由1949年的12.1亩下降到4.1亩，已难以维持农民的基本生存需要。这种情况说明，在现有的生产力水平和"靠天吃饭"的条件下，人口超载已成为这些地区最突出的问题，最紧迫、最有效的措施就是移民，即进行人口布局的合理调整。

（二）移民的动力之二：自然生态环境失衡的排斥

以定西为代表的甘肃中部地区和毗邻的宁夏西海固地区，在历史上曾是创造华夏文明的摇篮。然而又有多少人知道，时至今日，这里的数百万农民仍在"苦瘠甲天下"的生态环境中奋争，在为求得最基本的生存需要而劳作。

这里均属黄土高原山区，沟壑纵横，山大坡陡，干旱少雨，十年九灾，水土流失，植被稀少，土壤瘠薄，耕作粗放。在现有的2048万亩耕地中，水地仅有308万亩，占总耕地的15.04%，其余均为山旱地、沙地和沟坝地。甘肃中部地区的粮食产量长期在1956年24亿公斤的水平上徘徊，1981、1982年年产量只有17.8亿公斤，人均占有粮食大大低于50年代的水平。西海固地区人均占有粮食逐年下降，由50年代的人均350公斤下降到70年代的217公斤、80年代前期的178公斤。

同时，据文献记载，在清代先后260多年中，甘肃的干旱灾害达114次，平均每两年多1次。在民国的36年间，旱灾达25次，平均1年多1次。民国十七年的大旱，"中部及东部各县大饥至次年夏树皮皆空，计50余县，每县死亡多至万人"。1982年，甘肃中部20个县人均产粮仅172公斤，有12个县人均纯收入不到50元。在定西地区90多万农户中，有70多万户每年缺3—7个月的燃料，家庭生活能源主要靠铲草皮、畜粪来维持。从1973年到1982年共吃国家返销粮14亿公斤。有许多地方连人畜饮水都要靠政府运送，大旱之年仅国家补助的运水费高达598万元。在这样一种极端恶劣的生态环境之下,"人挪窝要活"的理念,不断营造出"走出黄土地"的心理趋向,移民便成为具有诱惑力的选择。①

(三) 移民的动力之三: 迁往地区的吸引

与甘肃中部和宁夏西海固截然不同的是,在计划接收移民的地区,一般均为平川地,有灌溉水源,可在短期内获得较高的经济效益。如甘肃河西地区在资源条件、地理位置、交通运输和生产现状等方面拥有较多的现实优势和潜在优势,既是古老的内陆河灌溉农业区,也是甘肃经济发展最快的地区,又是我国12个商品粮基地之一。同时,该地区拥有荒地1924万亩,其中,近期可垦宜农荒地465万亩。且人口相对稀少,每平方公里仅有13.3人,具有屯垦开发的巨大潜力。在宁夏,计划将40万移民迁往银川平原的河套灌区。这里虽属大陆而不干旱,虽处西北而不严寒,全年日照率达50%—80%,称之为西北高原的日光城。据统计,截至1982年,这里尚有荒地418万亩,其中近期可垦宜农林荒地260多万亩,银南边山扬水工程可开发100多万亩。这些迁往地区与移民原居住地区迥然不同的自然条件、生态环境和发展前景,对长期以来备受贫穷折磨而又无路可走的移民来说,无疑具有极大的吸引力,成为移民为"活"而"挪窝"的主要动力之一。

(四) 移民的动力之四: 国家政策的驱动

"三西"建设中的移民工作是从1983年开始的,为此,甘肃、宁夏两省区及各有关地、县先后制定颁布了一系列法规性文件,提出了许多优惠政策,为移民工作的顺利进行提供了强劲的

---

① 《甘肃统计年鉴》1992、1995年。

外部驱动力。

甘肃省先后制定了移民基地建设、移民专项补助、增加移民投入以及土地、税收、移民的权利和义务等政策或规定。如集中安置移民个人补助费300元，就地移民补助费每人100元；移民新开发的农业用地从有收入的那年起，免征3—5年农业税和农林特产税，免交3—5年统购粮和各项提留；移民生产用化肥等生产资料的供应，单列计划，专项下达；移民的子女上学、招工、划分承包地、宅基地同当地农民一视同仁，不得歧视；各县结合本地实际相继制定了一些补充规定和政策。如靖远县实行了"生产贷款、化肥地膜、优良品种、科学技术、灌溉派水"的"五优先"政策。景泰县规定对移民承包的沙掌地连续6年免征农业税。第一年适当补助平田整地费，免费提供树苗等。在此同时，各移民迁出地、县也制定了一些具体政策和规定：如移民迁出后原承包地1—2年内暂不收回；对五保户、无劳户和超计划生育而未采取措施的不予搬迁等。

宁夏先后制定了《贫困地区吊庄移民管理试行办法》、《关于吊庄建设几个问题的通知》等规定和政策，对移民原则、移民管理、资金使用等进行宏观指导。还规定：在吊庄基地范围内开发荒地从事农、林、牧业生产，5年内免征农业税、牧业税、农林特产税，5年后纳税有困难者，经申报可批准减免；移民基地举办的集体企业、联办企业、家庭工厂和个体工商户，除国家规定而收税者外，其他产品和经营收入，在1990年前免征产品税、增值税、营业税、城市建设维护税和所得税等。固原县根据自治区的有关文件，制定了吊庄土地归国家所有、统一规划、合理布局、承包使用、长期稳定、子女继承的土地管理政策。规定从耕种开始免征免购5年，免征水费3年。原有承包土地不变，允许两头经营，来去自由，3年后脱钩等。

由于上述多种力量的综合作用，在短短的时间内，"三西"

地区的扶贫开发型移民工作出现了前所未有的局面。据统计，到1992年年底，甘肃中部地区共移民30.80万人，其中县内安置23.94万人，迁往河西6.86万人。建立移民基地20处，已完成投资60379.57万元，发展水地49.13万亩，安置移民26万人。宁夏回族自治区共移民14.65万人，其中县内安置6.24万人，县外移民8.41万人。建立吊庄14处，县外插户3处，已完成投资5111万元，安置移民14.65万人，发展水地26.07万亩。到1995年，"三西"移民已达60多万人。[1]

二 扶贫开发型移民的特点

新中国成立以来，我国为了合理调整人口布局，开发国土资源，曾组织过多次人口迁移，既有成功的经验，也有失败的教训。既产生了屯垦型、知青型等农业性移民社区，也产生了孤岛型、集团型工业性移民社区。但像"三西"这样大规模的、有组织的、以解决温饱为目的的扶贫开发型移民，还是首创。这次移民，对移民的基本形式、特点和移民社区建设，都是有益的探索。

（一）移民的基本形式

甘肃省"两西"地区的移民，从1983年开始摸索试验，1984年陆续展开，按照当地的自然条件和实际情况，移民采取了两种基本形式。

一是县内就近移民。即从干旱困难的山区向本县新开发的引黄灌区迁移。从1983年至1992年县内安置移民23.94万人，占10年移民总数的77.73%。宁夏在10年中县内安置移民6.24万

---

[1] 《宁夏统计年鉴》1985、1992年。

人，占同期移民总数的 42.59%。

二是县际移民。即从干旱困难的定西中部向河西走廊远距离迁移。10 年中共迁移 6.86 万人，占移民总数的 22.27%；宁夏同期的县际移民共 8.41 万人，占移民总数的 57.41%。县际移民主要采取分散安置和集中安置两种办法。分散安置，即在有条件的村社，挖掘现有耕地潜力，利用机动地、闲散地、撂荒地、农转非退还地和调整出的承包地，每社零星安插 1—2 户；集中安置，即在水资源较为丰富的地方建设移民基地，或在条件较好的国营农林场进行成批安置。据统计：甘肃省在国营农场安置移民 4774 人，中部地区基地移民 22.87 万人，河西地区基地移民 3.14 万人。

（二）移民工作的特点

1. 指导方针明确

"三西"移民从一开始，就非常注重科学性和可行性。他们认真总结了过去移民的经验教训，认为以往移民的问题主要有三条，即人口流动的逆向性、移民搬迁的强制性和迁移对象的依赖性。也就是说，第一，人口流动的合理流向一般是，从自然条件差、人口负担重、生产门路窄、开发潜力小、就业困难大、生活水平低的人口稠密区，流向与之相反的地方，反之就会形成人口的逆向流动。第二，迁移往往是政府行为、外部因素行为，而非迁移对象的个体行为和自主行为，因此，使迁移失去了思想基础和群众基础。第三，由于上述两种原因，既使迁移自身失去了吸引力，也使迁移变为有偿行为，从而使迁移对象产生依赖性。一旦某种条件不能满足，便产生"返移"。这次在分析研究历史教训和现状的基础上，对"三西"地区的移民工作，提出了切实可行的指导方针：即另找出路，合理流动；移民自愿，自立自主；积极稳妥，讲求实效。确定了人口流动的合理流向：即中部干旱县中最困难地方的农民，向条件优越的河西灌区和中部引黄灌区迁移。迁移安置先行试点，取得经验，成熟一批迁移一批，落户一批巩固一批，扎根一批脱贫一批。初步摸索总结出了一套符合"三西"地区实际的移民工作指导方针和实施方法，使移民工作一开始就具有科学性、合理性和群众性，从而健康有序地发展。

2. 坚持自愿原则

坚持自愿原则，这是从 20 世纪 50 年代移民工作失误中总结出来的基本经验，也是"三西"移民区别于其他移民的显著特点。在移民开始之初，甘宁两省便提出"三西"移民必须坚持"农民自愿，艰苦创业，精心组织，正向流动"的工作方针和基本原则。规定凡迁移对象必须自愿申请，村社推荐，经乡审查筛选，县上批准，有组织有计划地进行；移民搬迁和家园重建，以自力更生为主，国家给予适当补助；迁移工作列入"三西"建设计划，和建设项目挂钩，分阶段、有步骤地实施。由于自始至终坚持了自愿原则，因而"三西"移民从一开始就具有强劲的内部驱动力，形成了以移民个体自主行为为主、又同政府的组织行为有机结合，最大限度地调动了移民迁移和重建两个方面的积极性、创造性。

3. 安置方式多样

妥善安置是移民成功与否的关键。"三西"移民通过不断探索和实践，总结出了 5 种安置方式：一是农民投亲靠友，自流分散安置。这种方式以个人自主为基础，以亲缘关系为纽带，搬迁安置方便快捷，困难和问题较少。二是主管部门协调引导，将移民安置与河西新建工程项目挂钩，使建设项目带移民安置指标，由项目受益单位进行分散安置。三是兴建移民基地，分片集中安置。这种方式依靠新建水利工程，开辟新的灌溉农业区，便于集中解决中部干旱县中最困难地方的问题。四是在国营农垦农场和企事业单位停办的农、林场进行集中安置。这种方式除具备基地移民的特点外，还因农林场已具有一定的生产、生活条件能够当年生产、当年受益。五是到新开发的灌区承包各项工程建设，先搞劳务输出，后安家落户。这种方式在工程建设期间，既能挣钱养家，又对当地的生产、生活有亲身体验；工程建成后，进退两便，自愿去留。"三西"移民安置的多种方式，改变了以往移民安置的单一模式，使移民工作更加贴近现实，更具有灵活性和合理性。

4. 扶贫和开发有机结合

"三西"移民是解决贫困地区群众温饱、人口超载和生态环境严重失调的产物，一开始就坚持了扶贫和开发的有机结合。这种用移民方式解决一部分极端贫困农民生存基本需要的办法，不同于以往单纯的救济性安置，而是寓扶贫于经济开发之中。即在国家投资创造基本生存条件的基础上，发动移民自力更生，艰苦创业，依靠自己的力量，发展农业生产，在开发中稳定解决温饱问题。根据这一指导思想，在移民实施过程中体现了三条原则：一是迁出地区一定是水路、旱路都走不通的贫困地方；二是迁移对象严格限制在贫困户之中，又必须具备正常的劳动能力，以适应开发性建设的需要；三是严格控制人均占地标准，只划温饱田，不垒大户，不搞规模性承包，用有限的扶贫资金，尽量多安置贫困山区不得温饱的农民。通过自己的劳动，在向深度开发中由温饱走向小康。

5. 自力更生与扶持政策并举

过去移民的一个沉痛教训，就是在移民定居之后便撒手不管，使移民移而难居，出现"返移"。"三西"移民以此为鉴，各地在安置工作中重视了四方面的工作：一是政治上关心鼓励。在移民集中的地方，建立党团组织和行政管理组织，加强政治思想教育。对移民中涌现出的积极分子，选拔担任基层干部，大力表彰鼓励先进，有的移民被推选为县、乡人民代表，县政协委员。

在政治上维护移民的各种正常权利不受侵犯。二是生产上帮助指导。采取集中培训灌溉农业技术,对移民生产所需的化肥、农药、种子、耕畜和农具等,优先帮助解决。在指导粮食生产的同时,帮助移民开拓生产门路,发展养殖业、林果业、采掘业、工副业,尽快走上致富之路。三是生活上配套服务。按照统一规划,由业务部门各司其职,布点建设供销社、粮管所、学校、信用社、邮电所等服务设施。鼓励移民自办小商店、小磨坊、家庭诊所等服务网点,以满足建设初期的自我服务。对移民安家中的生活困难户,动员社会各界支持帮助,及时解决。四是制定多方面的扶持政策,如投资政策、补助政策、税收政策、土地政策、生产资料供应政策、贷款和救济政策等,用政策调整各方面的关系,解决各种不同的问题,维护和保障广大移民的利益。由于这些扶持政策和扶持工作的实施,一改以往移民返移的弊端,大多数移民实现了"一年搬迁,两年定居,三年解决温饱"的目标。1990年,32万"三西"移民人均产粮405公斤,比甘肃中部及宁夏西海固移出地区高出50%。据甘肃静宁县2600多个移民的调查统计,10年中返移率仅约2%。酒泉地区的返移率为3.4%,张掖地区为4%。这是以往移民中所罕见的。

6. 精心组织,加强领导

精心组织,加强领导,是贯穿于"三西"移民始终的显著特点。从1982年开始,甘、宁两省区指挥部分别设立了移民专管机构,确定了分管领导;1983年甘肃省"两西"指挥部增设了移民安置处。移民迁移安置任务大的地、县相继设立了专管移民的机构,下设办公室或移民站。移民安置乡或灌区确定了专管人员,使移民工作层层有人抓、事事有人管,从组织体制上保证了移民工作的组织领导,及时研究解决移民工作中的新问题。甘肃省在1985年的金塔会议解决了开发性建设和移民挂钩,实行对口县安置的问题;1989年的靖远会议解决了集中迁移,重点解决贫困带片群众温饱的问题;1990年还组织河西移民迁入地的领导,到东乡、永靖等贫困带片县现场考察,增进交往,提高接受移民的自觉性;1989年,各有关地、市、县(区)还普遍实行了移民承包责任制,并与"两西"指挥部签订了1990—1992年《移民迁移安置责任书》,使移民工作更加规范化和组织化。

三 扶贫开发型移民的综合效益

"三西"移民是一项新型的开拓性壮举,也是涉及各个方面的社会系统工程。它把几十万固守贫困的农民从"老天爷"的奴役中解放出来,进入一个具有发展潜力的新天地去创造新的生活,从而引发了迁出地与迁往地之间的经济互补、社会互动,产生了包括经济、社会、生态等多方面的综合效益。

(一) 经济效益

由于扶贫和开发的有机结合,"三西"移民大都迁入水灌区。这里既有生命之源——水,又有立家之本——土地。这两种基本条件的满足,使长期生活在干旱山区的辛勤农民如虎添翼,一般都能做到"一年搬迁、两年定居、三年解决温饱"。据1990年统计,"三西"地区定居的移民人均纯收入普遍达到300元以上,人均产粮405公斤,比甘肃中部和宁夏西海固原迁出地区人均产粮277公斤高128公斤。其中河西地区移民人均产粮568公斤,中部地区移民人均产粮366公斤,西海固地区移民人均产粮410公斤。甘肃移民最多的靖远、景泰、会宁三县,8年移民9万人,其中有8万人人均实现了300元、300公斤粮,稳定解决了温饱。有1万多人人均纯收入500元以上,人均产粮400公斤,开始走上了致富路。张掖地区1万多移民,人均纯收入达到386元,解决了温饱的人占 62.7%，33.2% 的人达到了当地农户收入 500—800 元的水平；有 4.1% 的农户人均收入 800 元以上，个别农户还实现了"双过万"（一万元钱、一万斤粮）。①

移民的经济效益，不仅表现在当年收入上，还体现在移民家庭资产积累，开发性建设和投资效益等多方面。

在移民家庭资产积累方面，绝大多数移民在原居住地属贫困户，生活资料和生产资料本就缺乏，迁往新地后只能随着经济实力的逐渐增强添置购买。因此，移民家庭资产的积累是衡量移民经济效益的一个重要指标。据宁夏西海固地区 3 个县的调查，南部山区户均固定资产分别为：固原县 1040 元，泾原县 760 元，隆德县 660 元。而同期迁入移民户均固定资产分别为：固原县的大战场和马家梁为 1724 元，泾原县的芦草洼 1873 元，隆德县的潮湖 2817 元。

在移民区开发性建设上更是效益显著。未移民前，这 30 多万人是贫困地区的一大负担，缺吃、缺穿、缺烧、缺水、缺用，据计算，这部分农民正常年景每年要吃国家回销粮 1000 多万公斤、救济款 600 多万元。移民后这部分贫困人口从社会负担转化为国土开发的劳力资源，据统计，10 年来这些移民共开发水地 60 多万亩，占"三西"地区新增水地的 40% 左右，年产粮食 1.21 亿公斤，还有大批的油、肉、瓜、果等产品，除自己消费外，还给国家一定数量的贡献。甘肃中部地区迁居河西的移民，大多数已成为余粮户。酒泉地区从 1983 年以来，共接受移民 4.6 万人，12 年来开垦荒地 4.86 万亩，营造防风林 56.6 公里，植树 242.78 万株，建成支斗渠 195.93 公里，新修高低压农电线路 126.21 公里，产粮 1.48 亿公斤，给国家交售 4391.1 万公斤。1994 年，全区移民人均纯收入 625 元，有 83% 的农户完全脱贫，

---

① 黎中：《三西移民录》，甘肃人民出版社 1993 年版。

其中20%的走上致富之路。

移民的投入与产出是衡量移民经济效益的又一重要指标。据国务院贫困地区经济开发领导小组办公室提供的资料："三西"移民的成本（投入）包括耕地开发配套费、公益事业费、迁移补助费、移民管理费等4项。提水灌区水利工程投资巨大，据对皋兰县西岔灌区的调查，每亩水地成本为682元（不含工程运行后国家每年每亩27元的水费补贴），加上耕地配套费，每亩约700元。据河西4个移民基地的投资情况，自流灌区每亩耕地开发配套费270元。再加上上述其他3项费用，平均每个移民的迁移成本为1288元（详见表1）。

表1 "三西"地区移民成本统计表 单位：元/人

项目 类型	开发 耕地费	公益 事业费	迁移 补助费	移民 管理费	合计	备注
提水灌区	700×2	10	100	3.5	1513.5	补助费
自流灌区	270×2	10	260	3.5	813.5	以后略
分散安置	—	—	560	3.5	563.5	有增加

由于"三西"建设机构中耕地开发资金分项管理，因此，移民的专项投资与实际成本有所不同，甘肃省的人均投资为252元，宁夏为752元，其中部分计入耕地开发配套费，部分未计入。

移民的产出，根据甘肃省的情况，移民在新地定居恢复生产后，年人均纯收入可达410元，以移民在原居住地年口粮450斤（1985年平均数）计算，合450斤×0.246元/斤＝110元。根据1983年中部地区国家救济状况，每人需救济粮折价22元，救济款30元。合计的年收益为257元。由此计算的年收益率为45.8%，即迁移成本可在两年多收回。其投入与产出的比率，既根本不同于以往单纯的救济性扶贫，也大大高于一般性的扶贫工程建设。

（二）社会效益

（1）通过迁移，稳定、彻底地解决了部分贫困群众的温饱问题，既减轻了国家的救济负担，又减少了贫困人口的盲目流动，增强了社会的安定团结。同时，又为搬迁群众的子孙后代创造了可持续发展的条件，从根本上消除了贫困。如高台县骆驼城和南华两个新开垦的移民基地，到1992年年底共安置中部地区定西、永靖、东乡、静宁、陇西等5县移民856户3697人，除1991年新迁移的少数户外，其余都解决了温饱，人均纯收入达400元以上，大部分农户建了新房，购置了农具和牲畜。在1988—1991年，三年累计给国家交售余粮75万公斤，人均900公斤。[①]

（2）降低了迁出地区的人口增长基数，缓解了人口压力。从贫困山区移民32万人，可以腾出约120万亩耕地，还有大量的荒地荒坡。按照典型调查"移出一人，可以宽松一人"的间接效益推算，通过移民，宏观上可以使另外60万人人均增加2亩左右耕地，亦即迁出地和迁入地两头都受益，波及过百万人。

在贫困连片的村、社，凡移出1/3到1/2人口，通过调整产业结构和增加投入，在2—3年内，农民的生产收入和生活水平都发生了很大变化。地处六盘山林缘地带的宁夏泾原县，全县近9万人口，到1992年移民3万人，人均耕地由原3.4亩增加到4.8亩，原3人的资源现供2人利用，人口压力大大缓解。会宁县新添乡王家山社，1985年有250人，耕种1090亩旱地，人均4.4亩，大部分群众不得温饱。1985—1987年向河西移民7户89人，占全社总人口的36%，收回承包地391亩，使留居人均耕地

---

① 甘肃省农业厅，《甘肃省农业大事记》。

由4.4亩增加到6.8亩。1990年粮播面积799亩，单产93公斤，比移民前增加43公斤；总产7.5万公斤，人均产粮385公斤，比移民前的183公斤增加1倍。同时调整产业结构，经济作物面积由1985年的100亩扩大到230亩。畜牧业也有了较大的发展，1990年全社养牛46头、羊580只、兔312只，分别比移民前增长30%、50%和70%，生产和生活都发生了明显变化，温饱问题也因移民而获得解决。

（3）促进了地区开放和人口流动。数十万贫困山区的农民，移居黄河灌区和河西川水地区，其本身是加强"山川共济"、"水旱互补"，促进东西文化交流的一支生力军。他们不但解决了温饱，摆脱了贫困，而且为国家作出了贡献，对山区和当地生产发展、经济文化交流起到了传播和推进作用。两西山区移民到新居地后，学习掌握了水灌区的耕作技术和生产技术，同时又把山区的养畜技术、惜水节粮、勤俭持家和传统文化传播到新居地，丰富了当地群众的经济生活和文化生活。

宁夏的许多移民吊庄，还起到了山区设在川区的经济窗口的作用，使川区大量的科技、经济信息通过吊庄传播到山区，山区的土特产品，剩余劳动力通过吊庄输送到川区，吊庄为山川之间开展社会交往和经济协作架设了桥梁，带动了山区的发展。

通过移民带来的生存环境变化，还对转变人的观念，提高移民素质和社会化程度产生深刻影响。广大移民由昔日封闭落后的贫困山区进入新居地，耕作方式变了，文化氛围变了，经济生活变了，促使他们不断接受新文化、新技术，精神面貌焕然一新，科技观念、商品观念、效益观念和竞争观念大大增强，逐渐改变了封闭守旧、听天由命、安于现状的传统观念。同时一批回族和东乡族农民从贫困山区来到川水区，使各民族共同开发新灌区，走共同富裕的道路，对促进民族地区经济发展，加强民族团结，都具有重要经济意义和社会效益。

（三）生态效益

恢复生态环境是"三西"移民的主旨之一。据调查，甘肃中部山区每个农户每年要铲掉约60亩荒山的草皮，以解决燃料、饲料不足的困难。迁出30万人以每户5口之家推算，可保护植被360万亩。又据对甘肃子午岭地区的实地观测，一般情况下，农地的土壤侵蚀量要大大高于其他类型的土地（详见表2）。从表2可以看出，通过人口迁移而使部分农耕地退耕还林还草，水土流失将会大大减缓，生态环境就会逐渐得到治理。

表2　　　　　　甘肃子午岭地区各类土地侵蚀量

土地利用方式	林地	草地	荒地	农地
侵蚀量（斤/亩）	0	2.0	24	1929

从迁往地来看，由于移民的开发性建设，使昔日连片的荒漠变成了片片绿洲，又改善了新居地的生态环境。过去，在河西和中部的黄河两岸有大片未开垦的荒滩旱原，水土资源丰富，开发条件较好，但由于缺乏劳力和必要的投入，千年沉睡在那里。"三西"移民后国家的投资加上中部的劳力，很快把40多万亩荒滩旱原垦殖为新的绿洲。据1992年统计，中部的兴电、刘川、白草塬、景电二期、西岔等高扬程提水灌区和河西高台的骆驼滩等12个移民基地，8年来共植树1360万株，人均64株，种植经济林2.07万亩，每个移民村都是一个绿化点。从而唤醒了新灌区沉睡千年的国土资源，把昔日效益甚低的荒原生态系统改造成为高效益的农林生态系统。

宁夏隆德、彭阳、固原等县通过吊庄移民后，使高坡耕地退耕还林还牧，促进了产业结构调整，从而把山区过去竭泽而渔的掠夺式农业改造成为种地、养地相结合的生态型农业，使昔日的荒山秃岭披上了绿装。甘肃靖远县若笠乡双合行政村,移民前人均耕地 6.95 亩,人均产粮 16.76 公斤。移民后,人均耕地增加到 12.4 亩,人均产粮增加到 177.9 公斤。经济作物由移民前的 70 亩增加到 1460 亩。全村累计种草 1025 亩,人均 1.3 亩;造林 1200 亩,人均 1.5 亩;粮、经、林、草的比例由移民前的 77:14:6:3,调整为 59:16:14:11。生态环境逐步由掠夺型走向保护型,积蓄和扩张了可持续发展的能力。

区域经济合作与社会发展[*]

在改革开放以来,我国的经济从结构到布局、从规模到组织、从速度到效益都发生了根本性的变化,从而引发了社会结构乃至社会生活各个层面的变迁。在这一过程中,区域经济合作由低级到高级、由国内到跨国发展,无疑起到了举足轻重的作用。它既使经济发展获得了巨大的协作生产力,也为社会发展构建了新的支撑点。

一 区域经济合作的动力源

区域经济合作作为一种经济现象,究竟是人们主观意志的结果,还是经济活动合乎规律的必然现象?考察自有区域经济合作以来的历史,不难看到,不论是国内还是跨国性的区域经济合作,它的动力源于三个方面:一是物质生产运动规律的推力;二是不同地区各种综合需要的拉力;三是开放体制的张力。

从物质生产运动的过程来看,区域经济合作是以社会劳动的地域分工为基本动力的。在这里分工与合作一样,同是商品经济发展的结果,而随着社会劳动地域分工的扩大,原先意义上简单、初级的劳动协作,必然为复杂的、高级的经济合作所取代,

---

[*] 《甘肃社会科学》1993年第6期。

从而导致相关地区建立新的经济合作关系。社会劳动地域分工越发达，区域经济合作的内容就越丰富，形式就越多样化。参加社会劳动分工的地区越多，区域经济合作的范围就越广。当市场经济席卷全球，统一市场逐步形成的时候，国内和国际间的区域经济合作就获得了源源不断的拉力和推力。同时，在社会化大生产的条件下，随着生产力的社会化，生产组织将区域化，地区经济走向专业化，区域经济合作就成为再生产过程中必不可少的联结环节，进而从简单到复杂、从低级到高级，从国内到国际不断向前发展。可见，区域经济合作绝不是人们主观意志的结果，而是一种不以人们的意志为转移的客观趋势。

从世界区域经济合作的发展来看，不同国家不同地区的不同需要始终是促成合作的重要动力。而且这种需求度越高，合作的欲望就越强，成功率也越大。

自18世纪工业革命以来，随着商品经济逐步取代自然经济的需要，次规模的分工与合作便急剧发展起来。当资本主义由自由竞争走向垄断之后，社会生产的集中与合作就成为普遍的经济现象，形形色色的托拉斯、辛迪加等垄断组织大量涌现，从而把经济合作推向新的阶段。许多发达国家都组建了大批农工商一体化的联合企业，冲破行业分割，形成区域性的多元合作。法国自60年代以来，就鼓励企业兼并，刺激专业化协作，形成大规模的企业集团。一些企业把触角伸向全国乃至世界，如日本松下电器公司，在全国拥有1500多家协作单位。当今，这种经济合作的激流已冲破国家的界限，形成了跨国界的经济联合组织。如"南北合作"、"南南合作"、"欧洲经济共同体"、"经互会"等一系列国际性的经济联合和合作组织，有力地推动着周边国家、邻近国家之间资金、技术、人才、信息的交流，促进经济生活的国际化，从而形成具有世界性的经济网络。

在亚洲，自70年代末以来，在各国、各地区不同需要的推动下，经济合作正在寻找一种新的结合方法，出现了与西欧、北美迥然不同的特点。西欧和北美的区域经济合作是政府为推进主体。而亚洲特别是东亚大部分是民间自然形成的经济圈。如环日本海经济圈，包括中国（延吉、珲春）、俄国（海参崴、波谢特）、朝鲜（雄基、罗津）、日本（新潟、富山）；环黄海经济圈，包括中国（山东、辽宁）、南朝鲜（西海岸）、日本（九州、山口）；华南经济圈，包括台湾、香港、澳门、广东、福建；这些经济圈一般不是整个国家参与，而是脱离国家型的区域经济合作。除"东盟"外，即使是政府参与的如亚太经济合作部长会议（APEC），也是松散型的，没有超过国家的权力机构。

另外一个特点是东亚的国家和地区经济发展层次不一，政治体制不同，宗教文化各异，但各有优势，各有所求，互补性强。这种多样性非但没有对区域经济合作造成障碍，反而促进扬长避短、各取所需、互相补益、共同发展。如1991年，中、俄、韩、朝、蒙5国提出筹资1000亿美元开发图们江、建立跨国经济特区的计划，已被联合国开发计划署列为首选项目。这标志着东北亚区域经济合作将进入一个新的阶段。

从区域经济合作的外部条件来看，社会的开放程度和开放性的体制起着关键作用。在一个封闭型的社会中，便无合作可言。同样，只要社会是开放的，经济合作就不可避免。开放程度愈高，政策性的支撑度愈强，生产要素的流速愈快，区域合作的组合点愈多。

二 中国区域经济合作的发展

既然区域经济合作是经济发展的必然过程，那么这一过程也必然存在一个极次和层次的发展阶段。中国的区域经济合作始于中华人民共和国成立以后，可概括为三个阶段：

第一为试验阶段。早在新中国成立之初，就曾以省为单位，组建了六大行政区。但由于当时高度集中的管理体制，大区在组织经济协作中未能发挥应有的作用。1954年撤销六大行政区，建立东北、华东、华北、华中、华南、西北、西南七个经济协作区，并明确规定其主要任务是开展区域经济合作。之后，由于三年"大跃进"助长的浮夸风，各地区的经济协作关系极其脆弱。1961年华中和华南合并为中南局，全国划分为六大经济协作区，区内设有中央局和大区计委，协调各省之间的经济联系和经济协作。1966年"文化大革命"开始后，各大区被撤销，区域经济合作陷入无组织状态。1970年，为恢复区内的经济协作关系，中央在华北区和江苏省进行试点，探索如何建立地区经济体系问题，后因时局变动而未果。

第二为起步阶段。中共十一届三中全会以后，随着改革开放方针的贯彻实行，中国由计划经济转向商品经济，各地纷纷涌现出以物资交流为主要内容的区域经济合作组织。1980年，国务院发出《关于推动经济联合的暂行规定》提出了"扬长避短、发挥优势、保护竞争、促进联合"的方针，区域合作在规范化的轨道上迈开了坚实的步伐。1981年秋，华北地区率先在呼和浩特市召开了经济技术协作会议，国务院专门就此作了批复，指出："地区间开展经济技术协作，有利于经济调整，有利于挖掘潜力，有利于提高经济效益，方向是对的，应该给予支持。"接着，上海、东北和山西经济区相继成立，拓宽了合作范围，丰富了合作内容。1984年，《中共中央关于经济体制改革的决定》进一步提出："经济比较发达地区和比较不发达的地区，沿海、内地和边境，城市和乡村，以及各行业之间，都要打破封锁，打开门户，按照扬长避短，形式多样，互惠互利，共同发展的原则，大力促进横向经济联系。"并指出要依托大、中城市，形成"不同规模的、开放式、网络型的经济区"。自此以后，全国的区域经济合作大规模展开，到1989年各种区域经济合作组织达到100多个。

第三为发展阶段。1990年以来，在治理整顿中区域经济合作在内容上由短期合作、单项合作向长期合作、全面合作转变；在组织形式上由联络型、松散型向固定型、紧密型转变。使区域经济合作不断由初级到高级、从简单到复杂地向纵深发展，形成了省市区之间、省区毗邻地区之间和省内各县之间三个层次的经济合作分级系统。

特别在1992年以来，区域经济合作进一步打破民族、地域甚至国家的界限，开始形成跨国性的区域经济合作，这种合作最初是由沿海、沿边的对外开放启动的，进而推动了大规模的区域经济合作，如新疆与中亚，云南、广西与南亚，东北与东北亚等。今年，在北京举行的东亚各国和地区区域经济合作会议，有百余名国家要员和专家、学者参加，标志着中国的区域经济合作已走出国门，进入全面发展阶段。

中国区域经济合作的实践表明，区域经济合作完全符合我国幅员辽阔、资源丰富、自然地理条件差异显著和人口区域分布不均的国情。可以变分散的局部地区优势为叠加的综合经济优势，形成新的社会生产力，在经济社会发展中产生规模效应和整体推进效应。具体表现为：

（1）有利于打破行政区划分割和地域分割，沟通经济关系，使各地区相关的企业或行业有机地联系起来，形成新的协作生产力，沿着共同的方向发展；（2）有利于实现地区经济专业化，提高主要产品的商品率。扩大地区之间资金、技术、人才、信息的交流和商品交换，促进市场经济的发展，形成更大的协作生产力；（3）有利于发挥中心城市的作用，实现城乡一体化，形成新的区域性的综合生产力；（4）有利于经济水平不同地区的取长补短，既带动不发达地区的资源开发和经济增长，又促进发达地区传统产业的扩散和高新技术部门的兴起，实现共同发展。

同时，也可以看出，在中国区域经济合作的发展过程中，始终存在着两个"发展极"：即"组织级"和"区位级"。从 50 年代国内的区域经济合作一开始，主要是靠各级政府和行政组织负责引导、管理和干预的。不论是在省际间还是省区毗邻地区和省内地区间的经济合作，一般都以行政区域地方政府为组织主体和推进主体，经济组织为合作从体，目前，虽然出现了区域经济合作组织主体的多级化，经济组织的自主作用日益扩大，但政府作为推进主体之一的地位将不会发生质的变化。"区位级"主要指区域经济合作在发展中的地区梯级层次。从国内来看，真正的区域经济合作是由沿海、沿边、沿江向内陆纵深梯级推动的。从中国区域经济合作的世界化来看，同样是由沿海、沿边首先起步的。因此，沿海、沿边是中国区域经济合作经久不衰的发展级。

三　区域经济合作与社会发展的耦合度

耦合是物理学中两个以上体系或运动形式之间通过各种相互作用而彼此影响的现象。区域经济合作作为以生产社会化为基础的经济活动，既与各种社会因素密切相关，又与社会发展辩证统一，相互作用。这是因为：

第一，区域经济合作和社会发展同处于现代化社会的大系统，是两个有机统一又相互制约的方面。区域经济合作作为发展经济的高级组织形式，将产生巨大的经济效益，为社会发展创造基础和条件。而社会发展是经济发展的标志和归宿。就社会发展而言，它是一个综合性的过程，牵扯到各种因素。在这诸多因素中，经济因素固然是起决定作用的，但相对整个社会发展来说，经济发展只是其中的一个组成部分。除了经济发展之外，还包括政治思想、科学技术、文化教育、生活方式以及人的自身发展等。而且，这些因素都不是孤立地存在和发展，而是互相依存，相得益彰。比如，区域经济合作必然要冲击社会生活的各个方面，引发相关社会因素的变化，反过来说，社会生活的变化，又会影响经济合作的进程，为其创造发展的人文环境。在这一点上，它们之间是高度耦合的。

第二，合作形成的生产力是社会发展的推动力。社会发展的动力，是一个错综复杂的相互联系的整体。从社会发展的动力形态，可分为物质动力和精神动力；从社会发展动力的功能，可分为基本动力和非基本动力；从社会发展的动力层次结构，可分为直接动力和原动力。各种动力相互交错，相互促进，构成一个多层次的社会发展的动力系统。

在社会发展的动力系统中，生产力是一切社会发展的最终决定力量。而区域经济合作从其过程来说，联合起来的地区可以根据比较成本的理论，按照区内各地自然、经济、社会诸生产要素组合的不同特点，调整社会劳动地域分工，优化生产力布局，取得经济、社会、生态等多方面的综合效益，这无疑有利于社会发展；从区域经济合作的结果来看，它将形成个别地区无法取代的新的协作生产力（包括简单协作生产力和复杂协作生产力），有利于形成最佳的总体功能，取得多方面的宏观效益，成为社会发展的直接动力，推动社会发展。

第三，区域经济合作过程是一个社会交往过程，将必然促进社会进步。没有人们之间的交往，便没有社会，也就无合作可言。按照经济学的观点，人们在物质交往的基础上将产生精神交往。社会学则认为，交往是社会性的，它既包括人际、群际、区际以及国际等多层次交往，又包括信息流通、社会互动、社会知觉等多方面的内容。区域经济合作，首先是通过人际交往和群际交往来实现的。同时，区域经济合作又是一个相互沟通、相互了解的过程。在合作过程中，随着相互之间的交往不断增多，物质财富和精神财富将不断增加。而且，社会交往的程度和规模又直接影响合作地区人类文化的互动和交流，能够逐渐弱化区域文化隔离机制，加速社会流动，从而影响着社会的发展和进步。

第四，区域经济合作本身兼容并包了社会领域。区域经济合作的内容与行业联合、企业联合相比，具有综合性、全面性、长远性的特点，其内容远远超出了经济的范畴。它可以把经济发展、科技进步、人才培养、信息交流融为一体，使区域经济合作促进经济与社会的同步发展和协调发展。

同时，随着经济、社会的日益发展，科学技术愈来愈成为区域经济合作的主要内容。而科学技术与社会发展是相互影响的，它作用于经济的结果是生产的社会化、专业化和自动化；作用于社会的结果是人类产业活动与社会生活的工业化、城市化和信息化，并广泛影响到伦理道德、价值观念、宗教信仰等各个层面。

总之，区域经济合作在本质属性、合作内容、合作手段、合作目标以及合作的过程和结果等各个层次上，都与社会发展有内在联系，它们之间的耦合度是客观的、紧密的和日益增加的。

（此文是作者在沈阳"区域经济合作与社会发展国际研讨会"上宣读的论文，发表时作了部分删改。）

甘肃省农村社会问题与
社会发展调查报告[*]

党的十一届三中全会以来，历时八年的改革，使甘肃农村在经济、文化、社会等方面发生了巨大变化。与此同时，也出现了一些新的矛盾和社会问题。为了准确地掌握和解决农村改革中出现的各种新的社会问题，推动农村改革向纵深发展，省社会科学院社会学、法学研究所于1986年进行了甘肃省农村社会问题调查。

这次调查是运用社会学的抽样问卷技术，采取点面结合的方法进行的。共涉及全省21个县（市）的48个乡、127个行政村的1500户农民家庭，收回问卷1238份。其中，定西县、武威市两个点967户，面上各县271户，在问卷调查的同时，还对各调查区域的一般情况和主要问题进行了普遍调查和个案调查。

这项以农民家庭为对象、以农村社会问题为主要内容的大型社会学调查，在甘肃还是第一次，引起了有关部门和社会的关注。其内容主要有：（1）农村生产与消费问题；（2）农村人口素质问题；（3）农村家庭、婚姻问题；（4）农民生活方式问题；（5）农民思想观念问题；（6）农村老年问题；（7）农村教育与智力开发问题；（8）农村卫生保健与计划生育问题；（9）农村小

---

[*] 原载《农村社会问题与社会发展》，甘肃人民出版社1988年版。

城镇建设与城乡关系问题；（10）农村法制教育与综合治理问题等 10 个部分、100 多个项目。

通过调查，基本掌握了十一届三中全会以来我省农村政治、经济、文化的变化情况，弄清了农村各种社会问题的现状及发展趋势。现将主要情况报告如下：

一　改革和变新是当今农村社会的主旋律

农村改革已历时八年，现在，我们应该怎样看待这场改革取得的成绩和前进道路上的困难？怎样巩固改革成果并将改革引向深入？调查结果表明：

（一）改革大大提高了农民的物质生活水平

农村经济体制改革的主体是农民，他们的状况的变化是评价改革得失的主要标志。据调查，1985 年，甘肃农民人均纯收入在 250 元左右，同统计部门公布数据接近。如果把承包前后一年月均收入进行比较，我们就会发现，承包前，全省农民月均收入大都在 30 元以下，共 1045 户，占调查农户的 84.4%，承包后减为 511 户，占 41.3%，比承包前减少 43.1%。相反，现在农民的月均收入大多数已超过 30 元，共 697 户，占调查农户的 56.3%，比承包前增加 41.1%，这大幅度的"一增一减"说明，改革发展了经济，增加了收入，给农民带来了极大的实惠。

在具体的生活消费方面，我们以 12 项指标作了承包前后的对比调查，有 92.5% 和 87.6% 的农户回答"食"和"穿"增加最多，分别居第一、第二位。1985 年，农民人均年消费除蔬菜外，均比 1984 年有较大增长。其中，粮增 14 斤，油 1.8 斤，肉增 3.3 斤，糖增 1.23 斤，烟增 6 盒，酒增 1.4 斤。家庭主要耐用消费品除收音机外，也大有增长。其中，自行车户均 1.07 辆，比 1984 年增加近一倍，录音机增加七倍，电视机 181 台，占调查农户的 14.6%，也增加七倍。同时，照相机（5 部）、电风扇（21 台）、电冰箱（2 部）等，这些现代化消费品亦开始步入甘肃农民家庭。

（二）农村产业结构和生产方式正在发生重大变化

由于商品经济的发展，甘肃农村正在从单一农业经济向农工商综合型产业结构过渡。这种过渡虽步履艰难，但却令人振奋。在调查农户中，13.5%的农户已由农业转向工业、商业和其他服务业，10.6%的劳动力脱离土地，转向以工商为主的其他生产领域。一个多产业、多样化的农村经济新格局已露雏形。而且值得重视的是农民的生产方式和经营方式的联营趋势不断增加，有 26%的专业户由过去的自营转向联营；转包或投资。可见，目前甘肃农民在商品生产发展中已经获得了两个方面的积极性：一是独立从事家庭经营、个体经营的积极性；二是联合起来，共同发展的积极性。应当说，这两种经营方式和两个方面的积极性都是适应甘肃生产力发展水平的，但需要注意的是：今后在保护和支持家庭经营和个体经营的同时，一定要重视和支持农民联合经营和共同发展的积极性；同时，联合经营必须坚持自愿互利，顺应生产发展的需要，不要人为强行拼凑。

（三）农民的生活方式正在发生变化

生活方式是人们享用物质生活资料和精神产品的活动方式，它是在一定历史条件下形成的人类生存活动的总体结构，是生产方式与消费方式的统一。历经八年的农村改革，不仅改变农民的生产方式和经营方式，而且也改变着农民的生活方式，这一点不论在抽样调查还是涉及所见都得到证实。

在"对一些现代生活方式的看法"的问卷中，我们使用六个指标进行了测量。结果表明，20.5%的农户认为"应该提倡"，18.6%的农户认为"有可取之处"，15.7%农户认为"是社会发展的必然结果"。也就是说，有54.8%的人对现代生活方式持肯定或基本肯定态度，持"不应追求，也不反对"中间态度的占33.7%，持"应该抵制"反对态度的只占11.6%。

在衣着方面，过去那种"一年一身衣，从春穿到冬"和自制中式夏装的状况已极为罕见。特别是姑娘、年轻妇女的穿着打扮与城市日趋接近，西装、烫发、高跟鞋、化妆品逐渐被女青年所接受。在武威长期形成的妇女出门、上地普遍包头巾的习惯，基本被纱巾所代替。在饮食方面，虽然农村比城市水平要低得多，但杂粮比重大大减少，大多数农民家庭在主食数量有了保障的情况下，副食品种类和数量也逐渐增加，有的家庭已经食用罐头、鱼类、豆制品等。过去那种"天天杂粮饭，年节再改善"的状况大为改变。目前虽然还谈不上"吃饭讲营养"，但已开始向多样化转变。在住房方面，这几年农民新盖的住房，大都是下砖上瓦玻璃窗，并用涂料、顶棚、水磨石装饰。在城郊和条件较好的地方，也有个别农户和专业户修建楼房。凡新建房的农户，都基本抛弃了传统的"四合院"格式，标准也比过去大大提高。

在生活习惯方面，甘肃农民也有较大的改变。如对"日常生活中的消遣"的调查表明，承包前甘肃农民的闲暇时间很少，"没有娱乐活动"的占36.5%，以"聊天"为主要消遣的占第一位。承包后无娱乐活动的减少11%，以看电视、电影和读书看报为主要业余消遣的占前三位，共604户，占调查农户的48.8%，表示愿意旅游和休假的占60.8%。在业余爱好中，学习农业技术的占35.7%，居第一位。可见，甘肃农民的生活方式明显地向城市化和现代化发展。

（四）农民的各种观念正在发生变化

首先是农民对中华民族的传统观念正在新的生产环境和社会

环境中进行新的选择和扬弃。在"对传统观念看法"的调查中，赞成"勤俭持家"者占78.5%，赞成"和气生财"者占61.8%，分别居第一、二位。说明甘肃农民继承了荟萃中华民族美德的勤劳、善良、热爱生活等优良传统，并在商品经济的新条件下丰富和发展着这些观念的内涵。同时，通过对"现代观念看法"的调查也可以看出，赞成"直来直去，互相信任"者占65%。在人生观方面，赞成"互相帮助，共同致富"的占69.5%，赞成"创造财富，为国为民"的占51.8%，均分别居第一、二位。这也说明农民在改革中逐渐获取和创造了自身价值，并日益把个人的发展和利益，同国家、人民的发展融为一体，使传统的自私观念不断更新，人生观得以深化。

其次是消费观念普遍增强，随着改革开放和商品经济的发展，甘肃农民消费观念也在发生变化。如在吃饭上开始要求"讲营养"的占19.7%，在穿着打扮上要求"不能太古板"、"要有特点"、"使人漂亮"和"不要受限制"的占31.6%；在家庭耐用品方面，电视机数成倍增长，覆盖率由1984年的2%发展到14.6%；在住房方面，调查农户1986年准备盖新房1185间、20740平方米，户均0.96间、16.75平方米，都反映出农民消费观念的现代化趋势。

再次是家庭、婚姻、生育观念普遍提高。在家庭观念方面，目前全省农民家庭规模以4—6人的两代家庭居首位，占56%；7—9人的家庭居次，占28.7%；1—3人的小家庭只占11%。在对家庭结构的选择上，以"兄弟分开"和"无已婚子女"家庭为主，"有老人"家庭居第三。在居住方式上以"自立门户"为主，占51.5%；以"父母同住"为次，占25.7%；以"几代同堂"为三，占17.9%。从以上不同角度可以窥见一个共同点，就是农民的家庭观念已明显地趋向两代人构成的核心家庭，传统的大家庭观念大大削弱。

在婚姻问题上，农村青年的择偶标准已冲破了地域观念，并由过去的注重经济转向注重相貌（一位）、健康（二位）和思想（三位）。农民对彩礼持取消态度的占41.6%，持肯定和基本肯定态度的占28%，持中间态度的占25.7%，足以说明婚姻观念的巨大变化。在生育问题上，多子多福的观念受到强大冲击，选择"一男一女"者占60.8%，居18个调查指标的首位。

（五）农村的人际关系正在发生变化

在改革过程中，农村在社会主义商品生产与交换过程中，正在发生、发展和建立起新型的人与人、人与社会的关系。这种关系主要表现在家庭关系、邻里关系、社会关系等方面。

在家庭核心成员中，夫妻间的关系较以前大有改善，92.7%的家庭认为"非常和睦"（49.1%）和"比较和睦"（43.6%），"小吵小闹"、"大吵大闹"和"貌合神离"的只占4.7%。夫妻间对待对方错误的处理方式也有较大改变。"讲道理"的占58.1%，"动手打"的只占4.9%。这说明改革使妇女的经济地位、家庭地位提高，受歧视现象减少，增加了家庭的和睦。

农村的邻里关系一直被认为是多事和复杂的，但现在却出现了可喜的变化。在我们的调查中，回答"都很好"（42.6%）和"多数好"（37.3%）的共占79.9%，关系"一般"的占18.3%，不好的仅有1.8%。

农村既是一个个小的社区，又是一个大的社会，除了家庭关系、邻里关系外，还有社区内、社区间更大范围的社会关系。在这方面随着商品生产规模的扩大，人们的交往也日益扩大，人与社会的关系更直接、更密切了，持这种观点的农户占63.1%，认为"没有什么变化"的占15.2%，认为"疏远了"的占15.5%。

大量事实说明，改革已成为全省农村社会的主旋律，它的理论、政策不仅已被广大农民所承认、所接受，而且掌握和运用这个武器，进行着新的探索，推动和发展着改革的进程。通过八年的改革，现在的农村已不是昔日封闭单一的"粮食加工厂"，而成为向现代化方向发展的充满生机的大社会。现在的农民在很大程度上也不再是过去意义上的集合概念，而正在被造就成新的社会化的经济社会群体。

二 改革的强化与旧生产方式和社会意识的反冲，构成了当前农村社会发展的主要问题

如上所述，以改革为主调的甘肃农村社会正呈现出稳定协调的发展态势，不论改革的政策，还是人们的承受能力，经济社会条件都在不断强化，这无疑是农村发展的主流。然而，从我们微观调查的事实窥视宏观的整个农村社会，便可发现甘肃农村改革是在极其薄弱的基础和重重困难中前进的。目前，作为国民经济基础产业的农业，自身还相当脆弱，远未走上稳定发展的阶段，尚处在由自给自足经济向商品经济的过渡时期，同这个过渡时期相适应，人们的伦理观念、价值标准、生活方式和社会心理等也正在强烈冲突中缓慢的实现新旧交替。正是由于这个特点，决定了农村社会发展中改革不断强化和多种社会问题纷呈的局面。

（一）生产方式问题

社会物质资料的生产方式，是人们为了维持生存所必须的生活资料的活动方式。它是人类社会赖以生存的基础，既决定着一个社会的面貌，又是一切社会发展和变革的决定性力量。但目前甘肃的这个"决定性力量"仍很落后、很脆弱，从而制约着改革的进程。比如作为生产力首要要素的人，文化素质很低，文盲率偏高。在调查户主中，文盲732人，占64.6%，而文盲的94.8%都从事农业；在调查农户中共有劳力3415人，其中文盲1324人，

占总劳力的38.7%，如果加上半文盲人数，文盲率高达68.1%；再从调查家庭的主要劳力夫妻来看，文盲率达48.4%，如加上半文盲人数，文盲率达73.2%。不可否认，近几年来随着商品生产的发展，农民的求知欲望大大增强。但它尚未从总体上改变农民的文化素质结构，有些地方还出现了新文盲增多的状况。例如，实行生产责任制以来，有20.8%的农户有中途退学的学生。这个比例大大超乎人们的预料，无疑是一个极其严重的问题。

劳动工具是生产力的又一主要因素，也是影响生产方式的主要因素。通过调查，甘肃农村仍以传统的人力、畜力为主要生产手段，占调查农户的95.6%，拥有机引犁耙、播种机和收割机的只有56户，占4.4%；运输工具以胶轮车、架子车为主，共524户，占42.3%。拥有汽车的农户占1.1%，各种拖拉机农户占4.4%，也就是说全省尚有一半以上的农民还未摆脱肩扛手提的落后运输方式。试想，如果不改变这样的生产方式，商品生产的后劲从何而来呢？

（二）观念冲突问题

在改革潮流中，农民的某些思想观念正在变新，这一点是不容置疑的。然而，长期形成的小农心理和陈腐观念仍很顽强，也是不可忽视的。比如，在生产观念上，认为还要"更上一层楼"的占29.7%，22.3%的农户认为"保持现状就行"，持保守态度；其余48%的农户均持犹豫和观望态度。可见，甘肃大多数农民小富即安、温饱即满的观念相当严重，缺乏持续发展商品生产的思想准备和动力。

同保守的生产观念相适应，在消费观念上的滞后性也是显而易见的。数年来的连续丰收使农民的收入普遍提高，但有56.4%和49.5%的农户还满足于"穿什么都一样"和"填饱肚子就行"的传统消费观念。生产决定消费是铁的规律，这一点农民有切身体会，但对与生产水平相适应的同步消费会刺激生产，农民却不甚了了。正是在这个意义上说，消费观念的滞后性和生产观念的保守性是互为因果的。

与此相反，在正常生活消费观念滞后的情况下，却出现非正常生活消费的超前性。如，每年户均用于婚丧事的支出费用50元以上的占40.6%，其中百元以上的占18.8%。结婚时"大操大办"的占71.2%。而更为严重的是这种现象正在互相攀比中节节拔高，形成一股讲排场化的奢靡之风，成为严重的社会公害。一些刚刚解决温饱的农民，为了"关系"和"体面"，不惜自己忍贫受穷，也被挟裹解囊，债台高筑。同时，这些旧观念和排场风，又常常成为夫妻反目、婆媳吵架、家庭不和以及自杀、凶杀、早婚、换婚、拐卖妇女等纠纷和案件的引发剂。而为了筹集高昂的结婚费用，进行偷盗诈骗，走上犯罪道路者也不乏其人。

另外，还有相当一些农民还没有摆脱传统落后观念的束缚，甚至处处以古为训，不敢越雷池一步，在新旧观念的冲突和商品生产的激烈竞争中，显得极端无力。如赞成"在家千日好，出门处处难"封闭观念的占51.6%，这些人视商为奸，安贫乐道。赞成"人生如梦，转眼百年"的占46.7%，这些人庸碌无为，不思进取。赞成"少管闲事，自扫门前雪"的占42.9%，这些人生产上不一定落后于他人，但保守自私。

这些落后观念尽管不是当今农民思想的主流，只是一种暂时的冲突现象，但它对深化改革和持续发展商品生产的危害是不可低估的。可以预料，今后的改革如果不伴随观念的突破，将是很难想象的。

（三）封建残余的回归问题

在这次调查结果中，出现一种令人深思的现象，即农民的富裕程度提高，现代意识增长，而传统的封建意识却又出现部分的回归和复生。如在"一个人活在世上主要为了什么"的调查中，竟有49%的人赞成"千里做官，为了吃穿"、"人为财死，鸟为食亡"和"传宗接代，荣华富贵"等封建落后的人生哲学。几乎与赞成"创造财富，为国为民"的持平。更为尖锐的是在另一组四个指标的测量中，赞成"一切为了自己"的占9.2%，赞成"先人后己，大公无私"的占8.4%，前者竟然超过了后者。

如果从农民家庭的日常生活来看，封建残余的回归也是异常惊人的。有47.8%的农户在生病遇灾和红白喜事中常采用"烧香、拜佛、念经"等封建迷信礼仪形式，也基本与采用"现代礼仪"、"相信科学"的情况持平。

再从我们普遍调查来看，封建残余的回归远不限于农民的日常生活，而在经济、政治、文化各个生活领域都有强烈反应。有不少农户把能否生儿育女、能否发财致富、能否风调雨顺，甚至子女能否考上大学、政策能否稳定都寄望于神灵保佑，为达目的不惜跋山涉水、求签卜卦，或献匾赠款、修庙塑像。广大农民对这些沉重的封建迷信枷锁叫苦不迭，革除陈规陋习，倡导新的社会风尚，已刻不容缓。

（四）社会保障问题

农村是80%以上的人口生息的地方，社会保障是必不可少的。但在过去，农村基层并没有建立起一套完整可行的社会保障制度、目前这方面的问题日趋尖锐。

首先是自农村合作医疗解体以来，农民普遍就医困难，慢性病、职业病增多，身体素质下降。在我们调查的1238名对象中，患各种疾病的324人，占26.2%。其中患气管炎、关节炎等常见病的260人，占患病总数的80.2%，而这些病基本上都得不到有效及时的医治，慢性病消耗着这些主要劳力的体质，影响着农民家庭生产，仍然是部分农民难以脱贫和返回贫困的重要原因之一。

其次在调查对象中有多病和残疾人 106 人,占调查总数的 8.6%。这些人除无必要的就医条件外,又无可靠的救济和帮残措施,造成这些农户及其个人的生活失调和家庭困难。

再次是农村人口老龄化亦趋严重,50 岁以上的占 20.20%,其中 60 岁以上的占调查对象的 6.4%。但农民的养老问题尚未引起社会的重视,社会保障的作用甚微,以致被农民所遗忘。在我们对"你老年时的打算"的调查中,90.9% 的人回答"和儿子一起过",准备靠"政府救济"和"进养老院"的只占 1.5%,想"单独生活"的占 3.7%,靠女儿扶养的占 3.9%。可见,社会保障在农民眼中的地位。

农村老年的社会保障与计划生育政策的实行往往是成正比关系的。社会保障愈差,多子多富,重男轻女的思想愈难克服,计划生育政策也愈难推行。如调查农户在选择生育、子女性别及数量的意向上,选择纯女性的(包括一女、二女、三女、四女)仅占 0.7%,而选择纯男性的占 5.2%,有男有女的 87%。以上 1.5:90.9 和 0.7:92.2 两组数据的强烈对比,向我们展现了农村老年问题的严重性和社会保障的迫切性。尤其令人忧虑的是,尽管人们把养老希望更多地寄托于子女身上,而事实上子女自身的扶老观念却日益淡漠,如家庭规模上核心家庭的增多、婚后居住形式上另立门户的增多都说明了这一点。这个既普遍存在又不断尖锐的矛盾,更提醒我们要特别注意农村社会福利、救灾救济、养老帮残、扶贫抚恤等工作,尽快健全和完善农村社会保障,促进农村社会的健康发展。

(五) 社会控制问题

在农村这个大社会里,要使人们维持有秩序的生活和正常的经济活动,就必须用各种社会规范来约束人们的行为,并对离轨行为采取限制措施,实行社会控制。但从调查中看到,目前由于基层行政组织和群体力量的削弱,离轨行为和社会冲突有增多趋势及潜在因素。如有31.4%的农户认为权比法大,有36.7%的人从来不学习任何法律,有6.7%的人结婚不知道登记或不登记,有22.8%的人由父母包办成婚,有20%的人在14岁以下订婚,如此等等都为家庭冲突、社会冲突埋下了诱发因素,如不加强社会控制,势将导致违法等离轨行为的发生。

而事实上这些离轨行为已在与日俱增。在我们调查农户中,近年来共发生各种纠纷659起,占53.2%。在经济活动中,农户之间相互往来又无任何合同的占55%,由此造成的纠纷278起,占各类纠纷总数的42.2%;家庭纠纷88起,占13.4%;邻里纠纷204起,占31%;其他纠纷89起,占13.4%。另据调查,近几年来农村的犯罪比城市逐年上升,在1984年至1985年省法院受理的杀人案件中,农民犯罪率上升了11.7%。全省婚姻家庭纠纷引起的杀人案件占35.3%,居第一位,一半以上发生在农村;奸情杀人案和民事纠纷引起的杀人案,分别居第二、三位,绝大多数也发生在农村。

另外从武威市的调查也可以看出,农村犯罪以盗窃、抢劫、强奸、伤害、流氓罪居多。1984年,该市发生盗窃犯罪77起,占犯罪总数的24%,暴力犯罪中抢劫、强奸和伤害共73起,占22%。1985年经过"严打"犯罪明显下降,但犯罪中盗窃、抢劫、伤害、流氓罪仍然居多。这足以说明,农村的社会控制问题日益尖锐,任其发展下去,必将给农村社会的发展和安定造成严重影响,同时也不利于给改革深化创造良好的社会环境和政治环境。

三 坚持"四同步",促进农村经济、社会、文化的协调发展

在人类社会发展的进程中,决定农村发展的从来不只是一个

单纯的经济行为，也不是一个单纯的农业问题。在如今不断现代化、社会化的条件下，农村发展已在更深更广的领域里同社会、文化发展，同城市和工业的发展紧密地联系在一起，从而形成一个庞大复杂又相互制约的社会系统工程。因此，今后在农村建设的发展战略、指导思想和具体方法上，必须克服传统的战略观、纯经济观和重个体轻群体等片面观点，在农村发展中坚持四项基本原则，社会主义物质文明与社会主义精神文明建设同步。在社会主义精神文明建设中城市与农村同步，在农村改革中"治穷"与"治愚"同步，在具体指导上普通农户与专业户同步。这就是我们调查研究的基本结论和主要对策建议。

（一）农村社会主义物质文明与精神文明建设同步问题

物质文明与精神文明具有十分密切的关系。在它们的发展过程中，总是互为条件、相辅相成、互相促进的，马克思曾说过，在改造世界的生产活动中，生产者也改变着，练出新的品质，通过生产而发展和改造着自身，造成新的力量和新的观念，造成新的交往方式，新的需要和新的语言。由此可见，任何社会变革，社会制度的进步，最终都将表现为物质文明和精神文明的同步发展。目前，甘肃农村还处于初级发展的阶段，物质文明还不发达，但不能以此为理由而放松社会主义精神文明建设，而必须使两种文明建设相互促进，同步发展。只有这样，才能不断扩大精神文明建设的基础——物质文明建设，又能用精神文明建设的成果去推动物质文明建设，保证它的正确的发展方向，有效地解决农村中大量的社会问题，促进农村社会的健康发展。从调查中我们也清楚地看到，虽然不能把一切社会问题简单地归结为精神文明建设的不力，但这些问题与两个文明建设的不同步显然有着联系。因此，物质文明与精神文明建设的同步问题，是农村发展的一个战略方针问题。是否坚持这样的方针，将关系到农村改革的深化和成败。

(二) 在社会主义精神文明建设中城市与乡村的同步问题

过去数十年来,由于"十年内乱"的破坏,使城市形成了大量的社会问题和公害,我们集中力量抓城市的精神文明建设是完全正确的。但与此同时,却在指导思想上出现了重城轻乡的偏向,加之农村基层体制的改变,造成了农村精神文明建设涣散无力的状况。同时,随着改革开放,城市的一些资产阶级腐朽思想倾向和生活倾向,越来越强烈地影响到农村,农村的封建残余也向城市渗透,形成城乡相互影响,相互渗透,城市问题向农村转移,农村问题日趋突出的态势。面对这种情况,我们必须在指导思想上来一个转变,把城乡精神文明建设同等看待,同步发展,并在力量部署和具体措施上两者并重,使城乡精神文明建设相互促进,相得益彰。

(三) 在农村改革中"治穷"与"治愚"同步问题

贫穷和愚昧就像一对孪生兄弟,总是形影不离地联系在一起,在调查中我们对此有深刻的感触。比如把普通农户与专业户比较就可以看出:一是专业户不仅收入高于普通农户,而且文化程度也大大高于普通农户。小学文化程度比普通农户高23.8%,初中高12%,高中程度的高19.3%。二是专业户的现代观念特别是商品生产观念和开拓进取观念比普通农户高。三是封建落后观念比普通农户弱。这说明经济上的贫穷同文化上的落后是紧密相关,互为因果的。显而易见,要从根本上解决贫穷,改变农民的经济地位,不能仅就商品生产抓商品生产,而要把两者统一起来,并要下更大的气力,不断增加文化和科学技术的投入,提高农民的文化素质,使商品生产同先进的文化知识和科学技术有机地结合在一起,同步发展,共结硕果。

（四）专业户与普通农户同步发展问题

农村改革以来，各级组织贯彻党的让一部分人先富起来的政策，大力支持专业户的发展，这无疑是对的。但调查结果表明，甘肃的专业户（包括半工半农户）只占调查农户的 12.1%，为数甚少。同时，经过数年的发展，专业户已在生产、观念等方面大大优于普通农户，具有持续发展的一定的思想基础和经济基础，只要在各方面予以重视和帮助，他们将在农村发展中继续起表率和示范作用。但普通农户则不同，他们不仅数量多，左右着全省农村发展的形势，而且相当一部分农户在初步解决温饱之后，盲目乐观不求进取，缺乏继续发展的动力和准备。还有一些比较困难的农户，既在思想观念上包袱重重，又缺少再发展的经济条件。因此，今后相当长时期内，农村发展的着眼点要更多地集中在对普通农户的思想教育和经济扶助上，大力宣传一个区域内大多数农户共同富裕的经验，引导专业户和普通农户相互支持，同步发展，共同走向富裕之路。

上述"四个同步"，主要是就农村发展的总体布局和指导方针而言。但就目前来看，最紧迫的是如何把社会主义精神文明建设具体化的问题。为此，我们建议在全省农村广泛进行"四个教育"：

第一，广泛进行更新观念的教育。观念更新在一切社会变革中具有先导作用。调查表明，目前阻碍农村改革和商品经济发展的主要的已经不是政策问题，而是观念问题。这个问题不仅群众有，干部也有，而且又表现在各个领域和各个方面，所以显得特别突出和尖锐。再加之有些地方忽视精神文明建设，思想政治工作薄弱，又大大加重了问题的严重性。因此，要在农村广泛进行适应社会主义现代化建设的现代观念的宣传和教育，帮助农民突破封闭保守、安贫乐均、不求进取、故土难离以及封建主义的处世哲学和伦理观念,树立商品生产观念、竞争观念、求知求富观念和现代的生活观念,以此带动农村改革的发展。

第二,广泛进行家庭教育。家庭是社会的细胞,除了负有生产职能、生活职能外,还负有对家庭成员的教育职能。而这种职能随着农村改革的深化而日益显得更为重要,乃至不能不把它作为精神文明建设的重要内容来对待。

重视家庭教育在我国具有悠久的传统,素有"家训"、"家教"、"家试"、"家范"之说,而在今天家庭教育对个人成长、社会发展,甚至对农民的生产、生活都具有特殊的作用。同时,家庭教育同其他教育相比,又具有广泛的群众性、天然的早期性、巨大的感染性和连续性,从而显得更为重要。然而,在这个问题上,长期以来我们只重视生育、抚养而忽视教育,特别是忽视"终身家庭教育",致使不少农民家庭缺乏生产的竞争力和参与社会竞争的能力,甚至成为社会腐败细胞的温床。

第三,广泛进行现代文化和科学知识的教育。目前甘肃农村的特点是,商品经济开始有了一定的发展,但生产方式落后,在整个经济活动中尚未占主导地位;在农民中间新旧观念正在冲突中交替,但封建主义同其他不适应商品经济的思想影响、舆论力量、道德因素还严重地存在着。这些消极因素的最终解决和战胜愚昧,只能靠生产力的发展和普及教育、传播科学文化知识。根据全省实际,应把农村的文化和科学知识教育列为重要大事来抓,建立"扫盲—普及初等教育—大力进行专业技术教育"的三级梯形结构,经过努力,逐步做到主要劳力脱盲,适龄儿童无盲,全体农民都掌握一定的科学知识,不断提高农民的文化素质和技术素质。

第四,广泛进行法制教育。在本报告中,我们从社会控制的角度曾提出农村的法制问题,但这只是问题的一方面,要真正实现农村社会安定,更重要的在于教育。从调查实际看,由于农村文化落后，舆论设施不足，向公民普及法律常识的教育远远落后于城市。因而直至现在，相当一部分农民没学过任何法律，就连最普通的兵役法、刑事法和治安条例90%以上的人都没学过，所以农村各种违法犯罪案件上升、各种纠纷增多就在所难免了。鉴于此，今后要把法制教育作为精神文明的大事来抓，要像农村整党那样，一个村一个村的宣传落实，力争按中央规定，在五年内实现向农民普及法律常识的目标，使广大农民知法守法，养成依法办事的习惯，学会用法律手段参与经济、参与国家生活、社会生活，保障农村改革的顺利进行。

另外，在调查分析的基础上，我们对农村发展趋势进行了预测。结果表明，在较长时期内，将有以下四种矛盾对全省农村形成重大影响：

（1）自然生态的恶性循环与农业生产的矛盾。马克思指出：人类的生产活动是由两个侧面交互构成的，"一边是人及其劳动，另一边是自然及其物质"①。这充分说明了物质生产和自然界的内在联系。实际上物质生产本身归根到底就是人类通过劳动同自然界进行物质转换。尤其是农业生产与自然环境、自然资源的关系极为密切，自然条件和资源状况、生物与环境之间物质、能量转换过程，对农业生产起着决定性的影响。长期以来，全省的农业生产一直是在一个恶性循环的自然生态系统中进行的。再加上过去在农业生产的指导思想上只强调向荒山要粮，忽视了自然生态的培植与保护，使农业资源濒临枯竭。1983年以来，强调种树种草，提出了"三年停止破坏"的奋斗目标，现在虽然有所好转，但生态系统恶性循环的状况难以在短期内得到根本转变，因此，扭转靠天吃饭的被动局面，仍然是摆在全省农民面前的严重问题，也是长期任务。

---

① 《资本论》第1卷，人民出版社1978年版，第209页。

(2) 传统的生产方式与发展商品经济的矛盾。历史和现实的经验告诉我们，只有在商品经济充分发展的基础上才能建设社会主义，从某种意义上讲，发展商品生产是农民由穷变富的必由之路。发展农村商品经济，从根本上说，就是提高劳动生产率，逐步从自给半自给的经济状态中解放出来。这必然要求一种新的生产方式、劳动生活方式与之相适应。目前，全省农村的状况是：劳动对象仍然主要是土地；劳动手段主要是人力、畜力加铁木农具；家庭这一古老的组织仍然在农村劳动组织中占统治地位；对于劳动成果，农民群众还习惯地重视其使用价值，缺乏交换价值观念；取得劳动产品的途径主要是人和自然的物质交换，缺乏人与人之间的社会交往；劳动产品主要用于家庭生计，商品率很低。一句话，劳动者远远没有从自然经济状态中解放出来，传统的生产方式、劳动生活方式还在继续排斥着商品经济的发展。这是影响全省经济、社会裹足不前的严重问题。

(3) 日益增长的需求与物质资料增长缓慢的矛盾。目前，许多不发达地区农民的生活消费还是低水平，如果说在三中全会以来的过去几年里，人们都刚从贫困状态下过来，对于承包以后所带来的物质生活水平的初步提高感到满足的话，那么，随着商品经济的发展，发达地区农民生活日新月异的变化，一些地区将率先进入"小康"社会等情况，特别是城市生活方式的逐步现代化，无疑会刺激不发达地区农民的消费愿望。他们对现有的生活水平会越来越感到不满足，特别是年青一代要求改变消费水平的心理会更加强烈。然而，由于劳动生产率难以提高，农民收入增加缓慢，社会要求受到压抑，劳动积极性也会受到影响。这也是值得我们重视的一个问题。

(4) 人口问题上家庭眼前利益与社会长远利益的矛盾。一般来说，与手工劳动相适应的是多育，与现代化生产相适应的是少育。就全省农村来看，尽管政府推行计划生育，但在手工劳动基础上长期形成的多育惯性，还将延续一个相当长的时期，农民普遍的生育观念仍然是早生多生，重男轻女。所谓"贫困出人口"这一不近情理的事实还继续存在。农民群众最看重直接的、眼下的利益，多子多劳、多劳能富在他们看来仍然是顺理成章的事，落后的生育观念和行为反过来又影响着社会整体的长远发展，这一问题也还远没有得到根本缓解。

这些问题和矛盾在全国许多地方都程度不同地存在着，但在甘肃农村显得更为突出。从战略角度来看，从现在到 20 世纪末，这些矛盾将制约着全省农村社会经济发展的速度，我们必须予以高度重视。

这次调查积累了大量丰富的资料，发现了许多倾向性问题和具体问题，不可能在此一一赘述。我们准备以《农村社会问题与社会发展》文集形式，把全部调查成果和对策建议公开出版，以供有关部门参考，恳请省委在资金和出版等方面给予支持。

甘肃省社会发展的定量评估及问题分析[*]

运用社会指标体系，综合评估区域社会发展水平，找出各地区的进步与差距和居于全国的位置，以便有针对性地采取对策，促进社会和经济的协调发展，这是近十年来社会学研究的重大发展。本文将运用这方面的最新成果，对甘肃社会发展的现实状况及其问题进行评价分析。

一 社会指标体系的内容及评估方法

社会现象中存在大量模糊现象，其边界不很明确，因此，社会发展程度的测量与评估具有相应的难度。但是，社会发展同其他任何事物的发展过程一样，既有个性又有共性，个性中包含着共性。社会发展是社会系统与经济系统、自然系统、人类需求系统相协调，最终形成和谐的、最佳功能耦合的过程，在这一过程中，其个性是显而易见的，只要从个性中找出共性，建立共同的评估标准，就可以对社会发展进行定量评估。

定量评估的方法很多，有综合指数法、因子分析法、标准化评分法、无量纲法、两基点法、综合评分法等。目前采用较多的是综合评分法。其操作步骤如下：（1）正确选择有代表性的指标

---

[*] 《社科纵横》1993年第3期。

和确定权数；（2）确定评分标准，采用10等分，以各地区的最低分数为1分，最高值为10分，以全国平均数值为5—6分，按比例确定两边各级分数（逆指标按反方向评分）；（3）将各指标数值按评分标准对号入座，求出各指标得分；（4）以各指标得分乘权数求出最终得分，46个指标相加便得出分类分和总分。假如，各地区中最高的第三产业比重为41%，得10分，那么乘权数0.3＝3分。

二 甘肃社会发展水平的评估与比较

（一）甘肃社会发展水平的定量评估

根据上述指标和方法，1989年，甘肃在5类指标评估中得总分47.70分。其中，社会结构9.7分，人口素质9.2分，经济效益7.6分，生活质量13.3分，社会秩序7.9分。在全国30个省市区中，居22位。如果按总得分划为四个层次，甘肃属第四层次，在50分以下。

就总得分来看，甘肃省的得分比全国平均59.55分低11.85分；比最高的北京（84.60）低36.90分。在西北5省区中，甘肃名列倒数第一；在西部9省区中，甘肃居第5位，处于中等发展水平。

从分项综合指标看，在"社会结构"项中，甘肃得分9.7分，在全国仍居22位，比全国平均水平（12.7）低3分，比最高的上海市（18.3）低8.6分。

在"人口素质"项中，甘肃得9.2分，在全国居21位，比总分位上升一个位次。比全国平均水平（11.3）低2.1分，比最高的北京市（17.4）低8.2分。

在"经济效益"项中，甘肃得7.6分，在全国居23位，比总分位下降一个位次。比全国平均水平低2.6分，比最高的北京

(15.4）低 7.8 分，相差 1 倍，比最低的西藏仅高 2.1 分。

在"生活质量"项中，甘肃得 13.30 分，在全国居第 23 位，比全国平均水平（18.35）低 5.05 分，比最高的上海（27.50）低 14.20 分，相差 1 倍多。

在"社会秩序"项中，甘肃得 7.9 分，在全国居第 7 位，比总分位上升 15 位。比全国平均水平（7.0）高 0.9 分，比最高的山东省（9.2）低 1.3 分。在西北 5 省或西部 9 省区中均处第一位。

（二）1978—1989 年甘肃社会发展速度的定量评估

改革 11 年来，全国的社会发展同经济发展一样，有了明显的进步。但甘肃的社会发展速度如何，在全国居于什么位置？根据 1979—1989 年 19 个社会指标，用综合评分法计算结果，甘肃社会发展总水平 1989 年比 1979 年增长 57%，平均每年增长 4.2%，比全国平均水平分别高 3 和 0.2 个百分点。在全国居第 19 位。

就全国来讲，目前社会发展程度高的省区发展速度较慢，而目前社会发展程度低的省区发展速度较快。甘肃属于发展经济基础较差的省，所以 11 年中发展速度高于全国平均水平，但目前社会发展水平仍然较低。

从分项指标来看，甘肃的"生活质量"发展最快，得分 266 分，高于全国平均分（227）39 分，在全国居 14 位；其次是"经济效益"，得分 137 分，高于全国平均分（135）2 分，在全国居第 23 位；"社会结构"和"人口素质"的发展均低于全国平均水平。

（三）甘肃社会经济协调度的定量评估

经济和社会的协调发展，是社会主义制度的本质要求。用人均国民生产总值代表经济发展水平，用 46 个社会指标的综合分代表社会发展水平，用直线回归计算出甘肃经济水平的社会发展模数，以模数与社会发展水平相比较，即为二者的相对协调度。

甘肃的相对协调度为 2.50，同全国相比居第 18 位。相对协调度为正值时，说明社会发展的实际水平高于处在同一经济水平的一般社会发展水平。出现负数则表明社会发展水平慢于经济发展水平。甘肃经济社会发展的协调度为负数，可见两者不协调的状况比较突出。

（四）甘肃 5 个地级市社会发展水平的定量评估

城市是区域发展的中心，是经济社会发展的动力。根据《1990 年城市统计年鉴》提供的有代表性的 39 个指标，用综合评分法计算，1989 年结果如下：

兰州市得分 57.9 分，其中社会结构 10 分，人口素质 8.1 分，经济效益 12.2 分，生活质量 7.7 分；金昌市 58.5 分，嘉峪关市 49.6 分，白银市 48 分，天水市 40.5 分。

在全国 187 个地级市中，金昌市位次最高，居 33 位，兰州居 37 位，嘉峪关市居 125 位，白银市居 144 位，天水市居 180 位。其中，金昌、兰州两市的社会发展水平均高于全国地级市平均发展水平（51.7），其余三市则低于全国平均发展水平。

在省内比较，金昌最高，兰州次之，天水最低。金昌高于兰州的原因有：一是该市位于甘肃经济发展发达地带，人口素质高于兰州 1.9 分；二是金昌工业集中，经济效益和生活质量均高于兰州。然而金昌的社会结构和社会秩序指标得分均低于兰州。天水低主要低在农业人口多而素质差，及生活质量不高等方面。但到 1990 年，金昌降至 74 位，兰州降至 89 位，嘉峪关市降至 139 位，在省内的位次序列仍无变动。

（五）甘肃教育发展水平的定量评估

教育的发展水平与经济社会的发展水平有密切的联系。最近国家统计局社会司和中国科技发展促进发展研究中心，采用 35

项指标，用水平计分与排序相结合的综合评价方法，对 1988 年全国各地区的教育发展水平进行了定量评估，结果甘肃得分 27.8 分，比全国平均水平（36.1）低 8.3 分，在全国居第 23 位，在西北 5 省区中居第 4 位，仅高于青海。在西部 9 省区中居第 5 位。

三 甘肃社会发展中有关问题的评估分析

上述 5 个方面的定量评估表明，甘肃十多年来社会发展的总趋势是好的，社会进步是相当明显的。但同时又一目了然地看出，不论在现有水平、发展速度方面，还是在协调程度等方面，都存在一些显性或隐性的矛盾或冲突，如不及时调适和整合，就将延缓经济社会发展的速度，甚至出现阵发性的经济失调和社会紊乱，阻碍经济改革和社会变迁的正常运行。

特别值得重视的是，如果把上述评估联系起来分析，便会发现甘肃社会发展大系统中的经济、社会、文化教育、消费等子系统，正处于一种无序、甚至逆向发展的状态之中（见表1）。

一般来说，教育应当超经济而发展，消费略低于经济发展，社会与经济协调、同步发展。但甘肃的现实状况是：教育发展位次滞后于经济发展 7 个位次，消费（生活水平）增长速度超前于经济增长速度，社会发展与经济发展协调度为 -2.50。这种状况在 1990 年依然如故（见表2）。

表1　　　　甘肃 1989 年各子系统在全国的位次及比较

经济发展位次	社会发展位次	教育发展位次	生活质量位次	教育位次与经济位次比较	经济社会相对协调度
16	22	23	14	-7	-2.50

注：经济位次是人均国民收入、人均投资额、人均商品销售额、工业劳动生产率和 100 元值利税额 5 个指标的综合位次。

表 2　　　甘肃 1990 年经济、教育、生活水平比上年增减率　　　（%）

经济	教育				生活水平	
国民生产总值	学龄儿童入学数	中小学在校学生数	中专在校学生数	高校在校学生数	职工平均货币工资	农民人均纯收入
+6.6	+0.5	减少	+0.5	-1.2	+8.5（扣除物价上涨）	+7.2

这样一个不协调、一个滞后和一个超前的现象，在经济社会正在发育成长的不发达地区虽具有一定的不可避免性，但同时又揭示了甘肃发展中深层次的理论和实际问题。

第一，经济、社会、科技（包括教育）的协调发展问题。协调发展是一切事物演变进化的普遍规律。经济、社会、科技的协调发展是指在宏观社会发展的大系统中，三者相互依存、相互适应、相互促进、共同发展的状态和过程。就效益原则而言，也就是说某一方面的发展以不牺牲其他方面或不给其他方面的发展造成障碍为前提，而是使这一方面的发展为其他方面创造更为有利的条件，并且由于各方面的发展而使以往的失调趋势得以缓解和消除。

协调发展的理论基础是马克思主义关于生产关系适应生产力、上层建筑适应经济基础的基本原理。它的内容包括以下几个方面：

（1）目标协同：即三者自身发展的子目标之间和它们与三者协调发展的总目标协调。

（2）功能协同：即三者自身具备发展的强劲功能。如科技的功能是对经济建设和社会发展起先导作用，是当代文明进步的启动器和加速器。这就要求教育要先行，为科技的利用提供条件。如果教育滞后，科技的"先导"功能就无法发挥，三者也无法协同。经济是三者协调发展的基础，社会发展是三者协调发展的最终目的。只有三者的功能齐备，才能言其发展，实现协同。

(3) 结构协同：经济结构的核心是产业结构和区域结构；科技结构一是引进与消化、引进与发展的结合，一是基础研究、应用研究和开发研究的最佳配置；社会结构应是经济、科技以外的社会组织、政治、教育、文化，以及人口结构、就业结构、城乡结构、生态结构的多元综合体。只有三者自身的结构趋于合理，才能充分发挥各自的功能，协同有序的发展。

(4) 效益协同：即把三者发展的经济效益、社会效益和环境效益统筹起来，不能只重视某种单一的效益。

(5) 利益协同：即三者的发展要兼顾生产者和消费者的利益，兼顾国家、集体、个人以及各种社会群体的利益。并通过国民收入的分配，调节生产与消费、生产与积累的关系，实现各种社会群体的共同富裕。

第二，协调科技教育与经济发展的关系问题。科技教育与经济发展互为因果关系。在一个国家或地区里，社会群体的教育水平和文化素质在一定程度上是生产力高低的决定因素之一。根据联合国教科文统计局1985年统计，世界各地区文盲占全体人口总数的百分数与人均国民生产总产值之间存着明显的"反比"关系（见表3）。

表3　　1985年世界各地区文盲数与人均国民生产总值比较

地区	文盲占全体人口的（%）	人均国民生产总值（美元）
世界平均	27.7	2557
发达国家	2.1	8324
发展国家	38.2	656
拉美与加勒比海地区	17.3	1671
亚洲	36.3	960
非洲	54.0	629
最不发达国家	67.6	195

如果说上表反映的是文盲率同经济发展之间的反比关系的话，那么不同的文化教育水平与经济发展又表现为正比关系，即文化教育水平越高，劳动生产率也越高。据联合国教科文组织的研究报告提出：小学文化水平提高劳动生产率43%，中学文化水平提高劳动生产率108%，大学文化水平提高劳动生产率300%。如果用投入产出法计算，智力因素（教育和科技进步）在经济增长中的作用，20世纪初只有5%—20%，80年代达到60%—80%。

另据国内河北衡水市调查，小学文化的农户同文盲户相比，劳动生产率高66%；中学文化程度的农户比文盲户高186.7%；专业训练的科技示范户比文盲户高230.4%。江苏的调查结果同样表明，1988年全省文盲半文盲的农户，人均纯收入为622.2元，比劳动力为高中文化程度的农户低32.4%，比全省人均纯收入低21%。

从上述国内外的事实中至少可以得出这样的结论，要发展经济，提高劳动生产率，必须大力发展科技和教育，提高社会群体的文化技术素质。而且要使科技教育的发展水平高于经济发展的水平。就目前而言，要持续增加教育投入，提高人均实际拥有教育资金水平。重视教育的集中标志不在于名义教育经费总额的增量，而主要体现在人均拥有实际教育经费的多寡。在近几年甘肃省名义教育经费总额有所提高的同时，物价和人口都在不断增长，人均实际占有教育经费增长甚微，今后应在经济发展的同时，增加教育投入量，改变教育发展滞后于经济发展的不协调状况。

第三，协调生产与消费的关系问题。不论是小生产还是商品生产，都是以生产为中心，生产决定消费是经济活动的规律。因此，人民生活的改善，也只能随着生产的发展，逐步地加以解决，超出了生产发展的范围，片面追求超前消费，其结果必然把经济搞乱，造成经济失调，反过来又会妨害人民生活的提高。如果许愿过多、过大，把群众的胃口吊起来，就会出现尽管生活水平提高了许多，群众也不会满意，反而会出现莫名其妙的牢骚和不满情绪，造成社会的不安定，影响经济发展。我们的观点是，随着经济的发展，人民生活一定要不断地提高。但必须把握两个杠杆：一是生产发展生活必须发展，而生活水平提高的速度要略小于生产发展的速度；二是生活提高的程度必须高于物价增长的水平。如果把握不好这两个杠杆，前一个"大于"了，就会抑制经济发展；如果后一个"小于"了，人民的实际生活水平就会降低，影响群众发展生产的积极性，出现社会不稳定，科学的抉择是遵循经济活动的规律，协调生产与消费的关系，使二者按一定的序列同步发展。

"入世"后陇东南经济社会发展面临的机遇与挑战[*]

加入世贸组织，标志着我国对外开放进入了一个新的阶段，我们将在更大的范围内和更深的程度上参与经济全球化进程，这对于甘肃包括陇东南地区以更加开放的姿态走向世界，顺利实施西部大开发战略，实现"十五"计划预期目标，将产生重大而积极的影响。同时，加入世贸组织，表明我们将全面融入激烈的国际竞争，机遇与挑战并存，关键看我们如何应对。对可能带来的机遇需要经过艰苦努力才能抓住，对于可能带来的风险需要进行开拓性的工作才能减少或消除。

一 "入世"对陇东南经济发展的机遇与挑战

陇东南4地市人口超过全省的1/3，国内生产总值占全省的近1/4，财政收入占全省的近1/5，是甘肃经济发展的重要依托区。区内农业、林业、蔬菜水果业、中药材和轻纺、机械、电子、石油化工、有色金属、水泥、塑料、造纸、印刷、医药、皮革等工业门类齐全，分布广泛，并在全省占有较高的份额。"入世"后这些行业及其产品都将面临新的外部环境，出现新的机遇

---

[*]《甘肃省经济管理干部学院学报》2003年第1期。

和挑战。

(一) 农业

在我国"入世"谈判漫长的 15 年中，其焦点主要集中在农业、石油化工、纺织、IT（信息）产业、金融、汽车工业、电信等 7 个行业。在这 7 个行业中除纺织业外，其余都面临着严峻的挑战，其中压力最大的是农业。在"入世"的农业谈判中，主要集中在农产品的市场准入方面。一是关税减让。到 2004 年，我国农产品关税将由目前的 21.2% 降低到 17% 左右，其中美国关注的 86 项农产品，将由 30.8% 的平均税率降低到 14.5%。二是关税配额管理，对应取消非关税措施的小麦、大米、玉米、棉花、豆油、食糖、羊毛等主要农产品的进口，2005 年以前实行关税配额管理。三是限制农产品的出口补贴。

就陇东南来说，"入世"对农业的机遇，一是为优势农产品和特色产品出口营造了良好的国际环境，推动农业加快对外开放，促进农村经济结构按新的市场需求加快调整。二是养殖业和园艺业的大部分产品，如肉类、蔬菜、水果等，价格低于国际市场，只要提高质量，改善品种，完善卫生检疫标准，出口潜力将会增大。三是小麦、玉米等粮食作物受冲击有限。估计"入世"头 5 年，进口产品只能占据全国 5% 的市场份额，甚至在 10 年内，也只有沿海省市五谷类食物受进口产品侵占，内陆尤其西北地区因运输成本限制，进口产品的竞争力仍然不强，这为我们发展农业提供了一个良好的"过渡期"和"缓冲期"。

对农业的不利影响，一是总体上农业仍停留在小农经济，产业化、工业化进程缓慢，生产经营规模小，集约化水平不高，农业生产率、科技水平和产品质量比较滞后，在国际市场竞争中处于劣势，有可能导致农产品价格和农民收入下降，使一部分农民失业。二是养殖业、园艺业比重低，产品不能适应多样化、优质化、专用化需求，影响出口份额。三是农业经营管理体制与农业市场化、国际化的要求不相适应。农业生产、加工、流通和对外贸易相互脱节。地方封锁、行业分割严重，"入世"后农产品进出口调控难度较大。

应对"入世"，必须把调整农业品种结构、产业内部结构和区域结构结合起来，优先生产具有资源、特色、技术、劳力等比较优势的农产品；提高农产品加工转化率，加快发展食品工业；加强农业标准化建设，发展绿色食品、无公害农产品；充分利用"绿箱"政策（政策投入农业的不造成价格扭曲的支出），扩大农业科研、农技推广、农业基础设施建设等非补贴性投入；逐步建立与国际市场接轨的跨区域农产品贸易体系。

（二）工业

纺织服装、轻工、冶金、建材等传统工业在陇东南经济中占有重要地位，"入世"后无疑会给传统工业带来新的生机和活力，促进产品结构调整和产业升级。同时由于进口关税的下调和取消非关税等措施，各行业将面临较大的压力，一些竞争较弱的企业将受到更大的冲击。据世行预计，在"入世"的头5年，全国目前的半数国有企业面临淘汰，约有上千万职工下岗。①

WTO的宗旨是致力于建设国际贸易通行规则，促使市场国际化，为此确立了7项基本原则：一是非歧视原则；二是公平竞争原则；三是低关税开放原则；四是透明度原则；五是权利与义务平等原则；六是协商原则；七是例外原则。这些原则虽然对所有企业是平等的，但由于陇东南的大多数企业同先进国家和国内先进地区相比，明显存在技术密集型产业少、生产经营规模小、新技术新产品研发能力弱等三大差距，因而在整体上处于竞争的弱

---

① 《京华时报》2001年11月7日。

势地位。具体分析：

随着纺织品配额的逐步取消，纺织品出口将面临更加广阔的市场，同时也有利于进口区内短缺的原料，有利于吸收国外先进的工艺水平和设计、制作技术，提高纺织品质量和档次。

对轻工产品的有利影响是，劳动密集型的工艺美术、五金制品、皮革制品等产品，可望进一步拓展国际市场，扩大出口。塑料制品、装饰产品等中低档产品，能够进一步扩大市场份额。不利影响是：轻工机械行业特别是成套设备，由于总体水平低，将会受到冲击。制浆造纸行业约有一半以上将受到影响。

冶金工业，"入世"后有利于稀土产品、铁合金和铅锌产品的出口，应做大做强一批企业集团，促进有色加工企业的发展。

建材工业区内分布量少，应对"入世"的主要措施是，立足国内外市场，围绕产品结构优化升级，扶持一批重点企业、重点产品，逐步淘汰小水泥、小砖瓦、小玻璃等五小工业，加快发展玻纤、玻钢工业和新型建材。

另外，区内的机械、电子、石化、医药等行业也利弊参半。机械工业的劳动与材料密集型产品、机电产品、机床工具等产品将更畅通地进入国际市场。但部分技术含量高、加工工艺先进的产品，工程机械产品中的大吨位机械，电工产品中的变压器、发电机等，我们同发达国家和国内先进地区差距较大，将受到较大冲击。

电子产品，"入世"后可避免国外的惩罚性关税，关键电子元器件由于关税降低而进口成本下降，这有利于部分电子产品出口的增加。但高科技投资类电子产品将面临严峻挑战，如集成电路、数控系统产品等。

石化工业，"入世"后在关税减让方面约有 70% 的产品平均税率降到 5.5% 或 6.5% 以下，2004 年比例达到 97%。在分销服务领域，农药、农膜和成品油零售在"入世"3 年后放开，原油、成品油批发、化肥零售和批发5年后放开。陇东南的石化工业处于中低档次，未形成整体的产业体系和综合竞争能力，"入世"后将使高投入、低回报的增长方式面临挑战。

医药产业，"入世"后有利于生产中草药和中药制剂的企业开拓国际市场，增加出口。对引进国外先进技术和新特药品种，提高医药行业的技术、装备和管理水平有促进作用。但化学制药业缺乏国际竞争力，医药批发零售企业规模小、竞争力弱，将受到较大冲击。因此，医药行业要加快与国际规范接轨，建立技术创新机制，努力开发专利产品。以合资或许可证方式引进生产国外新药，缩小与世界先进水平的差距。

二 "入世"对陇东南社会发展的机遇与挑战

"入世"不仅对陇东南的经济发展有重大影响，而且对于与社会发展相关的行业将产生深刻的影响。

（一）科技事业

科技事业是社会发展的主要标志。"入世"后对陇东南的科技进步和技术创新总体上利大弊小。一是有利于合法运用专利成果，节约研究时间和研究经费。也有利于限制外国专利人的某些不良行为，便于获取和利用国外新技术；二是有利于发达国家向本区进行技术转让，减少歧视性技术出口管制；三是有利于利用过渡时期内的特殊优惠待遇，消化、吸收、发展需要的技术、生产方法和工艺。

（二）文化教育

总体来看，"入世"后将拓宽陇东南文化教育发展的视野与对外合作交流的范围，为文化教育改革与发展增添新的动力和压力，而且是基础性、全局性、持久性的。

（1）文化产业面临冲击。随着市场准入条件的放宽，国外文化产业进入陇东南市场的机会增加，近期受影响较大的主要有音像业和电影业。

（2）在教育方面，一是"入世"后国外办学主体将以各种形式参与中国办学，使办学主体更加多样化、教育体制结构异质化。二是教育生源的争夺更为激烈，国外办学主体以其资金、教育方式等优势争夺生源。

（3）民族传统文化受到影响。"入世"后，为扩大教育的国际交流提供了条件，也使我们的学校教育受到世界文化和意识形态的巨大影响。民众接受世界各种思想文化影响的途径进一步拓宽，方法更加便捷。因此，文化、教育和思想宣传战线将面临抵制各种腐朽思想文化侵蚀的艰巨任务。

（三）旅游业

"入世"对陇东南旅游业的影响，总体上机遇大于挑战，但开放不足的旅行社将直接面临冲击。一方面，可以优化陇东南旅游业发展的大环境，促进旅游业建立符合国际规则的运营机制，增加国际客源。另一方面，2003年1月后允许外商控股，2005年年底以后允许设立独资外商旅行社，经营各种旅游服务，因而我们规模小、信息网络化水平低的旅行社将面临巨大的冲击。

（四）居民收入和消费

从总体上看，"入世"后有利于增加城乡居民的收入。但农业受冲击较大，工业和服务业受益相对多一些，因此城乡之间、东西部之间的收入差距还有可能拉大。

从消费领域来看，目前国内产品种类约40多万种，而国际市场产品种类多达150万种，因而可供居民选择的产品明显增加，价格也会不断降低，促进消费品高价格体系的解体，加剧国内消费品市场在品种、质量、价格、服务等方面的竞争，这些都有利于广大消费者。同时，由于我国东西部存在的收入消费差距，"入世"后有可能加剧消费品由东向西的"挤压传递效应"。即原东部生产的消费品在国外品种的挤压下向西部传递，由此造成新的消费水平和质量上的差距，使陇东南这样的西部地区和以农民为主体的广大中低收入群体，成为吸纳原国内中低档消费品的主要市场。

（五）社会保障

"入世"后，农业比重下降，工业结构调整，服务业比重上升，将导致劳动力的部门转移。据预测，到2005年国有企业将有1000万职工下岗，有近1000万农民需要转移，加之新加入劳动行列的约2000万人口，全国约4000万人口需要安排就业，这将给社会保障事业带来巨大压力。陇东南地区由于长期存在的结构性矛盾，这方面的压力也会日趋严重。

三 "入世"对政府的机遇与挑战

根据WTO的规则，地方政府的行为被视为一国政府的行为，因此，"入世"后变化最大的莫过于政府行为和法律环境。世贸总协定的文件共有497页，只有第2页是针对企业的，第495页全是针对政府的，主要是规范政府行为，使行政手段退出市场，由市场规则来规范市场。因此，地方政府首先在观念上要由保护转向竞争，强化法律意识和法制观念，依法行政，建立务实、高效、透明的管理体系；其次，要转变政府职能，提高行政效率，确实扭转职能缺位、错位和越位的状况；最后，要"变法"，即加紧对现行的地方性法规、规章和规范性文件中不适合WTO规则的内容进行清理、修改，以保证地方法规、规章和政策符合WTO规则及我国政府的承诺。据统计，全国的"变法"工作将涉及25个部委和所有省、市、区，包括2200多条全国性的法律法规，上万条地方性法规，还有难以计数的大小红头文件。陇东南4地市应该及早完成这一复杂的"变法"工作，尽快转变政府职能，规范政府行为，充分利用WTO的例外条款和过渡期安排，促进经济社会的快速发展。

最后，需要说明的是：对于"入世"，我们应持理性的态度，严格地讲，它只给我们提供了发展的外因。国家的进步和国内市场的发展，主要靠内因起作用。靠本国人民的才智与潜力的极大发挥。迄今为止，没有哪一国因"入世"而暴富，也没有因"入世"而改变制度，所以说，"狼"来了并不可怕，可怕的是"龙"能否站直了，走出去！

社区建设中的国家与社会关系模式*

  对国家与社会关系的研究早在西方资产阶级时期就已出现,欧洲中世纪是封建领主的时代,各国缺乏统一的中央权威,当时新兴的资产阶级一方面希望建立国家权威,为资本主义的发展扫平道路,另一方面又担心这种专制性力量会侵害个人自由,在这种背景下掀起了历史上对国家与社会关系探讨的第一次高潮,形成了以霍布斯为代表的国家极权主义思潮与洛克为代表的自由主义思潮两种理论。20 世纪 30 年代形成的极权主义政治体制引起了人们对国家与社会关系的再度反思,直到 20 世纪 80 年代,由于社会主义阵营的全面松动,终于形成了探讨国家和社会关系的第二次高潮,我国对这一问题的研究也有较强烈的反映。这主要因为 80 年代我国的改革开放以政府放权为轴心,导致社会自主性的空间扩大,同时意味着国家权力范围和力度上的收缩。与此相适应,理论界开始思考中国民主政治生长的社会基础,人们不约而同地将关注的焦点放在公民社会上,开始讨论中国的公民社会问题。本文试图从微观层面出发,以社区建设为视角,对国家与社会的关系模式进行一个初步的探析。

---

  * 《甘肃社会科学》2005 年第 6 期,同马晓燕合作。

一 传统体制下的"行政直线式"的社区管理模式

改革开放以前,我国的社区管理曾经长期实行着一套"行政直线式"管理体制。所谓的"行政直线式"管理体制是指按行政机构从上到下划为一定层次,层层设立行政管理机构,管理权限属于上级,逐级上推属于最高行政权力机关。在这种管理类型中,管理机构的运行机制主要靠上级权力机关的约束,越往基层,权力越小,管理能力越弱。作为一种管理行为和管理模式,它视国家行政权力为管理经济生活、政治生活和社会生活的唯一主体,上述活动的开展强调行政权力体系在经济与社会发展中资源配置的绝对支配地位,并且总是排斥非政府组织或民间组织在经济、政治与社会发展等各方面的应有地位。在这种体制下,我国城乡的微观地域性社会就不足以成为现代意义上的社区共同体,而只是人们居住的地区,是一种社会功能萎缩、社会机制发育不良、社区角色不清、居民参与度极低的单一行政化了的"前社区"[①]。这种现象一方面由一种崇拜国家行政权力体系的极端性社会思潮所左右,信奉国家行政权力的至高无上性和绝对支配性;另一方面与我国曾经实行的计划经济体制有着不可分割的内在联系。

新中国成立初期,在特殊的历史背景下,国家通过行政权力体系和计划控制手段统揽了经济领域的管理权,建立起依靠计划控制手段配置经济资源的、高度集权的计划经济体制。与此同时,为了保证计划经济体制的有效运转,必然要求人们的政治生活和社会生活的管理体制与计划经济体制相匹配,采取高度集权的政治体制和社会管理体制。由此,政府作为国家利益的代表,

---

① 徐永祥:《社区发展论》,华东理工大学出版社2002年版,第66、205页。

也就成了组织和管理经济、政治和社会生活的唯一主体,当然也就成为地域社会管理的唯一主体。① 至于各类工商企业、事业单位和社会团体,包括农村的人民公社和生产队,实际上都成为执行政府计划与意志的"附属单位"。在这种情况下,国家或政府的行政权力与职能得到极度膨胀。

国家"行政直线式"的管理体制,体现在人们的经济生活、政治生活和社会生活等各个方面。在通常情况下,这种支配地位又总是通过人们的工作单位来实现的。由此,产生了一种特殊的"单位人身份"现象。所谓的"单位人身份"现象,就是在整个国家高度行政化的体制框架内,国家通过职工所在的单位实现对职工的政治控制、社会管理、社会服务、社会福利与社会保障等,单位在这里不仅成为国家与职工现实关系最重要的中介体,同时也成为职工的身份、地位及人身依附关系最重要的载体。对于职工来说,单位不仅是他们工作谋生的基本场所,也是他们获取社会支持和社会保护最基本的场所。也正因如此,他们对于自己所属的单位有着高度的依赖性与依附性、强烈的认同感与安全感,而对于自己的居住地则始终无法生成社区归属感、社区认同感和社区意识,当然也谈不上居民意识。

二 社会转型期发展现代社区的必要性

如果说在计划经济年代,由于国家的高度行政化,不可能形成现代意义上的社区和社区管理,那么在改革开放和社会转型期的今天,改革"行政直线式"管理体制,推动现代社区的生成和发展,就是一项紧迫的必然性任务了。我国的社会转型,发端于20世纪70年代末的经济体制改革,随着改革的深入,我国的社

---

① 毛寿龙:《中国政府功能的经济分析》,中国广播电视出版社2001年版,第77页。

会转型开始向社会领域拓展与延伸,从而导致了社会福利、社会保障、社会管理等一系列的改革。

社会领域的转型与改革,打破了"行政直线式"管理体制的绝对支配地位,为现代社区管理新体制的营造奠定了坚实的基础。其一,随着经济体制改革的深入和现代企业制度的建立,企业开始改变"政企职能不分"、"社企职能合一"的单位制架构,开始剥离原来承担的大量的社会服务、社会保障与社会管理的职能,还这些职能于社会、社区。换句话说,现代企业制度的建立必然要求社会与社区的发育与之相匹配,要求不断发育成熟的社会及社区能够承担企业剥离出来的那些社会性职能。其二,与现代企业制度要求相似的是,市场经济的发展也要求教育、科学、文化、卫生等事业单位按"政府、事业单位职能分开"、"事业单位、社会职能分开"的原则,将原来承担的社会服务、社会保障和社会管理等职能剥离出来,使其回归社会和社区。其三,市场经济的发展要求政府为其营造适宜发展的体制性环境,要求革除行政集权主义,要求重新构造政府与企事业单位的合理性关系。因此,作为管理者的政府,应适时地改变原来的集权主义角色,将属于企事业单位和社会团体及社区的职能剥离出来,使之回归本来的角色。这一剥离过程,一方面促进了市场经济的发展,另一方面则促进了社会与社区的发育和发展。其四,随着市场经济的发展,随着人们的"单位人身份"趋向多元化,人们与社区的联系也愈加紧密。人们不仅要求社区为其生活质量的提高、人的社会化的实现以及社会福利、社会保障与社会安全等提供可靠的社会支持,同时也要求社区能够成为他们参与各种社会事务、实现不同社会价值的重要场所或重要载体。

事实上,自 20 世纪 90 年代以来,我国的社会发展长期滞后于经济发展的局面开始转变,社会发展不仅成为经济发展的重要保障,而且也成为我国社会转型的基本内容之一。正是在这种历史背景下，经济与社会的协调发展、建设可持续发展社会的理念，开始为人们普遍接受；也正是在这一背景下，现代社区的建设在我国的广大城市和一些乡镇掀开了崭新的一页，社区的内在价值和重要功能终于被越来越多的人所认识。

当然，改革与发展，建立社会主义市场经济，培育和催生各类社会要素与非政府的社会组织，推进现代社区的建设，都需要改变政府的职能，需要政府的主导、介入和推动。离开了政府这一代表公共利益的公权主体，上述活动的开展就不可能有秩序，当然更谈不上发展，因此，需要我们正确地认识政府在社区建设中的应有角色。

三　强政府—强社会模式下的社区建设

现代社区的建设，需要一个全新的国家与社会的互动模式，需要一个善于调动、开发和利用各种社会资源及其能动性的社区管理新体制。这个新体制的核心在于，政府与社会之间能够形成共生共长、相辅相成的良性互动关系。与计划经济体制下的"大政府、小社会"的国家—社会关系模式不同，市场经济体制下的国家—社会关系模式特征在于"小政府、大社会"。而我国建立社会主义市场经济体制的目标要求，也决定了采纳"小政府、大社会"模式的必然性。然而，由于我国曾长期推行了一套高度集权的计划经济体制和社会管理体制，非政府的市场要素和社会要素基本上未能发育起来。因此，20世纪80年代以来我国的经济体制和社会体制的改革，市场要素和社会要素的发育，都是在政府的主导和推动下进行的，是政府的一次"自我革命"[①]。离开了政府的主导和推动，经济领域、社会领域的改革与发展都是

---

① 孙立平：《向市场经济过渡过程中的国家自主性》，《战略与管理》1996年第4期。

无法完成的。从这个意义上说，我们需要塑造的"小政府"同时还应是一个"强政府"，也就是说，"强政府—强社会"的关系模式、政府主导与社区自治的有机结合，应是我国社区建设最重要的体制要求及体制特征。

（一）"强政府"的主导性

如前所述，计划经济时代的"大政府"在特殊的历史时期里有其生成运行的合理性，也有其一定的优势，即通过政治动员和高度一体化的行政权力体系来进行计划性的资源配置，以便以有限的资源完成特定的任务。① 但是，由于"大政府"是以牺牲市场要素和社会要素的发育发展为代价的，从而经济与社会发展不可能获得持续增长和开放性的动力源。一旦"大政府"体制的弊端或矛盾尖锐化以后，改革行政集权主义的旧体制，改变国家—社会关系的旧模式就是必然的选择。

但是，改革计划经济和行政集权主义的旧体制，转变政府职能，培育市场要素和社会要素，变"单位人"为"社会人"，推动"前社区"向现代社区的转型，都离不开政府的主导性作用。在改革与发展中，政府的这种主导性角色首先表现为一个"小政府"。所谓"小政府"，就是指组织职能有别于市场和社会领域的、行政权能相对有限的政府，其任务在于代表国家利益依法对市场组织和社会组织，对经济发展和社会发展进行目标管理与政策调控。而"强社会"则是指人际利益分化有别又相互联系、组织要素发育完善、组织功能多样化、社区共同体特征鲜明、私人空间较大的法制社会。

市场经济体制的建立致使集权主义的"大政府"丧失了存在的基础，确定了建立"小政府"的必然性。我国改革开放二十多

---

① 王绍光、胡鞍钢：《中国国家能力报告》，辽宁人民出版社1993年版。

年来的历程，就是一个寻求建立"小政府"、发展"强社会"的探索历程。当然，这个历程至今尚未完成。从目前的情况来看，无论是发展社会主义市场经济，还是培育和发育一个适应当今时代的"强社会"，都要继续改革"大政府"体制，继续转变政府职能，按照政企分开、政社分开、政事分开的原则，将市场的职能、第三部门的社会职能分别还给企业、社会和社区，还权于社会。与此同时，企业和学校、文化机构、医疗机构等事业单位以及群众团体居民委员会等社会组织，则应该将原来承担或行使的部分政府职能和政府角色剥离出来，还于政府。只有这样，才能真正建立一个角色明确、功能有别的"小政府"，一个服务于市场和社会的"小政府"。

然而，纵观当今世界各国的历史与现状，小政府又有"弱政府"与"强政府"之分。事实上，一些发展中国家在迈向工业现代化的过程中之所以内乱不断、市场畸形、劳动者普遍缺乏社会保障，一个重要原因就在于其政府是个弱势政府。无论市场领域还是社会领域都无法获得政府的有力推动和引导。而这种"弱政府"与"弱社会"的存在及其互动，必然造成政府和社会资源的不合理配置，难以形成工业化与现代化所需的秩序及环境，不得不拉长现代化的进程。反观一些新兴的工业化国家和地区，之所以能在较短的时间内实现经济起飞，也是"强政府"推动、引导和发育"强社会"的客观过程。对于我们这样一个发展中国家来说，经济发展和社会发展需要一个强有力的引导者和推动者。长期以来，我国民间社会的组织资源都相当匮乏，无法自发地构筑市场经济体系以及与市场经济相适应的社会体系或第三部门。无论是构建富有活力的市场经济体系，还是培育和发育第三部门，实现社会体系的转型，都需要职能转变了的"强政府"的政治动员、政策引导和行政力量的管理。

(二) 社区建设中的"强社会"与"强政府"

"强社会"的基本含义是指,在政社职能明确区分的基础上,人们的利益关系走向多元化与契约化,各类非政府的社会组织与民间团体发展状况良好,社区参与和社区自治成为个人自主性及其社会价值实现的普遍性形式之一。[①] 因此,"强社会"的发展对于现代社区发展来说,有着重要的意义。事实上任何一个社区在其建设和发展的实践中总是存在政府、非政府组织、居民自治组织等三种管理主体。非政府组织和居民自治组织所参与的社区管理,实质上是一种非政府的社会管理行为。其管理的广度、深度和效能则取决于社区中各社会要素发育和发展的状况,取决于社区中"强社会"发展的水平。

总体而言,现代社区的发展是建立在"强社会"发育和发展的基础上的,没有"强社会"就不会形成现代意义上的社区。也就是说,"强社会"是现代社区得以生成和发展的前提条件。例如,没有市场经济及其相关的组织体系,就不可能实现"单位人"向"社会人"的转变,也就无法形成人们的社区利益和社区意识;没有各类代表居民利益的社区自治组织的存在和发展,就不可能形成现代社区所必需的自治组织,也就谈不上现代社区的发展;没有各类非政府社会服务机构对社区工作的介入,就不可能形成专业化的社区服务与社区保障体制及机制,也就无法形成完整的现代社区所必需的社会组织结构。

当然,国家与社会在社区建设中的关系模式并不是绝对的,而总是依不同国家、民族及其发展阶段和文化传统体现出不同的特色。例如在西方发达国家,政府与社区的关系往往被称为"伙伴关系"[②],即政府和社区组织构成了发展社区、建设社区的合伙

[①] 徐永祥:《社区发展论》,华东理工大学出版社 2002 年版,第 66、205 页。
[②] 世界银行:《变革世界中的政府》,中国财政经济出版社 1997 年版,第 37 页。

人关系。在这种"伙伴关系"模式中,政府除了在公共安全、公共设施建设等方面实施直接的行政管理职能之外,其他方面一般依靠各种社区组织自己进行管理。而从我国社区建设的情况来看,由于我们还处于现代社区建设的起步阶段,非政府的组织和社会资源相当稀缺,政府和社区尚难以构成较平等的伙伴关系,二者之间的关系至少在现阶段只能是领导与被领导、指导与被指导的关系,政府的主导性作用不能或缺。不过,无论在哪个国家,为了改善社区环境,提高社区生活质量,就需要政府的政策引导和经费投入,需要居民的社区参与和社区自治。换句话说,现代社区的建设和发展,需要调动国家与社会、政府与社区组织两个方面的积极性,二者缺一不可。

风险社会及安全建构[*]

一 风险社会的理论

风险社会理论的出现是以德国著名社会学家乌里希·贝克1986年出版的《风险社会》一书为代表的。[①] 贝克使用风险社会的概念描述了当今充满风险的后工业社会，提出了风险社会的理论。现实生活中发生的苏联切尔诺贝利核电站爆炸、西方国家疯牛病的爆发、突如其来的SARS病毒、非洲国家艾滋病毒的蔓延及全球性传播，不断发生的地区冲突以及种族间的残杀，恐怖活动的猖獗，让人们不得不认识到，未来社会我们将面临深层的社会矛盾和严重的生态危机，风险伴随着人类发展。贝克的理论以其洞察力和学理性，影响深远，极具号召力。

风险一词本意是指具有一定危险的可能性。在古老的用法中，风险是指客观的危险，体现为自然现象或者航海遇到礁石、风暴等事件。而这个词的现代用法是指遇到破坏或损失的机会或危险。贝克指出，风险是"预测和控制人类行为未来后果的现代技术，而这些后果是彻底现代化产生的意料之外的后果"[②]。当人

---

[*] 《甘肃理论学刊》2006年第3期，同司睿、徐世平合作。
[①] 周战超：《当代西方风险社会理论引述》，《马克思主义与现实》2003年第3期。
[②] 邓伟志：《关于社会风险预警机制问题的思考》，《社会科学》2003年第7期。

类试图去控制自然和社会，以及由此产生的种种难以预料的后果时，人类就面临着越来越多的风险。贝克将风险界定在一个由制度性的结构所支撑的风险社会中。时至今日，风险一词与人类的决策和行动的后果联系紧密，被视为对待影响个人和群体的事件的特定方式。正如贝克所说，风险是安全和毁灭之间的一个特定的中间状态，是一种真实的虚拟。它表现为可能性，当这种可能性转化为现实性时就构成危机事件。根据贝克的论述，风险社会是指在高科技发展推动下的工业社会，某些局部的或突发性的事件却往往引起或导致整体性的社会灾难。

西方学者从不同角度阐释了风险社会，吉登斯从对现代性的反思角度研究了风险社会理论，他把风险分为"外部风险"和"人为风险"[①]。前者是指根据时间可推断估计的风险，如自然灾害等。后者是指人们以往没有体验到，也无法推断估计的风险。而斯科特·拉什从风险文化的角度对风险社会的含义进行了解读，分析了政治、经济和自然三种风险文化。并提出在风险社会以后，我们将面临风险文化的时代。玛丽·道格拉斯把风险定义为一个群体对危险的认知，它是社会结构本身所具有的功能，作用是辨别群体所处环境的危险性，风险是在社会过程中形成的。卢曼也认为风险是一种认知或理解的形式，即人们的认知不同，对风险的理解不同。

综观前人研究，风险社会理论认为，我们正处于从传统（工业）社会向风险社会转型过程中，社会突发危机的不确定性和迅速扩散性都日益增强，而且这种趋势正在向全球扩散。现代社会面临的风险大致可分为：社会政治风险，如社会动乱、恐怖袭击；经济风险，如金融危机、财政危机；科技风险，如核泄漏、生态灾难；自然风险，如自然灾害、瘟疫。我们认为风险的本质

[①] 黄庆桥：《浅析风险社会理论及其现实意义》，《社会》2004年第4期。

应当是指损失的不确定性。从社会学意义上讲,社会损失是指社会失序和混乱,即社会处于混乱状态中,社会成员的利益遭受损害。

二 风险社会的风险特征

在风险社会,风险具有以下特征:(1)客观性。风险是在全球范围内客观存在的、不可扭转的,风险是人类行为的客观伴随物,人们认知程度的高低影响了对风险的应对态度。(2)自致性和先赋性。自致性是指人们的社会生产活动破坏了自然规律,从而引发的化学污染、沙尘暴等。先赋性是自然界本身的有规律的变化,如火山爆发、海啸等。(3)一定程度的可预见性。风险是客观存在的,风险是可以计算的理性,与管制、管理和规范人类行为的各种技术有关,对于风险的估算体现了人类控制和减少风险的企图,如果对潜在风险认识充分,应对得当,则可以防患于未然。这也是人类自身反思自己行为的一种积极心态。(4)形态的多样性。风险有多种不同的分类,风险依据分布领域可以分为政治的、经济的、社会的、个人的、道德的。也可以按照来源分为技术风险、制度风险、政治风险和个人造成的风险。按照吉登斯的分法,也可归纳为人为风险以及外部风险(即自然具有的风险)。(5)时间性和空间性。风险是将来的;具有未来指向、并在特定地域环境可能发生的,一旦这种时间和空间条件具备,风险就成为现实的破坏和伤害。其时间影响是持续的,可以影响到后代。风险在空间上具有延展性,其空间影响可以超越地理边界的限制而至全球。

三 我国社会风险的成因

目前的中国社会具备了贝克先生所界定的"风险社会"两个

最基本特征，即具有不断扩散的、人为的不确定性，导致了现有社会结构、社会制度以及社会关系向更加复杂、偶然和分裂状态的转变。

我国社会风险的主要成因是：第一，由于受到历史和社会文化传统的约束，在国企、教育、医疗、社会保障、农地非农化等关系到社会大众直接利益的制度改革过程中，制订一些政策时没有坚守最基本的公平和公正原则，工人和农民等社会中下层的利益受到了伤害，导致维权抗争事件增加，可能导致风险发生。第二，国家在动员资源、整合社会、规范市场方面拥有一定的权威性，但权力过于集中，不利于风险的分散以及责任的分担；灵活有效的应急机制尚不完善，面对突发事件，潜在的社会风险可能爆发。第三，经济是整个社会发展的关键，中国经济在稳定局面下的快速发展，内含种种风险因素，例如，过度投资引起社会资源浪费，频繁国际贸易诱发商业风险。第四，中国正在经历着剧烈的社会分化过程，由此引起的社会结构重组也必然引发社会问题与冲突，存在风险的可能，例如，产业结构战略性调整引起的失业现象，威胁既有社会秩序的稳定。第五，科学技术的发展，在带来巨大产业效益的同时，引起生态变化和生态危机，威胁人类生存的环境。第六，公共权力的非公共使用破坏社会成员利益分配格局的平衡，由于缺乏科学有效的管理和调控机制，导致公民对政治秩序低信任。第七，贫富分化日益严重，社会"相对剥夺感"的增加，使得社会情绪极容易被突发事件引发波动，导致社会风险的发生。

四 我国社会风险的安全建构——基于一种分析视角

（一）国家制度的保障

关注风险，寻求安全是人类社会的永恒追求。关注风险也是人类社会反思自身的表现。在风险社会，如何规避风险、减少风险是每个国家和民族面临的共同课题。国家、市场和公民社会已经成为现代社会公共治理的基本机制，而这一分析视角应用到我国风险社会的安全建构中也是适宜的。所谓治理，是国家通过知识、技术的综合对社会进行控制和塑造。[①] 国家通过建设一个完整的体制，建立防范风险的预警、协调机制来维持社会秩序。国家作为一套制度组合，其权威性来自严密的社会组织和门类齐全的社会分工部门，国家治理具有权威性、规范性和整合功能，以其强制和高效的管理意志在应对社会风险中发挥重要作用。在当今社会，更加要求政府建立健全社会预警机制，对社会发展过程中出现的危及社会稳定的各种风险进行及时监控并采取相应政治干预、社会行动来化解风险，每一种风险构成危机事件时都要有相应的危机处理机制，才能使危机造成的损失降低到最低程度。对于社会预警机制的具体设立，学界提出多种基于安全考虑的策略。有学者从社会物理学出发而衍生出了一系列的社会预警指标体系，例如邓伟志的社会风险预警指标体系。还有基于管理学构架的一套完整的社会上下协调机制。无论从哪个研究角度出发，国家在应对风险中的作用都是不可或缺的，国家治理的根本目的是调节社会内部关系，维持国家的合法性，保持已有秩序。

（二）公民社会的培育

对于一个社会来说，风险的化解需要整个社会系统的积极应对。危机事件严重威胁公共利益，公民和组织在危机事件的处理过程中应当承担相应的社会责任。我国人口规模大，文化素质相对较低，面对风险更容易被误导并做出群体非理性行为。因此，在某种意义上，公民应对风险的态度和方式对于化解风险比公共

[①] Derek Kerr. *Beheading the King and Enthroning the Market: A critique of Foucauldian governmentality* [J]. Science & Society, 1999, VoL. 23, No. 2: pp. 173—202.

治理机制更加重要，因为他们是社会规则的最基本的、最直接的指向，是外部风险"内在化"的实现者。公民意识的提高是防范和减少风险的重要因素。作为个人要树立正确的风险意识，提高公民个人在认知和行为上应对社会风险的能力，面对突发事件不恐慌、不盲从。公民社会的主要活动者是各类非政府组织和非营利性组织，哈贝马斯认为，非政府的、非经济的组织的联系和自愿联合，使公共领域的交往结构扎根于生活世界的社会成分之中，并对私人生活领域中形成共鸣的问题加以感受，选择并引入公共领域。① 公民社会具有填补国家治理所遗漏或无法到达的领域之功能，自愿行动是公民社会运行的重要方式，培育和发展公民社会就能使社会成员为共同目的自愿地达成集体行动。在应对突发事件或外部风险时，社会成员集体的理性行动可以弱化风险本身的破坏性，维持社会秩序。而且公民社会的充分发育也为现实生活中各种以实现社会公正、环境保护等为目的的社会运动提供了一种原动力。一些新的、无法被纳入正式制度范围解决的社会问题也会由此得到关注和解决。公民社会的发展和强大得益于经济生活水平的提高，现代国家公民在法律上的平等地位的享有，保证了其政治社会基本权利的实现，也为公民社会提供了制度支持。公民社会的健康发展，为国家的正常运行提供持久的支持，因为它产生着信任，培育着公共参与的能力。

（三）市场体系的完善

市场是现代社会的重要风险来源，其运行失误会导致经济动荡，进而引发更大范围的社会政治风险。随着远程贸易的发展以及交易技术和制度的变革，市场已从固定具体的交换场所演变成一种不受时间和空间限制的制度和抽象的系统。完善的市场体系

---

① 哈贝马斯：《在事实与规范之间》，三联书店 2003 年版，第 454 页。

不仅成为配置物质资源的核心机制,而且以其经济理性的内涵创造出计算风险的方法,并且把它推广到整个社会领域,成为现代社会中应对风险的基本方法。保险的出现是人类应对风险的一种专门正式制度,保险集中体现了人类为减少风险所发展起来的经济技术手段。而现代意义的股份公司等经济组织形式也是围绕由多个投资者分担风险、获取更大利润来开展的。严格的公司内部组织结构也是减少公司运行成本、应对市场风险的一种完善有效的结构。市场的自我组织能力和自我规范能力本身也可以抵御风险,以货币为媒介的投资激励制度以及股票市场的合法性融资也是市场机制抵御风险的方式与手段。

(四)国际间的合作

社会风险是全球性的,禽流感通过迁徙的鸟类在全球传播就是一个例证。全球化大大增加了风险的来源,原来仅限于一个国家或一个地区的风险,扩散到更多的国家和地区。国际间经济生活的相互依存更是放大了风险的影响和潜在的后果。风险社会也意味着全球风险社会,国际间的合作显得尤为重要。全球性共识的达成,多元治理主体的出现,以及国家之间资金、技术、优势互补,都可以大大提高人类抵御风险的能力和效率。面对人类的共同风险,国家之间相互合作,是未来社会治理风险的必由之路。国际合作包括官方合作、非政府组织的合作、学术合作等。危机事件并不是某个国家或地区所独有的,而是全人类要共同面对的,对其进行有效控制也不仅仅是一个国家或地区的责任,而是世界各国共同的责任。因此,国际合作就成为风险社会中安全建构的重要保障。

第四篇

民族地区社会发展研究

中国少数民族地区社会发展特征与转型[*]

素有一部完整"社会发展史"之称的中国少数民族及实行民族区域自治的少数民族地区,经过十多年改革开放大潮的洗礼,开始冲破了自然经济或半自然经济的藩篱,进入一个新的经济发展和社会转型时期。但是,任何社会变迁和社会发展都有一个演进过程,民族地区更是如此。因此,研究和探讨这一过程,揭示其发展趋向,对改革开放与社会发展具有重要意义。

一 少数民族地区社会的一般特征

区域性的社会特征是社会转型的起点。少数民族地区除了具有一般社会的特性外,在自然地域、经济社会、思想文化和人口发展等方面又有许多区域性的特征,构成了民族地区社会发展的特殊环境。

(一)地域特征——广袤的疆域和狭小的生存空间

我国少数民族地区主要分布在边疆、山区和牧区,多居大江大河的上游,地域辽阔,总面积约 617 万平方公里,占全国总面积的 64.3%。少数民族人口约 9120 万人,占全国总人口的

---

[*]《社会学研究》1994 年第 1 期。

8.04%，每平方公里仅24.8人，比全国少94人。

然而，我国是一个多山国家。山地、高原约占总面积的66%，其中的大多数分布于少数民族地区。如世界最高的珠穆朗玛峰、世界最大的高原青藏高原均集中于此。其他如黄土高原、云贵高原等都主要聚居着少数民族。大山、高原、沙漠、戈壁、裸岩、冰川以及永久性积雪的地域等，构成了民族地区复杂的地域特征和狭小的生存空间。

同时，即使在能生存的部分空间里，其生态环境也相当恶劣，大部分地区属干旱半干旱地区，西北地区年降水量在400毫米以下，一部分地区不足250毫米。西部地区平均每年受灾面积达9000多万亩，约占耕地的1/5。青海、新疆的草原有一半干旱缺水，受灾退化，宁夏、新疆的森林覆盖率都在4%以下。

从以上种种地域劣势不难看出，民族地区就总体来说，虽拥有广阔的土地资源，但质量较差，人迹罕至，开发难度大。虽然地下资源丰富，但与广大农牧民和地方经济直接相关的地表资源比较贫乏。它提供给人们的只是一种具有平面性能的生存空间，其发展容量非常有限。

（二）社会关系特征——经济交往的亲缘性和社会交往的乡土性

由于社会关系是以经济关系为基础的，所以经济活动的范围越大、内容越复杂，与之相适应的社会关系也越广泛、越紧密。目前少数民族地区的人际关系、群际关系，总体上呈现出一种血缘、姻缘、族缘、业缘、地缘关系以及经济利益相互交织的复杂现象。一方面保持和发展家庭间的合作，同时，又在谋求更广泛的社会关系；一方面在经济交往中需要发展"亲合力"，另一方面又以经济利益关系抑制亲缘关系，甚至有一部分人已将自己的视野投向外部世界，并在乡土以外建立新的社会关系。这无疑是民族地区社会关系由封闭走向开放的起点。但经过认真调查不难发现,少数民族地区不论是经济交往还是社会交往的范围还比较狭窄,社会关系具有很强的亲缘性和乡土性。

在大多数少数民族地区,农田庭院是农民交往的基本场所,亲属邻里是农民交往的主要对象。即使是代表新型产业的乡镇企业,大都也是利用乡土关系起家的,仍然是离土不离乡的作业经营。从一定意义上说,这种新的社会关系实质上还是乡土关系的延伸,未能超越"初级社会群体"这个范畴。从本质上说,乡土性的社会关系与商品经济所需要的社会关系是相互排斥的,因而它具有过渡性。

(三) 思想文化特征——传统文化与现代文化既相互覆盖又相互碰撞

在人类历史上,任何一个社区的社会发展都是建立在该社区的历史文化基础之上的,都离不开它所依赖的历史文化背景。同样,每一次社会变迁,都伴随着新旧思想文化的强烈撞击。民族地区之所以处于不发达状态。在很大程度上是由于自身商品经济的、文化传统的不发达,更多的也因为有许多被视为正统的思想文化制约。如果分析民族地区历史上的文化形态,可以认为是本族文化和中华传统文化的结合和延续。目前,虽然中华传统文化正在革新中趋弱,现代文化正在输入,但本族文化作为本土文化却显得过于顽强。因此,在民族地区呈现出不同文化以彼此分割又相互覆盖的方式共处于一种交织状态。从而既引起各式各样的思想文化冲突,给社会转型与社会发展以种种障碍性制约,又碰撞出各式各样的奇特效应,孕育着多种转换和发展的生机。

如在改革开放以来,已有20.3%的农民,特别是青年一代和一部分乡镇企业家,在现代思想文化的熏陶下,开始调整自己的观念坐标和价值取向,将自己的经济行为向商品生产和市场靠拢。在他们中间，开放改革的图新意识，正在取代闭关自守的保守思想；敢于进取的竞争意识，正在取代安贫乐道的无为心态；尊重科学文化的现代意识，正在取代愚昧无知的封闭观念；积极探索的主体意识，正在取代循规蹈矩的依附心理。

但是，这种思想文化及观念的变化，还没有成为少数民族地区的群体意识。传统思想文化和观念的惯性作用，还在顽强地延续着，对相当一部分人来说，它仍然像一座殿堂，使人们在深院中相安无事，自快自乐；又像一座迷宫，使人们无所适从，苦苦徘徊。

（四）人口特征——无节制的高生育与日益下降的低素质循环往复

人口的数量与质量同经济社会的发展有着密切的联系。在我国，由于过去各少数民族人口相对比较少，因此，国家曾实行不同于汉族地区的生育政策。经过40多年的发展，少数民族的人口数量有了迅速增长，而且增长速度大大超过汉族地区，并在一些地方超过了资源承载能力，加之人口素质下降，给经济社会发展造成压力。

据调查统计，1953年全国第一次人口普查时，少数民族人口为3532万，占全国总人口的6.1%。到1990年，少数民族人口增加到9120万，占全国总人口的8.06%。特别在60年代以后，少数民族地区人口出生率超常增长，1964年至1982年达到68.1%。1982年至1990年汉族人口年平均增长10.8‰，少数民族人口增长35.52‰。但与此相反的是，全国文盲人口60%集中在少数民族地区，有的地区人口文盲率达70%以上，其中女性高达80%以上。而且，在一些地区旧文盲没有减少，新文盲却在增多；一些地方不建学院建寺院，适龄儿童"不进学堂进教堂"。这种在人口生产上的越穷越生、人口越多素质越低的状况，造成了人口、生态和经济社会的恶性循环，削弱了少数民族社区和社会群体对新环境、新机遇、新观念的适应、接纳能力。

二 少数民族地区社会发展的结构性障碍

（一）社会结构的同质性过强

人类社会发展实际上是社会不断分化和整合的过程，社会结构愈趋复杂，社会的异质性程度越高。由于我国少数民族80%的人口生活在边远的山区，加之交通、通信落后和地理分割，缺乏与外部世界的交往和社会流动。因此，在少数民族地区的大多数社区，单一民族孤岛式聚居，种族同质性很强，强化了少数民族社区的同质性。

另外，我国由户籍决定的二元身份体制、城乡二元结构和封闭型的社会组织结构的制约，也强化了少数民族地区的地域隔离，成为社区逾越和发展的障碍。

（二）社会经济结构的调适过慢

社会经济结构和国民经济结构是否合理，会极大地影响生产力水平和社会发展程度。少数民族地区与自己的过去相比，经济结构的调适明显加快，但与全国相比，调适速度仍然过慢。

从产业结构来看，从事农业劳动与其他劳动的劳动者构成之比，1990年全国为3∶1，少数民族地区为4∶1；在农村社会总产值中工业与农业产值之比，全国为53.90∶46.10，少数民族地区为23.66∶76.34，传统农业依然占主导地位。

从工业生产结构来看，存在着"三个倾斜"：即国有企业产值占工业总产值的76.74%，高于全国16个百分点，倾斜于全民企业；轻重工业产值之比。全国为50.63∶49.37，民族自治地方为47.37∶53.63，倾斜于重工业；民族自治地方的大中型企业虽然只占企业总数的1.79%,而这些企业的工业产值却占全部工业总产值的45.90%,倾斜于大中型企业。

从城乡经济结构看,一是在空间布局上,表现为异常的集中,先进的生产力和工业大都集中于少数大中城市;二是城市经济与地区内部产业的进化脱节,工业的优先增长未能有效牵动乡村、县市的地域性经济发展。正由于城市经济的空间布局表现为互相脱节的小区分割,加之地域广袤,运距超长,各区域之间辐射半径难以衔接成网,使经济社会的发展受到牵制。

(三)利益结构的差距过大

在社会主义市场经济条件下,建立在劳动差别、资源开发和社会开放程度差别上的收入、利益差别,在整体上应该是符合社会主义分配原则和社会发展规律的。但目前存在的这种利益结构的差别过大,显然有悖于共同富裕和民族繁荣的目标,妨碍着少数民族地区经济社会的快速发展。

1978年,全国人均工农业总产值为585.3元,民族自治地方为342.05元,差距为243.25元。但经过10年之后,全国人均工农业总产值为1710.79元,民族地区仅为681.01元,差距拉大了3.23倍。与此同时,我国的贫困地区已相对集中于少数民族地区。1985年,在国家重点扶持的331个贫困县中,农村人均纯收入200元以下的县有181个,其中少数民族有90个,占近50%。到1988年,少数民族贫困县的比例上升到74.5%。在141个重点扶持的少数民族贫困县中,人均工农业产值仅338元,相当于全国人均水平的20.7%;人均工业产值约100元,仅相当于全国人均水平的7.5%;人均地方财政收入只相当于全国人均水平的14%。

上述少数民族地区社会发展的结构性障碍,在许多地方表现出特殊性和复杂性,既影响着少数民族地区同沿海内地的关系,也有碍于各民族的共同繁荣，已成为我国社会发展全局中至关重要的问题。

三 少数民族地区社会发展和转型的未来趋向

社会发展和转型，是我国改革过程中社会分化和重组的一个普遍现象。在少数民族地区，由于其自身各种因素的制约和阻抗，转型的起点低、范围小、力度弱、速度慢，但从实践来看，这种趋势的必然性和普遍性是不可逆转的，它主要表现在以下几个方面：

一是差别发展中的转折点趋近趋向。差别发展是区域经济社会发展的普遍规律，主要指落后地区在经济发展过程中，尽管增长速度较快，甚至超过发达地区的增长速度，但由于基数的差距过大，与发达地区的差距不表现为立即缩小，而要经历先扩大再缩小的过程。换句话说，落后地区经济增长速度的加快，并不与发达地区经济水平差距的缩小呈线性关系，而是表现为一种指数增长形式。在落后地区增长速度高于发达地区的情况下，差距扩大阶段是差距缩小阶段的前期准备。没有这样一个准备时期，落后地区的发展就无法顺利通过转折点，而随着转折点的趋近，差距缩小也就指日可待了。

用这一规律观察和解释目前少数民族地区与其他地区经济水平的差距扩大现象和社会转型趋向，就可清楚地看到，这种差距扩大的实质是地区间发展的客观过程，是差距缩小和社会转型的前期准备阶段，而且在社会转型的诸要素中有些要素已接近转折点。如："六五"和"七五"期间，民族自治地方的工农业总产值年平均增长9.4%左右，比"一五"至"五五"期间更接近全国的年平均增长速度；1986年至1990年，少数民族地区的钢、原煤、原油产量和发电量，年平均增长9.7%、6.9%、10.3%和

13.6%，均高于全国 7.2%、4.4%、2.1% 和 8.6% 的平均增长率；1990 年少数民族地区工业总产值占工农业总产值的 57%，表明工业已成为少数民族地区经济的主导力量；在农业内部，农业的比重逐年下降，其他各业的比重不断上升。1990 年，农业的比重由 1980 年的 65.94% 下降到 59.6%。与此同时。促进社会转型的社会要素也在增长，其中有些要素已逐渐接近转折点。

二是城乡一体化发展趋向。在社会发展和转型的参数系统中，农村劳动力向工业、向城镇转移是一个重要指标。在少数民族地区，尽管转移规模和速度慢于全国，但这种趋向已十分明显，而且势头越来越强劲。1987 年年底，5 个民族自治区和云南、贵州、甘肃、青海等多民族省区，从事乡镇企业的人数只有 470 万人，占总劳力的 5% 左右，到 1990 年则达到 770 万人，3 年中将近翻了一番。

另外，城镇功能的相对扩张也加速了少数民族地区城乡一体化的发展趋向。相对扩张主要指少数民族地区的各类城市，在自身发展过程中，逐步同周围的城市、小城镇和广大农村有机联系起来，通过城市的综合功能或单向功能的相对扩张、渗透，形成新的城镇密集群或新的经济社会区域网络，从而带动区域经济社会的发展和转型，这种趋向在云贵川、陕甘宁、青新藏等不同类型的少数民族地区已经出现。如云南的昆明城镇群，已有 4 区 8 县和 28 个县辖镇，人口 300 多万，并已实施把昆明周围的个旧、曲靖、开远、玉溪、大理、楚雄、保山、昭通等市建成中等城市，把安宁、晋宁、宜良、禄丰、富民、宣威等县城建成小城市的计划，使昆明城镇群逐步扩展为滇中地区城镇乡一体化发展网络。在这些地区，城乡优势结合、相互扩张交融的趋势日益强化，为城乡一体、工农一体、经济社会协调发展创造了有利条件，使少数民族地区开始看到了城乡分割隧道尽头的亮光，看到了社会发展和转型的未来趋向。

三是连片滚动趋向。"连片滚动"是指一些少数民族地区和城市，以发挥各地优势为基础，以市场经济为导向，以扬长避短、异质互补为特点而建立的多层次、多类型的区域经济联合组织和协作区。这种以区域协作为形式的联合，牵动了区域内城市之间、城乡之间、工农之间以及金融、物资、人才、文化的交往与结合，带动了社会转型要素的流动和重组，这是少数民族地区社会发展和转型的新趋向。

据不完全统计，在少数民族地区及其相邻地区，跨省区、跨地区的区域合作和经济网络组织已有东北经济区（包括辽宁、吉林、黑龙江省和内蒙古自治区东部的呼伦贝尔盟、兴安盟、哲里木盟、赤峰市等）、西南五省（区）六方经济协调会（包括云南、贵州、广西、西藏和四川省及重庆市，少数民族人口占全国的60%）、桂西南经济技术协作区（包括南宁市、南宁地区和百色地区）、湘鄂川黔桂毗邻地区经济技术协作区（民族自治县占113个县的1/3多）、滇桂黔边区四地州经济协作区（少数民族人口占总人口的38.6%）、黄河上游多民族经济开发区（包括青海、甘肃、宁夏、内蒙古4省区）等。这些区域联合和协作组织，虽以经济的交流与互补为目标，但它们又是一个集聚城镇、人口、工业和科技人才的经济社会交流系统。通过这一系统的上伸下延，把区域、城镇群、企业群和广大农村连成了一片，促进区域内的经济与社会、工业与农业、城市与乡村的滚动式发展，为社会转型创造了条件。

四是单质突破趋向。"单质突破"不是以往那种单项经济指标的超常发展，而是指少数民族地区利用自己的地理区位优势，实行沿边开放战略，从而带动整个少数民族地区经济社会发展的一种新的发展趋向。

我国内陆边境线长达2.1万公里，其中少数民族地区占1.9万公里，分别与15个周边国家接壤。在全国138个边境县中，

112个县属于少数民族地区。全国32个国家重点口岸中,少数民族地区占23个;180个地区口岸中,少数民族地区占120个。但在过去,由于开放程度低,少数民族地区处在对内对外的双重封闭之中。从80年代中期开始,随着对外开放的深化,在边境地区以边民互市为先导逐渐形成了一种新型发展战略。特别是1992年以来,沿边开放骤然升温,范围不断扩大,贸易额急剧增长,一些少数民族地区迅速致富,一批边境城镇拔地而起。昔日落后封闭的边境民族地区很快进入了高分化、高流动的转型过程。

实践表明,从边民互市、易货贸易到多形式、多层次、多方位的对外开放,从活跃经济、兴边富民到推进区域性经济交往和社会流动,从一县一市的兴边计划到沿边开放型战略的确定,标志着民族地区经济社会发展获得了新的生机。沿边开放这一单质突破,不仅像一台巨大的发动机,使民族地区经济有了新的启动力;而且又像一块巨大的磁石,吸引、集聚着社会转型的多种要素。现实已表明,随着沿边开放的进一步深入和扩大,少数民族地区社会结构的分化整合、社会运行机制的转轨、社会利益的重新调整、社会观念的变化更新,都将不断加快,社会转型的演进过程将随之出现质的突破。

西部民族地区发展中有关问题的反思[*]

西部是我国少数民族聚居的主要地区。在国家宏观的发展格局中，如何确立西部少数民族地区经济、社会、文化的整体协调发展模式、目标和发展战略、途径、对策等问题，已经涌现出为数甚多、颇有深度的新思维、新创见。但是，笔者又深感，似有一种重经济轻社会，重个性轻共性、重跳跃轻协调的偏向，甚至在一些重大理论问题和实际问题上，滞留于认识的误区而浑然不解。对此，本文作了以下探讨，诚望同人拨冗指教。

一 民族地区贫困的实质

西部少数民族的大多数地区非常贫困。据 1988 年统计，全国农民人均纯收入为 545 元，而西部的所有省区在 500 元以下，其中实行民族自治区的省区有的在 400 元以下，有的在 300 元以下，不仅大大低于东、中部地区，而且低于西部的一些汉族地区。然而，能否就此得出民族地区贫困的实质就是经济落后的结论呢？正确的回答应该是否定的。

首先，纵观人类社会发展的历史进程，贫困不外乎三种类型，一是资源型贫困，即由于自然资源匮乏，地理环境恶劣造成

---

[*] 《社会科学》1990 年第 5 期。

的一种天然性贫穷；二是灾损型贫困，即由于灾害、战争、瘟疫等外界因素造成的破坏性贫穷；三是精神型贫困，即一方面具有丰富的自然资源和经济优势，一方面又缺乏先进的文化科学技术和掌握运用科学技术的高素质人才群体，由此造成的两极逆反式贫穷。就西部少数民族地区的普遍状态而言，不能否认个别地区有资源型贫困。一些地区也有灾损型贫困，但绝大多数地区是精神型贫困。

其次，从社会学的观点看，少数民族地区的贫困又是一种地区性贫困，而区域性贫困从来不只是一个经济问题，更重要的是一个综合性的社会问题。只不过它的最外层表现是生产力落后，收入微薄，人民生活困苦等，但最深层表现则是生产工具简单，生产方式落后，社区间的相互联系能力脆弱，社区文化隔离机制过强，劳动群体素质差，以及思想保守和传统的价值观念、道德标准的精神型贫困。因此，西部民族地区的贫困不能简单地归结为经济的落后，而是地理的、历史的、经济的、社会文化的等主客观因素交织在一起，共同编织和强化了一张无形的网，束缚着民族地区的发展，并使贫困，落后与愚昧相伴而生、循环往复。

最后，用系统论的方法和原则考察，民族地区的发展问题是社会发展总问题的一部分。西部民族地区的落后，是整个西部地区落后和国家落后的缩影。因此，必须从我国和西部整个民族经济出发，把少数民族经济置于宏观的国民经济中去考察，从全国和西部的实际情况出发来剖析民族地区的区情。如果脱离国情大系统，孤立地强调少数民族地区某种区情的特殊性或重要性，就会走向以点代面、以偏赅全的形而上学的泥泽。

二 民族差别与民族意识

长期以来，在宣传和学术理论界，一直比较多地强调社会主义时期各民族的共同因素日益增多，民族差别日益缩小，这在某种程度上反映了我国各民族的实际，但同时存在严重的片面性，已经对西部民族地区的实际工作产生着直接的影响，造成不少地方经常发生否认民族差别，忽视民族特点的失误。

不可否认，新中国成立以来特别在十年改革中，由于党和国家的大力扶助，西部各少数民族的经济、社会、文化教育、科学技术等方面都有了长足的进步。但在经济、文化、生活水平、民族意识等方面，由于受商品经济的客观作用，差别不仅没有缩小，而且正在拉大。

在经济方面，少数民族地区的生产力主要集中于为数不多的大中城市和平原地区，而广大农村、牧区、边远山区的生产力则极度薄弱。以农业先进生产力的代表农业机械总动力为例，1985年全国平均每万亩拥有1657.3马力，而西部民族自治省区的拥有量均低于全国平均水平，同时在省区之间高低相差近一倍。如新疆的机耕面积占总耕地面积的60.8%，而贵州仅占0.1%，云南占5.9%，西藏占9.7%。即使在一个省区内，差别也非常之大。新疆区内有南北之差，云南有滇东西之别，西藏又有藏南北之分。

在文化教育方面，占全国总人口1/4的文盲半文盲中，有近60%分布在西部少数民族地区。据第三次全国人口普查，全国55个少数民族中有19个文盲率高达60%以上，大都分布在西部，在西部各少数民族之间，文盲率高低差近一倍，最高的达80%以上，每万人拥有的大学毕业生，全国平均为42.8人，少数民族地区只有26.9人，西部各少数民族间高低相差数十倍，最低的只有5.3人。

在生活水平方面，1983年全国农牧民人均纯收入355元，西部实行民族自治的省区，有两个超过全国平均水平，同全国相差百元左右的有三个省区，五省区之间只相差150元。到1988年，全国农牧民人均纯收入达到545元，西部民族自治区都下降到全国平均线以下，不仅同全国的高低差距由百元左右扩大到300多元，而且各省区之间的差距也由150元扩大到250多元。

另外，民族意识是民族差别的重要方面和重要内容，也是产生民族矛盾和民族纠纷的重要原因之一。随着改革的发展和社会的进步，民族的四个要素确实在发生不断变化，但民族共同的心理素质和意识始终是一个比较稳定的因素，甚至在一些方面日益强化，极其鲜明地反映出各民族之间的不同特点和民族差别。特别对涉及本民族历史人物和历史事件的评价十分敏感，稍有不甚，便会引发民族纠纷和社会冲突。这说明在改革的条件下，民族意识正在增强，少数民族群众比以前更加关心本民族的发展，民族差别"在全世界无产阶级专政实现以后，也还要保留很长很长时期"①。

三 民族地区的人口问题

在五六十年代，谁也不会承认中国存在人口问题，但现在人口增长的危机已成为有目共睹的事实。在改革过程中，中共中央针对少数民族各方面存在的明显差异，提出了在一千万人口以下的少数民族中"允许一对夫妇生育二胎。个别的可生育三胎，不准生四胎"的生育政策。有人据此便认为"少数民族地区不存在人口问题"，因此在民族理论的研究中很少涉及这一领域，在理论导向上陷入新的误区。

同这一"误区"相伴生的还有这样一些论调：在谈到中国经济不发达的根源时，一些人自然而然地将其归结为人口包袱的沉重，把人口多与落后画了等号；但在论及少数民族地区经济不发

---

① 《列宁全集》第31卷，第73页。

达的根源时，又将其同人口少联系起来。从而导致了不发达的根源既是人口多又是人口少的自相矛盾的逻辑混乱。

人口问题在本质上是社会经济问题，不仅仅是个数量问题，更重要的是质量问题。人口在数量上的多寡，只是人口问题的表层焦点，而人力资源的低素质和长期超低度开发以及无效能闲置才是人口问题的症结所在。

在西部少数民族地区同样存在日益严重的人口问题。从量上看，1986年西部少数民族人口达到5440万，比解放初期翻了一番多，大大高于同期汉族人口的自然增长率。在四川省，1982年比1964年少数民族人口的自然增长率，高出汉族一倍左右。处于青藏高原的各少数民族，1964—1982年增长了65.4%，比全国平均水平高44.7%，人口翻一番的时间比全国的33年缩短8年。更为严峻的是由于过速的人口增殖，使少数民族地区的人口年龄构成极度年轻，生育峰值高，生育率水平分布宽，孕育着新的人口问题。同时随着人口急速增长，少儿人数不断增加，民族人口出现了过重的负担系数，对教育、就业、生产、生活造成新的人口压力。

从质上讲，西部少数民族地区的人口问题就更严重了，主要表现为文盲率高，群体文化素质低；适龄儿童入学率、巩固率低，新文盲增加的趋势明显；再加之风俗习惯、生活方式、思想观念方面的传统性，使广大人口的身体素质、心理素质、科学文化素质、适应环境素质和创造素质都受到不同程度的影响，制约着民族地区商品经济的发展和社会进步。

四 宗教与民族地区发展

多民族、多宗教是我国国情的特色之一，正确认识宗教，从积极方面评价和肯定宗教的社会效益，对团结各民族群众、稳定社会秩序和发展经济无疑具有重要作用。但在过去的一些宣传和研究中，或仅仅把宗教视为一种个人信仰，或过多地渲染它的消极因素，不敢科学地评价和肯定宗教对社会主义建设的辅助作用，甚至在一些著文中把宗教归结为民族地区发展的障碍之一，这在实践中和理论上都是值得探讨的。

宗教是一种世界性的社会现象，但在我国的社会主义条件下，宗教中封建特权的剥削、压迫制度废除了，与帝国主义的联系切断了，同政治、法律、教育分离了，爱教、爱国、爱社会主义日趋一致了，一句话就是与社会主义制度相适应的因素扩大了，相协调的关系基本确立了。因此，在这种大的环境下，曾经附身于宗教的一些邪恶现象将不断减少，而宗教自身的理性和补益将日趋强化。

第一，宗教道德的戒恶行善、诚实正直、舍己为人等伦理原则和内容，与社会主义基本的道德标准日趋一致，对于教徒的个体行为和群体行为具有特定的约束作用和净化思想的作用，可以淡化非理性的金钱第一主义，有利于社会行为的规范化和社会的自我控制。

第二，宗教教义主张仁慈、怜悯、普度众生，反对奢侈、放荡，可以从积极方面唤起一种神圣的情感。而宗教严格的戒律又从被动方面自督、自责、自戒，有助于个体心理的稳定平和，减少反社会型人格的波动情绪，从而遏制犯罪，降低越轨行为和发案律。据调查，宁夏信仰伊斯兰教的回族聚居区，犯罪率比汉族聚居区低4%左右。据我们在甘肃农村的抽样调查，少数民族地区的"打架斗殴"现象比全省低一倍以上；对社会上的违法犯罪行为，少数民族群众"乐意管"的占调查人数的48.33%，全省其他群众占22.8%；而认为"与己无关的事一概不管"的人，少数民族仅占1.67%，其他则高达8.4%。

第三，宗教较多地倾向于把人导向一个物我化一的境界，对生存环境珍爱并促使协调。由此引发和兴办公益事业、保护宗教文物、创造优美的生态环境等群体行为，有助于自然资源的开发利用，促进发展生产、治穷致富和经济建设。

第四，宗教界人士的国际交往，有利于联系海外华人，引进外资，既扩大爱国统一战线的力量，又促进各国人民的友谊，对我国的开放政策发挥宣传作用。

第五，宗教自身利他主义行为的实施和群体化，有利于处理两类不同性质的矛盾，使各民族各宗教的信教群众和不信教群众在政治、经济根本利益一致的基础上团结起来，造就一种和谐的社会氛围，为中华民族振兴的共同目标而奋斗，在较高的层次上，实现与社会主义的适应和协调。

上述可见，只要我们始终如一地坚持党的宗教政策，理智地肯定宗教的合理性和积极性，就会抑制其消极因素，弘扬其积极因素，对民族地区的发展起到补益和推动作用。

五　民族关系的内涵与外延

我国宪法规定，"平等、团结、互助"是我国社会主义民族关系的基本特征。这无疑是正确的，但就此认为民族关系就是少数民族同汉族的关系未免有些绝对化。这种简单化了的论点，有碍于正确认识改革条件下民族关系的新变化，而且在实际工作中已经造成了局部的民族关系复杂化。因为：民族关系说到底是一种社会关系，十年改革给我国社会结构和社会关系带来的最大变化，就是社会分化加剧，并逐步形成了不同的社会利益群体，民族也是社会利益群体的一种特殊形式。在现阶段，民族关系除表现为各少数民族同汉族之间的平等、团结、互助关系外，还表现为各种利益群体之间的协作、互助和矛盾。特别当窥视许多民族关系和民族问题的深层原因时，就不难发现实际上是各种社会利益群体之间的利益关系在起作用。被全国注目的西部少数民族地区、汉族地区因边界、草场、山林、矿产等引起的纠纷、械斗，既有民族关系，更重要的是地区之间的利益关系；民族地区普遍存在教育落后、资源短缺、交通不便以及各种产品的比价等问题，也不只是同汉族的关系问题，而主要是城乡之间、工农之间、国家与地方之间的利益关系问题；至于各少数民族之间的差别、不平等甚至纠纷，就更与汉族没有关系，而直接表现为社会利益群体间的关系了。

对改革、开放条件下我国的民族关系，要进行多方位、深层次的探讨和认识，既要充分估价在我国国情中各少数民族同汉族的基本关系，坚决反对民族歧视，大力扶助少数民族发展经济、文化和社会事业，逐步消除历史遗留下来的事实上的不平等现象，真正实现民族平等、团结、互助；又要从社会发展的角度，把各种社会利益群体发展变化的规律同民族的特点结合起来，有机协调和整合民族之间各种利益群体的利益关系，促进各民族的改革、开放和商品生产，达到各民族的共同发展和共同繁荣。

六 竞争与民族差距的关系

过去，由于僵化思想和理论的影响，在民族地区的发展问题上，更是否认和排斥竞争。现在，面对商品经济内在规律作用下不可避免的竞争，以及业已出现的差距拉大和新的不平等，不少人感到疑虑，而且在理论上讳莫如深，缺乏应有的彻底性，这实在是对马克思主义理论的一种误解。

第一，在马克思主义理论中，竞争是商品经济的产物，不论社会主义还是资本主义，只要有商品经济，就必然有竞争。只不过由于社会制度不同，竞争的目的、手段、结果不尽相同而已。同时，竞争作为一种长期的社会现象，不仅仅是商品经济的私有物，而是包括人类在内的一切生物生存、发展、进化的一条自然法则。由此可见，不论从社会发展的宏观角度还是从商品经济的微观角度，竞争的存在，都是民族地区发展中不可避免的客观现象，是不容否认的基本事实。

第二，既然有竞争，就必然会出现发展阶段、层次上的差距和不平等。这种竞争关系以及出现的差距，实质上并不都是民族关系和民族差距。即使是民族间的竞争，也必然促进以不同民族为主的地区之间的联系日益紧密，促进传统经济向开放型经济转化，促进民族文化的丰富多彩，促进民族社会的开放和进步，从而使平等、团结、互助的民族关系进一步巩固和加强。至于各民族内部的竞争，则更应该提倡和加强，它不仅是本民族进步、发展、繁荣的客观内聚力，而且会大大增强民族的经济实力和民族特点，为缩小民族差距和事实上的不平等现象创造条件。

第三，我们承认竞争、鼓励竞争，并不否认竞争可能产生的某些消极作用。国家和政府应通过宏观上的控制和调节手段，积极地进行干预，为各少数民族参与竞争，求得自立和发展创造适宜的条件。

第四，我们强调国家对少数民族地区在政策上的优惠和在人力、财力、物力等方面的大力扶持，并不否认各民族在竞争中主动运用自治法所赋予的各种权力、大力发展商品经济的积极性，而是积极倡导各少数民族充分发挥自己的优势，提高自己的发展能力和竞争能力。对出现的差距要敢于正视，善于适应，勇于消除。同时，不能把平等绝对化、神圣化。

西北民族地区社会发展与
稳定因素的凝聚和强化[*]

加快发展、维护稳定,是邓小平建设有中国特色社会主义理论的重要组成部分。西北地区共有近50个民族成分,少数民族人口约占总人口的12%,占全国少数民族总人口的20%。总面积为262万平方公里,占西北地区的84%,占全国总面积的27.3%。边境线长约5600公里,占我国总边境线长度的1/4左右。在这样一个幅员辽阔而比较落后的地区,其社会的发展状态和稳定程度如何,不仅对西北而且对全国改革、发展、稳定的大局具有至关重要的影响。

我们所说的社会发展与稳定,是指社会系统的运行状态和过程。稳定是系统的动态平衡状态,发展是系统的变革进步过程。但社会系统的运行主要靠其内部各种动力因素的凝聚及其综合作用。如果凝聚为合力的内驱力不断强化,且正向作用,那么社会系统将处于发展进步状态;如果内驱力又在正向作用过程中保持协调互动,那么社会系统不仅处于发展状态,而且更突出地表现为良性的、发展中的稳定状态。当然,社会发展与稳定的程度,将不可避免地受到其外部非动力因素的影响,但这毕竟是暂时的、局部的、非根本性的。

---

[*]《社科纵横》1996年第6期。

用这种发展与稳定的统一观审视西北民族地区，我们有理由认为，尽管过去和现在一些地区存在着不利于发展和稳定的因素，如极少数地方出现利用宗教干涉行政、司法、教育、婚姻的现象，国外敌对宗教势力的渗透和分裂活动，信教群众的经济负担过重，还有执行民族宗教政策、宗教管理等方面的问题等。但从民族地区的整体来看，来自社会系统内部，利于发展与稳定的动力因素正在不断扩大。凝聚合流，力度日益增强，而不稳定因素则日渐减少、趋于弱化，其具体表现为：

一 经济发展强化了社会发展与稳定的内驱力

马克思主义告诉我们，社会发展与稳定最根本的是靠其内部力量的推动。这些动力可分为物质动力和精神动力，基本动力和非基本动力，直接动力和间接动力。各种动力相互交错，相互促进，由此构成一个多层次的社会稳定与发展的动力系统。在这一动力系统中，以生产力发展为标志的经济发展无疑是一切社会发展最基本的内在驱动力。这一动力的源源不断和迅速扩张，将为社会的良性运行和动态平衡奠定强有力的基础。

改革开放以前，自然经济在西北民族地区延续了数千年，产品经济支配了数十年，整个社会处于封闭的静态的落后状态，发展动力衰竭。党的十一届三中全会以后，西北各民族群众大力发展地方经济，使生产力水平大幅度提高，经济实力显著增强，为社会发展和动态平衡奠定了物质基础。据统计，1990年，西北少数民族自治地方的工农业总产值达到560.24亿元，比1978年增长161%。其中农业总产值达到195.86亿元，比1978年增长142%；工业总产值达到346.78亿元，比1978年增长171%。国民生产总值年平均增长速度为9.76%，超过全国平均发展水平。新疆维吾尔自治区从1978年至1992年，国民生产总值年平均增长 11.1%，工业总产值年平均增长 11.8%，农业总产值年平均增长 9.2%。1994 年达到 632 亿元，又比上年增长 10.9%。宁夏回族自治区 1978 年国内生产总值只有 12.42 亿元，到 1990 年达到 61.10 亿元，增长了 3.92 倍。1994 年达到 133 亿元，比 1990 年又增长了 1.18 倍。青海省在 1980 年至 1990 年的 10 年中，国民生产总值由 17.8 亿元增长到 66.3 亿元，增长 2.72 倍。1994 年达到 135 亿元，比 1990 年又增长了 1.04 倍。

民族地区经济的台阶式、高速增长，不仅打破了普遍贫穷的状态，广泛消除了长期以来制约社会发展与稳定的贫困因素，而且为社会事业建设提供了物质条件。改革开放以来，除国家直接投入外，各省区用于民族自治地方社会事业的投资大幅度增加。1994 年，新疆用于商品房的投资 6.38 亿元，比上年增长 19%；电力、煤气和水等的投资 10.22 亿元，比上年增长 22.7%；用于教育、文化、科技等行业的投资 3.99 亿元，比上年增长 27.5%。青海 1994 年用于公路、通信和地方小型开发项目的投资分别为 2.53 亿元、2.5 亿元和 2.7 亿元，是近年来最多的一年。

社会事业投入的不断增加，为社会发展与稳定提供了内在动力，实现了在经济发展的同时，促进科学、教育、文化、交通、通信等的同步发展和社会全面进步，使经济、社会、科技三大系统的协调度大大增强，社会系统的运行力度和运行态势逐渐趋于强劲化和秩序化。

二 生活水平的提高和多层次需要的满足强化了社会主体对发展与稳定的认同感和承受力

社会的发展与稳定，归根结底决定于两个方面，一是社会本体，一是社会主体。人作为社会的主体，既是社会最基本的生产力，又是生产关系的承担者。在社会发展与稳定的过程中，无论是其间的矛盾暂时缓和、激烈冲突或相对解决，都只有通过人的活动才能发生，因而人是社会系统运行和平衡的启动者和维护者。

然而，人作为活生生的、有思想、有感情的生命有机体，首先具有内在的多种多样的需要。在马克思看来，人们除了生理需要外还有精神需要和社会需要。恩格斯把人的需要分为生存需要、享受需要和发展需要三个层次，并认为人的多层次需要的不断满足，便会成为不断激发人的发展动机和行为的内在动力。

在西北民族地区，由于经济不断发展，近10多年来人们的需要得到不同程度的满足，生活水平和生活质量逐渐提高。在生存需要方面，据《中国民族统计》提供的资料，1990年全国民族自治地方农牧民人均纯收入700元以上的县87个，西北民族地区有43个，占近一半；1000元以上的县19个，西北有10个，占52.33%；在19个千元县中，甘肃肃北蒙古族自治县为1626元，居第3位。阿克塞哈萨克族自治县为1546元，居第4位。青海省刚察县为1310元，居第5位。到1994年年底，新疆、宁夏两个自治区农民人均纯收入分别达到935.5元、910.5元，城镇居民人均生活费收入分别达到2869元、2658元，均比1978年增长4—9倍。被自古誉为"苦瘠甲于天下"的宁夏西海固回族地区（即西吉县、海原县、固原县），1991年粮食总产量翻了一番，人均纯收入分别达到350元、391元和391元，有半数农户盖了新房，人们最基本的生存需要初步满足，温饱问题基本解决。

在生存需要不断得以满足的同时，人们的文化、精神和享受需要也正在逐步得到丰富和提高。据1992年全国统计，新疆、宁夏、青海和甘肃农牧民每100户拥有自行车117辆、缝纫机57.3架、手架148只、电视机49.57台、洗衣机15.33台、摩托车1.67辆。近几年，高档消费品和文化用品更以前所未有的速度，进入各少数民族的家庭。

社会主体需要的不断丰富和满足,对社会本体将产生多重的正向作用:一是对制度(体制)变迁、结构转型、文化冲突、社会整合等社会风险的承受力增强。同80年代显著不同,大多数民族地区的社会成员对社会政治、经济、文化重大变革的接受性、适应性及耐受性大大增强,而且随着生活水平和质量日益改善,人们开始自主地调整其认识、情绪和态度,外界因素的负面影响不断弱化;二是社会主体对社会组织、社会政策、社会控制和社会工作的认同感增强。由于改革开放以前,大多数民族地区处于贫困落后状态,人们最基本的需要难以满足,而改革以来是党和政府等各级组织通过推行一系列的改革政策,实施一大批开发、扶贫、救助等重点工作,使民族地区的经济跳跃式发展,人民生活水平大幅度提高。因此,社会成员从自己所获得的"实惠"出发,由对党和政府直观的评价、认同,发展到对改革政策的认同,进而上升到对加快发展、维护稳定的认同,由此形成一种巨大的精神力量,使发展与稳定拥有了可靠的群众基础;三是这种思想上、心理上认同感的进一步升华和表象化,将表现为一种理智的、正向的社会行为。而这种社会行为将以双向回程的方式促进社会的发展与稳定。一方面,把对制度、组织、政策的认同心理变为支持、拥戴和维护的行动,以保护自己已经获得的需要和利益,这是社会保持稳定的基本力量。另一方面,正如马克思恩格斯指出的那样:"已经得到满足的第一个需要本身、满足需要的活动和已经获得的为满足需要用的工具又引起新的需要。"[1] 这"新的需要"又不断地激发起人们新的发展动机和发展欲望,推动社会向更高的水平发展。而且根据列宁概括的"需要上升规律"[2],新的需要是新的现实行动的推动力。最基本的需要满足得越多,产生新的需要就越强烈,从而形成"凝聚积累的

---

[1] 《马克思恩格斯全集》第3卷,第32页。
[2] 《列宁全集》第1卷,第89页。

效果"。个别需要实现后，整个需要系统以及社会需要的诸方面又会不断地调节，使需要的整个系统协调发展。由此推动社会在发展过程中保持稳定，在稳定的基础上求得新的发展，如此双向循环，使社会始终充满强劲的内部驱动力，保持发展与稳定的良好状态。

三 民族素质的提高强化了社会稳定与发展的凝聚力

民族素质是民族共同体在长期的历史发展过程中所形成的认识世界和改造世界的内在的和显现的能力。一般包括人口、身体素质，思想、政治素质，科学、文化素质，心理、适应素质，创造、发展素质等。民族素质是民族结构运动产生的一种特质和释放的一种强力，也是社会发展与稳定的内在动力。

研究表明，人的自然属性和社会属性的综合，具体体现在人的体能、技能、智能的高度统一。一个简单的定量规则揭示，对于三者的社会支付成本分别为 1∶3∶9，即当社会维持一个人的健全体魄所支付的成本为 1 时，支付维护技能的成本为 3，其支付获得智能的成本为 9，但三者为社会所创造的价值之比却为 1∶10∶100。这两对相关的规则，呈现一种等比级数的特征，准确地揭示了民族素质提高的巨大价值和作为发展凝聚力的伟大意义。

西北地区民族素质的提高是同医疗卫生、文化教育、科学技术等社会事业的蓬勃发展相伴而生的。据统计，1990 年，西北民族自治地方有高等院校 30 所，在校学生 3.96 万人，几乎相当于 1975 年全国民族自治地方的高校和在校学生的总和。有中等学校 2987 所，在校学生 131.42 万人，分别占全国民族自治地方的 24.34% 和 21.56%。有小学 14346 所，在校学生 296.36 万人，分别占全国民族自治地方的 12.19% 和 15.99%。以上三类学校和在校学生数比 1978 年分别增加 0.7 至 1.3 倍。到 1994 年，在普通教育不断发展的同时，成人教育、职业技术教育和扫盲教育等都得到迅速发展。仅新疆的各类成人教育在校学生数就达到 3197 万人，当年扫除文盲 10 余万人。宁夏已在 13 个县（市、区），204 万人中普及了初等义务教育，扫盲达标市、县达到 10 个，占县市总数的 55.56%。

民族素质的不断提高和优化，在促进社会的发展与稳定方面表现为不同群体能力的强化和聚合。首先，强化和聚合了社会群体的参与能力和自主能力。据《宁夏回汉民族经济行为发展取向调查研究》提供的资料，回族群众在经济参与、政治参与以及社会责任感、公民的权利和义务等方面的素质和能力不断提高，在许多问题上都高于汉族群众。如在"经济投入"上，回族高于汉族 1.16 个百分点；在"接受信息"上，回族高于汉族 2.90 个百分点；在"发展欲望"上，回族高于汉族 8.70 个百分点；在"从事商品经济的动机"上，回族高于汉族 13.38 个百分点；在"效率意识"上，回族高于汉族 2.42 个百分点；在"依靠自己奋斗的自主意识"上，回族高于汉族 12.14 个百分点。

其次，强化和聚合了干部群体的自治能力和宏观调控能力。据调查，近几年西北民族地区干部群体的知识化、年轻化和民族化水平不断提高。如新疆少数民族干部已达 26.8 万人，是自治区成立时的 4.8 倍；少数民族专业技术人才 18.1 万人，为自治区成立时的 73.2 倍。青海省海北藏族自治州 1992 年共有少数民族干部 3358 名，比建州初期 1953 年增长 9.57 倍，比 1978 年增长 40.38%。其中，有 2656 人取得中专以上学历，占 79.09%。少数民族专业技术干部达到 1945 人，占全州专业技术干部的 50.9%。正是由于民族干部群体的壮大和文化、科学素质的提高，使党在民族地区实行区域自治的政策才能得到更好的落实，各级自治机关的决策功能、组织功能、调控功能和应变功能得到更大限度的发挥。特别在事关发展与稳定大局的诸多问题上，广大少数民族干部的宏观驾驭能力、干预能力、协调能力和管理水平显著提高，成为发展与稳定的直接推动和坚定维护者。

最后，强化和聚合了先进群体的创造能力和发展能力。由于民族素质的提高，在西北民族地区的高文化群体、青年群体和能工巧匠群体中，出现了一批敢于竞争、开拓进取的先进群体。他们既具有发展的强烈愿望，又具有维护稳定的迫切要求，是发展与稳定的积极探索者和实践者。如新疆乌鲁木齐县二宫乡八家户村的回族乡镇企业家何占山，由一个农民成长为如今拥有企业27家、产值2.9亿元的农工商总公司董事长，为新疆的发展与稳定作出了卓越贡献。在被著名社会学家费孝通教授称为西北"温州"的甘肃临夏回族自治州，不仅已有20万这样的人进入本地和全国各地的市场，而且又有三百多人走出国门，先后在西藏周边的樟目、吉隆、亚东、日吾等国际大市场上大显其能。与此同时还有一批农民企业与印度、锡金、不丹等国家的客商在周边国际市场上办起联营企业。正是靠这些高素质的商品经济带头人，既促进了民族经济的发展，又推动了社会文明和进步。

四 宗教内部的变革强化了信教群众同发展与稳定的适应能力

宗教内部的变革和对本教的教义教规作出适应社会发展和进步的新的诠释，相应变更其宗教礼仪、制度、组织形式与活动内容，这是世界性的各主要宗教历史上所共有的现象，也是宗教存在和发展的必然规律。近些年来，随着我国改革开放和现代化建设的日益发展，各宗教为了自身的发展，都注意逐步贴近现实，从时代需要和信教群众的需要出发，主动进行宗教内部的改革。如，佛教界有识之士不断发掘佛教文化宝藏，对古老教说作了某些调整，提出了"人间佛教"的思想，强调教徒只有在造福众生的事业中投入最大的力量才能在佛教中修积最大的功德。它的提出，使佛教与社会主义社会相适应有了契合的思想基础；有的地方的基督教活动点对宗教制度和礼拜时间进行变更，消除了宗教活动与经济活动之间的矛盾；宁夏回族自治区的许多穆斯林群众，在清真寺履行听经诵经的宗教活动后，又到各种科学技术培训班学习现代科学知识。提出了既学习圣经、又学习科学文化知识的"双学习"的口号；青海省的许多宗教组织在履行宗教事务的同时，通过对宗教文化、经典的研究，对其中一些影响发展与稳定的教规教义作出适应社会进步的新的诠释，使其与在全省开展的"爱国、爱教、爱家乡，维护稳定促发展"的活动相协调；各宗教都在坚持宗教信仰自由的基础上，鼓励信教群众在本职岗位上勤奋工作，脱贫致富。提倡把竞争观念与传统的宗教伦理道德相结合，规范个人行为，维护正常的市场秩序和社会秩序。兴办自养事业和社会公益事业，减轻信教群众和政府的经济负担。积极为地方经济建设引进资金和技术，等等。

这些来自宗教自身的自觉的积极的变革，不仅使宗教逐渐与社会主义、与发展和稳定相适应，而且影响到广大信教群众，培育和造就了他们的广泛适应能力：

一是与现代社会相协调的能力。宗教是世界性的社会现象，从它产生的那一天起，总是与各个历史阶段的社会相协调而生存的。在封建社会，宗教要与封建社会的政治、文化、经济相协调，并为其服务；在资本主义社会，要与资本主义社会的政治、文化、经济相协调，并为其服务；在社会主义社会也必然如此，通过宗教自身的不断变革，使广大信教群众对这种"必然性"的认识越来越明确，并通过自己的实践付诸行动。他们自觉遵守国家的法律、法规和方针政策，在法律允许的范围内从事宗教活动，服从国家依法对宗教事务进行管理。在继承传统宗教文化、习俗的基础上，吸纳现代文明和现代文化，摒弃阻碍民族发展与进步的消极因素。从而在科学种田、计划生育、移风易俗、发展文化教育和市场经济等方面表现出更大的积极性和协调精神。

二是脱贫致富能力。实现各民族的共同繁荣和共同富裕，是邓小平建设有中国特色社会主义理论的基本内容，具有广泛的包容性，各宗教都可在这个大目标下找到与社会主义相适应的结合点。近些年来，不仅各宗教组织积极变革不合理的宗教礼仪、组织形式和活动内容，自觉地服务于经济建设和实现共同富裕的大目标。而且广大信教群众积极投入市场经济，依靠现代科学技术，发展农业、牧业、养殖业和乡镇企业，提高了致富能力，加快了致富步伐。如1994年，新疆的乡镇企业总产值达到87.4亿元，同1992年相比翻了一番多。年产值100万元以上的企业有660多家，1000万元以上的有85家，还形成了一系列以民族工艺品为特色的专业村，使大批农牧民走上了致富之路。1994年在人均纯收入中，来自乡镇企业的份额占到近20%。

三是行为约束能力。宗教作为一种文化状态，其本身就具有规范功能和认知功能。尤其是各宗教在不断通过自身改革，主动与社会主义社会相适应的过程中，又出现了有利于发展与稳定的道德化倾向，更强化了信教群众个体行为的约束能力。比如：宗教道德的戒恶扬善、慈悲为怀、庄严国土、爱国爱民等伦理原则与现代的伦理原则、法制原则和爱国主义相融合，有利于社会行为的规范化和社会控制的法制化；宗教倡导的仁慈怜悯、普度众生、反对奢侈、放荡，与现代的救残扶贫、勤政廉洁、艰苦奋斗相融合，有利于个体心理的稳定平和，净化社会环境，减少越轨行为；宗教自身的利他主义与现代的集体主义相融合，有利于社会关系融洽，造就和谐的社会氛围；宗教强调的珍爱生态环境与现代的生态保护、环境治理相融合，有利于自然资源的开发保护，实现资源、人口、生态的协调发展，等等。

事实表明，只要我们全面正确地贯彻宗教信仰自由的政策，理智地科学地肯定宗教存在的合理性，处理好保护与限制的关系，鼓励和支持宗教自身自愿进行的各种变革，就会弘扬其积极因素，最大限度的弱化消极影响，使宗教成为维护发展与稳定的一种力量。

民族地区特殊的社会关系及其战略调整*

社会关系是社会生活的基本网络，是社会成员生存于其间并求得发展的依托。人的本质、人格和价值追求往往在一定的社会关系中生成和外显出来，因而社会关系要素、形态和形式也反映着特定社会的发展趋向和价值目标。在传统社会和现代社会中，社会关系的要素内容、构成单元、运行状态和模式具有明显的区别，正是这些区别塑造和固化着两种迥然有别的社会状态。

一 社会关系的社会学定位

在社会学的学术传统中，历来重视社会关系的研究，认为社会关系是社会学研究的重要内容。

（一）社会关系的多维度解释

通常我们所频繁使用的"关系"一词，主要指不同事物间的相关性和关联程度。第一，它是代表事物联系的事实；第二，它是认识事物变化的依据；第三，它是任何科学研究的基本目标。

把社会关系范畴运用于社会学学科研究是马克思首先提出来的，在以后的学科发展中其他社会学学派有了进一步的丰富和完

---

* 《新华文摘》2008年第14期。

善。马克思主义社会学认为,社会关系是人类社会交往中形成的以生产关系为基础的各种联系和关系的总称。它既不是人们之间的单个人的联系,也不是具体组织的联系,而是一般意义上的具有典型特征的社会性的人的联系。

马克思主义社会学正是从客观的、纵向的、抽象的角度来把握社会关系的作用的,认为物质关系和精神关系是一对最基本的社会关系。因而,他们在分析社会关系时,把人们在各种不同领域中的社会交往和活动,归结到经济活动的高度;把人们在各种交往和活动中结成的社会关系,归结到经济关系(生产关系)的高度,从而深刻揭示了社会发展是一个自然的历史过程的规律。

如果说马克思主义社会学主要是从宏观维度研究社会关系的,那么,其他社会学学者大都是从中观和微观维度研究社会关系的。

笔者基本上认同上述对社会关系的多维度解释,并认为社会关系的网络错综复杂,其中既有宏观的社会关系,又有中观和微观的社会关系,既有主干的或基础性的社会关系,又有附属性的或次生的社会关系。因而,我们的研究将从微观的社会关系入手,用宏观的社会关系驾驭研究整体,主要研究中观层面的社会关系状态、结构、功能和问题,以实现社会关系调整目标和策略的科学性和可借鉴性。

(二) 社会关系的层次、结构和类型

社会关系是一个庞杂的复合系统,具有不同的层次、结构和类型。马克思主义社会学把社会关系分为两个层次4种类型:第一层次是在狭义的层面上把社会关系划分为两类,一是物质关系,包括生产、分配、消费等最基本的生产关系;二是思想关系,包括政治法律、文化、道德、宗教关系等。第二层次在广义的层面上又分为两类,一是基本的社会关系;二是其他的社会关

系，包括地缘关系、业缘关系、亲缘关系；商品关系、信贷关系、贸易关系；群际关系、人际关系、民族关系、国际关系，等等。这些关系根据研究的需要不同，还可以划分成若干关系体系。

在我国社会学界，一般从多种角度划分社会关系的结构、层次和类型。一是从结成社会关系的主体划分为：个人与个人的关系；个体与群体的关系；群体与群体的关系。二是从社会关系存在的形态上划分为：静态关系，主要指社会关系的构成模式，包括家庭结构、职业结构、阶级阶层结构、社会结构；动态关系，主要指社会关系的相互作用模式，包括社会互动和社会变迁。三是从社会交往的密切程度上划分为初级关系（首属关系）和次级关系（次属关系）。四是按社会关系的性质划分为对抗性关系和非对抗性关系。五是从社会交往的向度与选择上划分为垂直关系与水平关系。六是从社会关系的规范化程度上划分为正式关系和非正式关系。七是从社会关系建立的基础上划分为血缘关系、地缘关系和业缘关系。本研究主要是从社会关系建立的基础和结成社会关系的主体角度，研究民族地区社会关系的。

（三）社会关系的内容和特点

社会关系的内容主要包括两个方面：一是动态的社会过程，它可分解为纵面的社会变迁和横面的社会互动。社会变迁的方式主要有：（1）社会流动。（2）社会运动。（3）社会演化。（4）社会解组、改组。社会变迁的过程一般情况下是由关系和谐到发生变迁，再到关系失调、社会解组，最后经过调适达到社会改组，建立新的和谐的社会关系，以此循环往复，推进社会不断进步。而社会互动的方式主要是合作、顺应、竞争、冲突和同化，它包容于社会变迁的不同阶段，发挥着不同的作用。二是社会关系状态，主要指社会现象的联系模式和社会关系的构成模式，它又可分解为三个方面：（1）社会关系的基本要素或构成主体，即个体与个体，个体与群体，群体与群体，社会现象与社会现象；(2) 社会关系状态的构成单元，即人口、家庭、社区、组织等；(3) 社会关系的构成模式，即家庭结构、职业结构、阶级阶层结构、社会结构等。

社会关系的一般性特点可以概括为：一是普遍性，即社会关系是社会经纬，它与人类社会共生共存，无社会关系便无社会可言。二是主体性，社会关系的主体是人，因为有了人这个个体，才有了群体团体组织，它们之间的互动便产生了各种纵横交错的社会关系。但不论这种关系何等繁纷复杂，它的流变、走向和发展趋势都是由人这个主体决定的。同时，已经形成的社会关系，它又是我们认识特定社会性质和判断社会善恶与否的主体性标志。三是变异性，社会关系问题会随着社会变迁而不断发生变化，但这种变化的社会关系随时都有可能发生价值错位和方向偏离，由此产生因社会关系失调而出现的大量社会问题。因此，社会关系的研究也是认识社会现象和社会问题的重要基础。

二 民族地区特殊的社会关系

在社会关系的范畴里，不论从广义的角度还是从狭义的角度，它都涵盖了民族地区所有关系包括民族关系的基本内容。也可以说，民族地区社会关系的特殊性集中表现为民族关系，民族关系实质上是社会关系的一种表现形式，只不过它不是一般的社会关系，而是一种特殊的社会关系。

(一) 民族关系是社会关系的一种表现形式

所谓民族关系，顾名思义是指各民族群体之间的联系和关系，它是多民族国家内部各民族群体（集团）之间交往和互动的形式、内容、质量状况及其发展过程的总和。在我国，这种民族关系主要包括：国家与各个民族的关系、汉族和少数民族的关系以及少数民族之间的关系。

由于民族是在历史发展过程中形成的有共同语言、共同地域、共同经济生活以及表现于共同文化特点上的共同心理、倾向的人类生活共同体，因此，在这个共同体内部的所有交往和互动实质上就是社会关系。只有这个共同体与另一个共同体之间产生交往和互动时，它们之间的关系才表现为民族关系。正如著名社会学家费孝通教授认为的那样，民族本身就是个关系概念，它体现群体之间及群体内部的一种关系，民族是具有一定同质性的群体。他还认为，民族也是一个历史概念，民族是各种群体相互作用全过程的一个阶段的形态，它在过程中形成，并且仍然处于形成新形态的过程之中。他提出，作为整体的"中华民族"，是民族国家层次的概念，而作为它的组成部分的各个民族是社会文化层次的概念。在中华民族这个整体里，各民族之间是相互依存、相互促进的关系，呈现为"你来我去，我来你去"的历史表象，构成了"我中有你，你中有我"的格局，即"中华民族多元一体格局"。费先生的这一理论，为我们认识和研究民族地区的社会关系提供了新的思路和框架。

（二）民族关系是特殊的社会关系

迄今为止，我国学术界尚未形成对民族关系的权威性定义。甚至像《辞海》、《中国大百科全书》（民族卷）等这样一些权威性最高的大型工具书也忌涉"民族关系"这一概念界定。但在改革开放以来，我国民族学、社会学和人类学等理论界对民族关系的内涵、表现形式以及与社会关系的联系进行了有益的探索，形成了以下共识：

一是认为民族关系"是具有特定内涵的特殊的社会关系"。之所以"特殊"，就在于它在人们的交往联系中不仅具有社会性，而且具有民族性，本质上涉及民族这个人们共同体的地位待遇，民族这个社会利益群体的权力和利益，民族及其成员的意识和感情的社会关系问题。各民族成员之间的关系，既不都属于民族关系，也不都不属于民族关系。衡量是否构成民族关系的关键是看这种关系是否有民族性内容，具有民族性内容时才构成民族关系。民族关系的基本表现形式是不同民族群体之间的关系。这种基本表现形式还通过若干具体形式反映在社会现实生活中，民族关系在现实生活中既具有广泛性，又具有有限性。

二是认为"民族关系是整个社会关系中一种特殊的、复合型的社会关系"。因为它是人们交互作用的产物，是以民族出身或民族籍为依据而产生的一种社会关系。它包括政治关系、文化关系、民族体的交融关系等。从民族关系的形式和范围而言，有国内民族间的交往关系，一民族与数民族的交往关系，数民族之间的交往关系，民族之间的直接交往关系、间接交往关系（通过某一政体发生的关系）等。社会主义条件下的民族关系具有平等互助、团结合作、共同繁荣等三大特征，民族团结合作是本质特征，是社会主义民族关系的核心。社会主义民族关系的实质，基本上是各族劳动人民之间的关系。

三是认为民族关系"是一种社会关系"，"就是各民族之间的社会联系，就是在人与人之间的关系基础上发展起来的群体关系"。

综上所述不难看出，民族关系作为社会关系的一种特殊表现形式，既具有民族性特征，也具有宗教性特征、社会性特征。

（三）民族关系的多重性特点

1. 两重性特点

目前到今后相当长的时期内，我国都处在社会主义初级阶段。这一阶段的民族关系一方面同历史上各种类型的民族关系有着根本区别,是建立在多民族根本利益一致的基础上的各民族一律平等、团结、互助的民族关系;另一方面,由于这种关系受初级阶段时代的限制,民族关系的基本内涵、特征和实现程度,表现得还不够充分和彻底。如民族平等的不完全性、民族团结的相对性、民族互助合作的有限性和共同繁荣的初步性等。

2. 继承性和排他性特点

现阶段的民族关系有继承了历史上民族关系中的人民性的精华,如各族劳动人民相互学习、友好交往、共同发展的一面,同时也有偏见、歧视、冲突的一面。

3. 共同性和特殊性特点

社会主义初级阶段的民族关系是建立在社会主义公有制基础之上的,各民族在政治、经济、文化等方面的根本利益的一致性,决定了各民族共同的发展目标和价值取向,同时由于各民族在历史传统、经济文化结构和发展水平、语言文字、风俗习惯、宗教信仰、心理素质等方面的不同,又决定了各民族有各自特殊的愿望和需要,因而使民族关系既具有共同性又具有特殊性。

4. 总体性和个别性特点

现阶段的民族关系在其发展的总进程中既存在着反映民族关系本质、主流和发展总趋向的一面,又存在着与本质、主流相悖的非本质、非主流与总趋向逆反的一面。前者是民族关系的总体,后者是民族关系中的局部或个别现象。尤其在实行社会主义市场经济体制以来,打破了民族和地区之间的壁垒,各民族之间的社会流动和社会交往进一步增强,社会联系更加普遍和广泛,民族关系中的排他性、个别性在日趋弱化,总体性、相融性不断增强,从而使民族关系的社会性愈加广泛和突出,调整社会关系的必要性和迫切性也日趋增强。

三 特殊社会关系的战略调整

当前,我国民族地区正处于一个从传统社会向现代社会、从计划经济向市场经济转型的过渡过程。这一时期社会变迁加速进行,社会分化和解组势不可免。但民族地区基本上保持了社会稳定和民族关系稳定,其所以如此,就在于民族关系正处在一个健康和良性运行时期,特别是改革开放的全面推进,为各民族快速发展、民族差别日益缩小奠定着一个更为坚实的基础,为各民族与国家关系的良好融合,为各民族的相互接近、认同、互助和国家意识的提升,创造着更为良好的环境和条件。因此,为了因势利导,进一步巩固和发展平等、团结、互助的民族关系,必须超前应对新形势下的新倾向和新问题,对民族关系这一特殊的社会关系进行适时的战略调整。

(一) 坚持稳定与发展的统一战略

稳定与发展,既是不断深化的中国改革进程和国际关系风云变幻提出的时代性重大课题,也是民族地区民族关系调整必须直面的迫切问题。稳定与发展,从社会学意义上看,它首先是指社会系统的运行状态,其次也包括社会关系系统的运行状态。稳定是系统的动态平衡状态,发展是扬弃旧的平衡在变迁中建立新的平衡的过程。它们之间的关系是相辅相成、辩证统一的。我们所说的稳定应当是发展条件下动态的相对稳定,封闭保守的"超稳定"是不足取的。

民族地区之所以需要稳定,是因为这里还存在影响发展的不稳定因素。

之所以稳定与发展统一,是因为这些地区现存的矛盾和冲突,基本上是各族劳动人民之间的关系问题,是属于人民内部矛盾问题，也是发展中小规模的局部问题上的矛盾，还不足以影响全局上的发展问题。而且，这一地区的许多问题最终还要靠发展来解决。因而，如果只讲稳定，不突出发展，就会使稳定进入封闭僵滞状态，排斥社会系统的发展要素。积极而有效的战略对策应该是把稳定与发展有机地统一起来，稳中求变，稳中求进，稳中求快。

（二）坚持发展与缩小的同步战略

国内外民族关系的经验教训表明，经济因素越来越成为影响民族关系的主要因素。加快民族经济发展步伐，缩小民族间发展上的差距，是调整民族关系的最基本的战略。要调整好民族地区的民族关系，在经济上要解决好三个矛盾：一是东西差距拉大与民族地区要求加快发展之间的矛盾；二是现代化建设中各民族之间利益、少数民族地区的利益与国家利益之间的矛盾；三是各民族人民物质文化生活需要提高与一部分少数民族地区贫困之间的矛盾。在有利于全国发展的大局下，要针对民族地区存在的特殊问题和困难，采取特殊对策使民族地区在发展速度上快于和高于其他地区。使发展的成果不断抵消日益拉大的东西部差距，把民族地区的经济发展和差距缩小同步化，以避免发展加快、差距不减的不和谐局面持续下去。

（三）坚持政策连续性与稳定性的协调战略

长期以来，国家和政府为巩固平等、团结、互助的民族关系，加快民族地区的发展，制定和实施了一系列行之有效的政策，以巨大的财力、物力、人才支持民族地区的发展，取得了举世瞩目的成绩。但国内外经济社会发展的实践反复证明，在一个多民族国家内，对于自我发展能力较弱的少数民族来说，必须依靠政府的发展援助政策，才能使这些民族和地区最终走出恶性循环的困境。在我国，根治贫困，消灭各民族事实上存在的不平等，是社会主义的本质要求及其优越性的重要体现，也是国家对少数民族扶持政策保持连续性和稳定性的基础。

在现行的民族关系格局中，国家和政府要充分考虑各民族的利益状况、利益要求，通过稳定性和连续性相协调的各种政策，适时地对利益分配进行调解，使各民族都能在发展中受益，逐步实现各民族对新增利益分配的社会预期和心理预期，建构市场经济条件下民族关系新的平衡点。

（四）坚持马克思主义民族观教育和政治发展的并举战略

广泛、深入、持久地进行马克思主义民族观和党的民族政策的宣传教育，既是巩固平等、团结、互助民族关系的需要，也是推动民族地区政治发展的必然要求。政治发展是一种与经济、社会和文化的发展相伴而生的现象，其综合表现为社会政治关系的变化，是政治关系从一种形态向另一种形态的变迁，民族地区的政治发展是建立在马克思主义民族观基础之上的发展，因而在各民族特别在汉族中进行马克思主义民族观教育，有利于克服民族主义和大汉族主义倾向，真正实现民族关系的和谐，推动民族地区的政治发展。

民族地区的政治发展主要通过三种基本方式来实现：一是通过政治体制改革，进一步理顺权力关系，包括中央与地方的关系、党政关系、基层政权与基层群众自治组织的关系，尤其是民族自治地方的党政关系，以及上级国家机关与自治机关的关系，进一步完善各项政治制度；二是有效地推进农村基层政治一体化进程，融合传统权威、宗教权威和精英权威等体制外权威，促进新政治因素和政治关系的生成，不断提高政府能力；三是建立新的政治机制，为了适应新的发展需求，调动各民族成员广泛参与开发活动的积极性，必须建立起能够适应新的政治因素、政治力量和政治要求的机制,如权力平等机制、政治参与机制、利益实现机制和意愿表达机制等,实现体制创新。只有这样,才能把马克思主义民族观和党的民族理论及政策落到实处,为民族关系调整奠定可靠的政治基础。

民族地区社会发展的理性思考：论民族社会学[*]

社会学是现代社会科学中从某种特有的角度，或侧重对作为社会主体的人，或侧重对人和社会的关系等进行综合性的研究，因而是具有自己独特研究对象和方法的学科。社会学自产生至今，从西方到东方乃至世界各国，已经过了一个半世纪的演进和变化，不仅在现代科学知识体系中占据独特的地位，而且在全球范围内发展成为一门分支学科，具有独立知识结构的社会科学，民族社会学就是"社会学大家族"中的一支正在崛起的"新军"。

一　民族社会学的学科性质及研究对象

我们说民族社会学是社会学众多分支学科中的一支"新军"，并非指它的历史，而主要是就其在我国的发展现状和研究水平而言，其中包括对这门学科的学科定位、研究对象和理论框架的学科界定等基本问题。

（一）什么是民族社会学

什么是民族社会学，这一直是它的创始人以及后辈社会学家

---

[*]《民族学》第1辑，甘肃民族出版社2009年版。

力图明确回答的问题。但由于各国的国情不同,个人的学科背景和视角不同,回答也各不相同。在我国,不仅不同历史时期的社会学家各持己见,即使同一时期不同的社会学家也众说纷纭,甚至同一个社会学家在不同时期也观点各异,有的还同时持有多种观点。这样,民族社会学从传入我国到现在的发展过程中就出现了为数颇多的定义。归纳起来大致有如下三类:

第一类是见之于个人论文和著述的界定。据考证,早在20世纪40年代,吴文藻教授主编的社会学丛刊就曾指出:"民族社会学"是"除普通社会学外"的"特殊社会学"。这是我国首次提出"民族社会学"的名称。

(1) 在我国对民族社会学的科学性质、研究对象和任务最早进行系统阐述的当属社会学老前辈孙本文教授。他在20世纪50年代曾撰文指出:"民族社会学是文化社会学的一个支系。文化社会学是研究人类社会中文化的一般状况,而民族社会学研究一种特殊的民俗和文化。在研究的方法方面和普通社会学没有什么差别,只是研究对象有所不同。"[①]

(2) 80年代初,随着中国社会学的恢复和重建,关于民族社会学的讨论也随之而起。1981年12月,著名社会学家费孝通教授在中央民院民族研究所座谈会上指出:"我这两年在搞社会学,其实可以说是搞汉族地区的社会调查。民族学在中国主要搞少数民族地区的社会调查,所以,在中国,社会学和民族学从学术分科上说可以合二为一的。因此我们也不妨称少数民族地区的社会调查研究作民族社会学。"[②] 此后,涉足民族社会学研究的学者日益增多,对"什么是民族社会学"的观点呈现出百花齐放的状况。

[①] 孙本文:《帝国主义时代资产阶级社会学的思想内容及其对旧中国的影响》,《新建设》1956年第11期。

[②] 费孝通:《民族社会学调查的尝试》,《中央民族学院学报》1982年第2期。

(3) 李绍明 1982 年撰文认为:"民族社会学,它既是民族学的一个分支,也是社会学的一个分支;既是民族学的一部分,又是社会学的一部分。因而,它是这两门学科之间的中间学科或边缘学科。""简而言之,社会在各民族中所表现出的共性与个性,一般与特殊,就成为民族社会学研究的对象。换言之,民族社会学的任务是研究各民族的社会形态及其发展变革中所出现的问题。"①

(4) 唐奇甜 1982 年撰文认为:民族社会学"是一门综合性的学科","是以民族社会结构和民族社会组织作为自己研究课题的中心,对各个民族的各种社会现象和社会问题进行探索"。"可以这样说,凡属民族社会的各种问题,都在民族社会学的研究之列。"②

(5) 罗东山 1987 年撰文认为:"民族社会学既是民族学的一个分支,又是社会学的一个分支;既是民族学的一部分,又是社会学的一部分。它是在两门学科的交叉点上形成的一门新兴的边缘学科。它的研究对象是各民族在一定的社会形态中特别是当社会发展变革时期所出现的各种社会问题。"③

(6) 翁其银 1987 年撰文认为:"民族社会学,综合运用民族学的观点和方法,研究现代民族的社会现象和社会过程及其规律,是一门涉及广泛领域的边缘学科,既属于民族学的一部分,又属于社会学的一部分。"④

进入 90 年代,对这一问题的探讨视角有所变化,深度有所增强,领域进一步拓宽。

---

① 李绍明:《论我国的民族社会学研究》,《云南社会科学》1982 年第 4 期。
② 唐奇甜:《对民族社会学的一些想法》,《中南民族学院学报》1982 年第 4 期。
③ 罗东山:《民族社会学的研究方法与课题》,《中南民族学院学报》1987 年第 4 期。
④ 翁其银:《科学社会学、民族社会学、青年社会学、农村社会学介绍》,《重庆社会科学》1987 年第 5、6 期。

(7) 郑凡1991年撰文提出了民族社会学的"逻辑起点"问题。认为"民族社会学发端于民族学"。"民族概念的现代含义是当代民族社会学的逻辑起点。"并从现代民族——国家及其各类相关关系的角度提出诸多概念：现代民族的前现代形态及其嬗变；现代民族——国家多元层序社会结构中的传统民族因素；现代民族——国家与其次级民族成分；现代民族——国家与跨境而居的传统民族；现代民族——国家与移民群体；个体两极民族身份的首属、次属转换。①

(8) 郑晓云1991年在《民族社会学的理论架构与课题》一文中，提出了在定义民族社会学这门学科时，"最重要的是找到这门学科研究的现实支点"问题。认为"研究与民族文化相关联的社会发展变革及社会问题就是民族社会学的现实支点。这门学科之所以产生，就源于现代社会发展问题的现实需要"②。

(9) 王官生1991年提出了"具有中国特色的民族社会学"概念。认为"从宏观上、总体上、综合上分析民族问题，从中国的实际出发来研究中国的民族问题，就叫做具有中国特色的民族社会学"。它不同于"一般的民族社会学"。"研究对象在不同时期不同阶段也可有不同的主要内容。"③

(10) 蔡家麟1991年撰文认为，"民族社会学作为人类学的一门分支学科，似乎更趋向社会人类学，它的近亲学科是民族学和社会学"。"主要研究当代民族社会集团的社会行为和社会结构与社会制度，以及它们表现在文化上的基本规律。"研究对象是

---

① 郑凡、郑晓云：《论当代民族社会学的逻辑起点》，《民族社会学研究》(1)，云南民族出版社1991年版，第17页。
② 同上书，第25页。
③ 王官生：《具有中国特色的民族社会学及其研究对象、方法和任务》，《民族社会学研究》1991年第2期。

"民族的传统社会和现实社会。"①

（11）张文山 1990 年也提出了"建立中国民族社会学"的问题。认为"中国民族社会学是一门揭示中国社会发展过程中的多元民族结构和特点，研究中国社会过程及其规律。各民族与中国社会发展的关系，即各民族对中国社会发展的影响与中国社会对各民族发展的影响，以及中国社会与各民族社会如何协调发展的应用性学科"②。

（12）蛮夫 1991 年撰文认为："民族社会学和社会学一样，以特定的民族社区内的全部社会现象和全部社会问题，以及它的一般和个别的活动为研究客体。""特点在于专门对民族社会，通过调查进行比较研究个性与共性、纵向与横向、微观与宏观、局部与整体、传统与现代、历史与现实的比较。"③

（13）进入 90 年代中期以来，对这一问题的研究出现了新的观点和成果，由以散见于各种刊物的论文为主到新的"概论"性著作相继问世。而且在一些观点上的趋同性明显增加。马戎在 1995 年 7 月 4 日北京大学社会学人类学研究所主办的"第一届社会——文化人类学高级研讨班"发表了"民族关系的社会学"的演讲。他以在美国布朗大学社会学系读博士学位和在内蒙古赤峰地区进行人口迁移研究的时间为依据，借鉴国内外民族社会学的理论，提出"就'民族社会学'这门课程而言，其实把它称作'民族关系的社会学研究'更为合适"。

并认为民族社会学与相邻学科相比，在研究对象与方法上有十个特点：1. 强调现实而非历史；2. 强调民族集团之间的关系，

---

① 蔡家麒：《试论民族社会学的研究范畴（提要）》，《民族社会学研究》1991 年第 2 期。

② 张文山：《关于建立中国民族社会学理论构架的设想》，《内蒙古社会科学》（经济社会版）1990 年第 3 期。

③ 蛮夫：《民族社会学的研究对象和研究方法》，《民族社会学研究》1991 年第 2 期。

而不是各个民族集团自身；3. 注意结合个人与集团两个层次；4. 比较注重各种因素的综合研究；5. 在尽可能综合和忠实地描述的基础上，力图解释种种关系的形成和发展；6. 注意吸收、借鉴现代社会科学的研究方法与手段；7. 注重实证研究；8. 结合政策研究；9. 结合区域研究；10. 关注一国在其现代化过程中，民族关系的发展趋势。①

（14）对马戎先生的主张，郑凡、刘薇林、向跃平1997年在他们的合著的《传统民族与现代民族国家——民族社会学论纲》中提出了不同的观点。认为"强调把民族社会学的近义名称看做民族问题的社会学"。因为"在当代条件下把握民族特征，就要同时顾及民族群体与国家社会间的关系，以及民族群体相互之间的关系，民族群体的个体成员与其他社会群体的关系。……研究这些关系所涉及的社会、文化问题，就能理所当然地吸收来自社会学的分析范畴，诸如角色、互动、社会组织与非正式群体、社会冲突、社会整合、国民意识等等"②。

（15）与上述观点不同，贾春增、蔡清生在《民族社会学概论》一书中提出了"综合"论的观点。认为"民族社会学是在历史唯物主义和马克思主义理论的指导下，运用民族学的理论知识和社会学的一般方法，对我国少数民族和民族地区的社会结构和社会变迁、民族文化和民族关系，特别是民族地区当前社会经济和社会问题进行综合和比较研究的一门学科"③。

第二类是在20世纪80年代以来，与我国民族社会学研究同步，有相当一部分"词典"类的工具书，以及专业性研究会也对

---

① 马戎：《民族关系的社会学研究》，《社会文化人类学讲演集》，天津人民出版社1996年版。

② 郑凡等：《传统民族与现代民族国家——民族社会学论纲》，云南大学出版社1997年版。

③ 贾春增等：《民族社会学概论》，中央民族大学出版社1996年版。

"什么是民族社会学"的问题进行了涉猎和探讨。

(1) 1984年,李剑华等主编的《简明社会学词典》认为:"民族社会学是文化社会学的一个分支,研究某一民族的民俗文化,为文化社会学提供研究材料。它研究原始部落、近代国家移民社群、社会阶层及其他民族结合。例如,专门研究爱斯基摩的民族和文化的,就是爱斯基摩民族社会学;研究凉山彝族民俗和文化的,就是凉山彝族民族社会学等。"①

(2) 1987年,金哲等主编的《世界新学科总览》认为:"民族社会学是本世纪二三十年代以后在民族学和社会学相互结合的基础上,逐步形成和发展起来的一门新兴边缘学科。""以现代民族的社会现象和社会过程为主要研究对象。它肩负着双重使命:一是要研究各个社会集团在文化、生活、语言等方面的民族特点,以及形成这些特点的社会条件;二是要研究不同的民族所发生的社会过程的特点。"②

(3) 1988年,在由著名社会学家王康主编的《社会学词典》中首次提出:"民族社会学是社会学的分支学科。它从民族学或人类学的角度研究各种民族的社会结构、社会关系和社会生活。它又是一门边缘学科,它将民族学研究同社会学研究结合起来,从民族学的角度对各民族的社会问题进行研究,从而形成一门既有别于民族学,又不同于一般社会学的独立学科。"③

(4) 1989年,曲钦岳主编的《当代百科知识大词典》认为:"民族社会学是民族学和社会学的交叉学科,主要研究民族的社会结构和关系……主要研究领域包括:观察民族的社会现象,确定民族的社会概念,探讨民族的社会本质。"④

---

① 李剑华等:《简明社会学辞典》,甘肃人民出版社1984年版。
② 金哲等:《世界新学科总览》,重庆出版社1987年版。
③ 王康:《社会学词典》,山东人民出版社1988年版。
④ 曲钦岳:《当代百科知识大词典》,南京大学出版社1989年版。

（5）1991年，我国第一部大型综合性百科全书出版。其中，《社会学》卷对民族社会学的定义是："以民族的特殊社会文化为基础，研究不同民族社会形态结构、功能及其发展趋势的学科。"① 此著由著名社会学家雷洁琼任编委会主任，集国内社会学界300多名专家学者的智慧而成，应该说是具有权威性的。

（6）1995年7月，中国社会学学会民族社会学研究会在北京成立，该会《章程》第二条指出："民族社会学是现代社会学的一个分支，是介于社会学与民族学之间的边缘交叉学科。民族社会学主要采用现代社会学科学的研究方法，对多民族国家和地区的社会问题以及民族地区的现代化等问题进行研究。"②

第三类是来自境外和国外的著作。

（1）在台湾出版的《云五社会科学大词典》中，芮逸夫认为："民族社会学是指参考原始社会及民俗社会所作之社会关系的研究。"另一位学者吴主惠则认为："民族社会学是以社会学为基础来研究民族本质的学科。"还说它"是关系民族的社会科学"。它的内容包括：观察民族的社会现象；规定民族的社会概念；探讨民族的本质。③

（2）苏联学者曾在20世纪60年代前后对民族社会学作过卓有成效的研究。他们认为："60年代在社会学和民族学结合的基础上产生了民族社会学。"这一新学科"是从民族学的角度研究社会问题，从社会学的角度研究民族问题"。它具有双重任务："其一，研究各社会集团在文化、生活、语言、民族意识和民族关系等方面的民族特点，以及形成这些特点的社会条件；其二，

---

① 《中国大百科全书·社会学》，中国大百科全书出版社1991年版。
② 《中国社会学民族社会学研究会章程》，《民族社会学研究通讯》1995年第10期。
③ 《云五社会科学大辞典（第10册）》，人类学：民族社会学条目，台湾商务印书馆1975年版。

揭示社会发展过程中的民族多样性，并掌握这一特点，像苏联这样一个国家，不能不考虑各民族的特点。"①

将上述众多的定义综合、梳理和归纳，可概括为三大分属类型：第一类侧重以民族社会整体为研究对象，称之为"多元综合论"。同社会学的研究对象一样，这类观点的经典代表是孔德、斯宾塞、迪尔凯姆等人。其中孔德、斯宾塞在研究社会整体时，强调的是一般社会现象，而迪尔凯姆则强调特殊的社会现象，即"社会事实"。在民族社会学中也类似于此。第二类侧重以作为民族社会主体的人及其社会行为与由此造成的社会互动、社会结构、社会关系和社会制度等，可称之为"多元论"。第三种类型侧重于民族社会的某个单一的方面，可称之为"单元论"，包括"社会问题论"、"社会关系说"、"社会调查说"、"民俗文化说"等。

如何看待上述关于民族社会学研究对象的种种不同观点，我们认为：一是由于研究者的学科背景和学术阅历不同而形成各自不同的学术观点；二是与研究者对民族社会的观察角度不同有关；三是这是民族社会学在学科发展中由不成熟走向成熟的必然现象。正如马戎先生指出的那样："各学科在其发展的历史过程中，在研究领域、研究对象、研究方法等方面逐渐形成了各自的理论传统和研究风格。但是随着社会和科学的进一步发展，人们发现世界上各类事物之间存在着密切的联系，互相构成一个系统或网络，既不可能人为地对客观事物划分出各个学科的研究范围，也不可能限定某一种研究方法为一个学科所垄断。"② 所以，在我国民族社会学发展的历史过程中，这种百花齐放，众说纷纭的现象既是不可避免的，也是一件好事，它能促进学科的繁荣和

---

① ［俄］HO. B. 阿鲁丘尼杨等：《苏联民族社会学研究》，金火根译，《民族译丛》1981 年第 6 期。
② 马戎：《民族与社会发展》，民族出版社 2001 年版，第 35 页。

发展。同时也表明，民族社会学研究对象是每一位研究者必须面对的基本问题。

对此，我们所持的观点可概括为："两位一体论。""两位"一是指民族社会本体，包括社会制度、社会组织、社会结构、社会关系和社会机制等；二是指民族社会主体，即作为人的社会个体、社会群体。由此延伸下去，民族社会学的研究对象就可概括为，研究民族社会本体的变迁、进步，以及民族社会主体的需要满足和全面发展。其宗旨是实现民族社会"一体"的全面发展和现代化。

（二）民族社会学的学科属性及理论框架

1. 学科属性

为了保证资料引证的完整性，在上述"什么是民族社会学"的讨论中，我们一并引用了各位学者和著述中关于民族社会学学科属性的论述。

综合上述观点，对民族社会学学科属性共有五种不同的看法：一是从属于社会学；二是从属于民族学；三是既是社会学的一部分，又是民族学的一部分；四是既不属于社会学，也不属于民族学，而是属于人类学或社会人类学；五是属于社会学分支学科中的文化社会学。

具体而言，大多数学者认为，民族社会学是一门年轻的和正在形成的学科。虽然，从学科的外文及中文名称、民族社会学在国际范围的发展史来看，它在历史上曾依附于民族学、人类学，但自它以一门独立的学科出现以后，便以社会学为基础，并成为社会学的一个分支学科。问题是由于这门学科的不成熟，尤其是概念用语及学科规范的分歧，使之在国际范围内缺乏广泛交流，迄今为止没有获得一致的认可。

有的学者认为，民族社会学是从民族学的角度研究社会问题，从社会学的角度研究民族问题。但一些学者却认为，这种说法受苏联 HO. B. 阿鲁丘尼扬等著的《民族社会学》的影响，给人以权益之计和"拼盘"之感。有的表示赞同 1995 年《中国社会学民族社会学研究会章程》对民族社会学学科属性的界定，即民族社会学是现代社会学的一个分支，是介于社会学与民族学之间的交叉学科。对此，有的学者虽然同意"是介于社会学与民族学之间的交叉学科"的说法，却对学科从属提出截然不同的观点。认为"民族社会学，就一般而言，可以看做是民族学和社会学相结合的产物，是介于二者之间的一门交叉学科，但就其学科的基本属性来讲，它是广义民族学的组成部分，也和民族语言学、民族人口学、民族地理学等学科一样，是民族学中一系列特殊的'综合性'边缘学科之一"[①]。对于民族社会学的这种"综合性"特点，虽然大家从不同角度进行了阐述，但基本倾向于从民族社会学兼有多种学科的特点，涉及领域广泛来看待其综合性。也就是说，它不同于民族经济学、民族政治学、民族语言学等单学科性的民族学科，而是广泛地涉及表现在民族社会学各个领域、各个方面、各个层次上的社会变迁和社会过程，以及与社会生活各个领域等方面以不同方式发生的互动和联系。

我们赞同"民族社会学是现代社会学的一个分支"的观点。认为民族社会学作为一门相对独立的学科，虽然不可避免地要吸收、借鉴民族学、人类学及其他相关学科的资料、知识、理论和方法，但它毕竟以社会学的理论和方法体系为基本的知识基础。也就是说，民族社会学必须以规范化的社会学的学术视角、学术定位、学科理论以及概念、语言和方法，研究民族社会自身及其作为民族社会主体的人。只有这样，才能在学科属性和研究对象上确定民族社会学与其他学科的临界点和边界，保持学科发展的

---

① 贾春增等：《民族社会学概论》，中央民族大学出版社 1996 年版。

个性和相对独立性。

2. 理论框架

民族社会学的理论框架主要指它在社会学总体理论框架中的理论体系。该学科产生以来尚未形成独立的、统一的理论框架。19世纪摩尔根等人的进化论，20世纪初德国和奥地利的文化圈派理论、英国传播学派的理论和英国历史学派的理论，20世纪30—60年代的结构功能主义理论和心理分析学派、民族心理学派、多线进化论等学派的理论中，都有关于民族社会学方面的理论论述，可供我们借鉴。从目前国内学者的研究成果分析，大致有三种理论框架构建。

第一种是"动静二分式"框架。以民族社会主体的社会行为为基本出发点和主线，构建了较合逻辑的民族社会学理论体系。其中，静态方面的研究包括：（1）构成社会行为的要素：地理要素，生理要素，心理要素，文化要素；（2）社会行为的起源与结果：交往与互动，文化与组合，竞争与合作，适应与同化，冲突与融合；（3）社会行为的组织问题：行为规范、民俗、规则、组织；社会解组；（4）社会行为控制问题；内在控制，外在控制。动态方面主要研究社会行为的变迁问题：自然进化式变迁，常态式变迁，非常态变迁，变迁障碍，社会进步、发展及现代化。

第二种是"糅合式"框架。即将民族社会学史上形成的内容加以民族学、社会学理论的归纳，将它们糅合在一起构建的理论框架。例如，有的学者将民族社会学理论分为：研究对象和任务；研究方法；中华民族的形成与区域分布；民族问题与民族政策；民族传统文化与价值观；我国少数民族的心理特征；民族地区人口素质与基础教育；民族地区的社会结构与社会变迁；改革开放与我国民族地区社会发展；我国民族地区社会主义现代化进程，共10个方面。

第三种是"切块式"框架。有的学者以民族关系为中心概念，把民族社会学理论分为社会学理论和民族关系论，前者研究民族社会学是什么，包括民族社会学的学科性质、意义以及研究对象、方法论的特点；后者研究民族关系的构成、特点、变量和社会目标。有的学者以社会问题为中心概念，提出民族社会学的解释框架及三项基本假设：层次论假设，用以确定现代社会的国家民族、民族成分以及亚民族群体等层次；阶段论假设，参照社会学的理论传统，大跨度地区分前现代社会和现代社会以及对应民族社会学研究的传统民族和现代民族过程；维度论假设，强调普通社会学结构模式没有完整地反映民族——文化问题，例如一定社区内各民族人口的社会流动指标，体现出社会分层与民族关系的交叉。[1]

在民族社会学的理论框架问题上，我们主张构建"动静二分式"的框架。主要内容包括：研究对象和方法，多元一体格局和各民族的区位分布，民族社会结构，民族文化和社会心理，民族意识、民族认同和民族社会化，民族交往和民族关系，民族社会流动与社会分层，民族问题与民族政策，民族社会控制、社会工作和社会保障，民族社会问题，民族社会变迁和稳定，民族社会发展和社会现代化。

（三）民族社会学的学术原则和基本任务

1. 学术原则

民族社会学既是一门正在兴起的具有特定研究对象、方法和特点的独立学科，又是一门具有很强的针对性和理论性、实践性并重的学科。因此，它的学术原则是：

（1）导向性原则。就是以马克思主义为指导，坚持辩证唯物主义和历史唯物主义的世界观和方法论，实事求是，一切从民族

---

[1] 郑凡等：《传统民族与现代民族国家——民族社会学论纲》，云南大学出版社1997年版。

社会的实际出发。坚持党在社会主义初级阶段的基本路线和马克思主义民族观，为民族团结、平等和共同富裕服务，为民族地区的改革和开放、开发和稳定发展与现代化服务。

（2）整体性原则。整体性原则作为民族社会学的学术原则，强调在研究民族社会及其人类行为或一种社会现象时，必须将它置于一个更宏观的社会整体之中进行社会系统分析，探讨与之相关的因素和变量。只有这样，才能对研究对象做出全面深刻的和科学准确的剖析。在以往社会学的社会系统分析理论中，结构功能主义模式与传统功能主义模式有着渊源上的承启关系，也遗传上传统功能主义的静态保守、因果关系模糊等缺陷。因而，在民族社会学研究的现代社会系统分析和模式构建中，有必要从马克思创立的"动态的"、"历史的"和"因果分析相结合的"社会系统理论中去寻找新的模式构建原则及方法，以实现与古典社会学理论中系统分析的有效组合和优势互补。

（3）实践性原则。严格来讲，我国民族社会学研究从一开始就具有浓郁的本土特色和实践性特点。无论新中国成立前后老一辈社会学家的民族社会调查，还是社会学恢复和重建以来的民族社会学研究，都立足于中国国情，理论联系实际。重视从民族社会的实践中概括提炼出能够指导实践的理论，而不沉溺于脱离实践的纯理论思辨。对国外民族社会学的成果，注重介绍、吸收，择其可鉴者所用，而不盲目照搬其概念和术语。而对我国50多个少数民族各自不同的特殊性和多样性、区域性和差异性，将要求今后的民族社会学研究，更要结合各民族地区现代化建设的实际和需要，在吸收、运用西方民族社会理论和方法的基础上，培育出本土化的中国民族社会学学派，建构有中国特色的民族社会学学科体系。

（4）规范性原则。学科建设规范化是民族社会学存在和发展的基础。同社会学、民族学相比，以往民族社会学在学科建设上的非规范化倾向比较严重。但近些年来，在北京大学社会学人类学研究所（系）马戎教授、中央民族大学贾春增教授、云南大学郑凡教授等，以及中国社会学会民族社会学研究会、湖南省民族社会学研究会、云南社会学会和西北民族学院的共同努力下，出版了数部国内外民族社会学专著，开设了民族社会学专业，办起了《民族社会学研究通讯》（北大）和《民族社会学研究》（云南）等刊物，开办了8次包括民族社会学在内的社会学人类学高级研讨班，使民族社会学的学科建设不断走向规范化。今后，民族社会学研究要坚持在提高学术质量的前提下，特别关注学术意识和学科规范问题。在选题、调研和著述中，要遵从和运用社会学的学术定位、学科视角和概念、语言工具。具体调查过程要始终坚持选点、抽样、调查、汇总和分析的规范性和准确性，力戒在收集资料手段和程序上的主观性和随意性。

2. 民族社会学的基本任务

就是在坚持上述原则的条件下，通过富有成效的调查研究和融学术性、战略性、政策性为一体的研究成果，一是要为少数民族地区的改革、稳定、发展和现代化建设服务；二是为民族社会学自身的学科建设和学科发展，以及建构有中国特色的民族社会学理论和方法体系服务。

它的研究领域、内容和选题，可依据各自不同的涉足对象和目的，归纳为多个层次。

第一是宏观层次的研究。包括两个层面：一是民族社会学基础理论研究，应侧重于民族社会学学科体系研究。继续翻译、推介一定数量的国外民族社会学论著，把国外研究成果的精华"引进来"，扩大它的知识来源领域。在吸收、消化的基础上，根据中国历史、民族社会和现代化建设的实际，建设具有中国特色的民族社会学理论框架、概念和方法体系。正如马戎先生所说："在中国建设社会学，它的知识来源应当包括三个方面：（1）欧美民族关系的社会学研究的理论与方法;(2) 苏联、东欧和中国等在马克思主义这一意识形态影响下研究和处理民族问题的理论和方法,以及民族关系的演变;(3) 中国儒家和历代历朝的民族观及其处理民族关系的具体办法。"目前。我们对这"三个知识来源"的研究都重视不足,应引起学界的广泛关注,尽快扭转我国民族社会学知识来源面窄和量少的状况。二是关于民族社会整体形态、系统结构、运行机制、变迁障碍、现代化过程,以及民族社会成员的多层次需要、需要满足形式、途径,人的个性发展、自我实现等全面发展问题的研究。

第二是中观层次研究。即事关我国少数民族地区稳定、发展和国家安全、共同富裕的重大理论和战略问题研究。包括:(1) 民族地区社会现代化研究。主要涉及民族地区现代化的含义和内容。现代化与民族文化、现代化与民族生活方式、现代化与民族交往心理等层面。应特别关注民族地区现代化过程的独特性,对其社会发展的途径,具体方式进行研究和总结。(2) 民族关系研究。在这方面,费孝通教授集多年研究实践,概括了独具创见的"中华民族多元一体格局"理论,值得我们进一步研究和宣传。同时,要从不同角度、不同层面,对传统的民族关系在冲突中融合的历史进程,现代化过程对民族关系的性质、主流、动力、巩固和发展社会主义民族关系的影响因素,发展民族关系与建立市场经济体制的内在联系,调适民族关系的途径和主要原则等进行深入探讨。目前,要特别关注民族关系的发展目标,制约因素,民族集团的结构性差异,民族关系的演变与国际关系的联系及其对国家安全的影响等问题的研究。(3) 民族地区发展与稳定研究。我国民族地区一方面由于经济欠发达迫切需要加速改革和经济发展,另一方面由于民族宗教问题的敏感性和复杂性,又必须高度重视社会稳定和安定团结,因而正确处理发展与稳定的关系,探寻两者最佳的结合点,就成为民族社会学"中层研究"

的一个常时性领域。

第三是微观层次的研究。主要包括专题性、局地性和政策性、对策性研究。如马戎先生提出的民族关系研究的6个专题：(1) 语言使用。(2) 人口迁移。(3) 居住格局。(4) 族际通婚。(5) 民族意识。(6) 影响民族关系的因素分析。还有边区开发中的两个理论问题：(1) "核心地区"与"边远地区"在现代化进程中的关系问题。(2) "少数民族地区"的发展与"少数民族"发展之间的关系问题。①

另外，在近期还应该加强应用性、对策性的课题研究。如：(1) 少数民族地区反贫困与"返贫困"研究。(2) 跨境民族在社会经济发展与对外交流等方面的特点研究。

二　民族社会学的渊源及其发展

（一）民族社会学的渊源及演变

作为社会学一个分支的民族社会学研究，其历史源头可以追溯到19世纪英国E.B.泰勒和美国L.H.摩尔根等人类学家的著作。

英国学者泰勒是文化人类学的创始人。他在1871年发表的《原始文化》一书中，不仅研究了人类早期文明，而且研究了它与现代文明的关系。他认为，人类的文化史是自然史的一部分，深信人类的组织越来越理性化。泰勒的观点更多地带有单线进化论的倾向，认为各民族文化的多样性是他们处在同一发展道路不同阶段的表现。他还把民族志资料用于宗教史的研究，提出万物有灵论。他的这些思想激发了后来的人类学和社会学家对上述问题的深入探讨。

---

① 马戎：《民族与社会发展》，民族出版社2001年版，第68页。

作为进化学派人类学的主要代表人物，摩尔根从青年时代就开始研究印第安人社会。1843 年创立了研究印第安人的"大易洛魁学会"，致力于教育和帮助印第安人。1847 年他被塞内卡族的易洛魁人收为养子，以族内人的身份深入了解印第安人的社会结构、组织制度和生活习俗，写出了大量人种志的专题学术著作。后来，在《古代社会》（1877）一书中，他对人类婚姻制度自群婚至一夫一妻制作出了单线进化论的推断，提出并阐述了人类社会从蒙昧时代经过野蛮时代至文明时代的发展过程，发展了关于人类文明起源和进化的理论，受到了马克思主义经典作家的高度评价。恩格斯在《家庭、私有制和国家的起源》一书中，引用了《古代社会》一书中关于古代人类婚姻家庭方面的资料，并赞誉他"在原始历史的研究方面开辟了一个新时代"。摩尔根之所以作出划时代的贡献，最根本的原因是他运用民族学和社会学相结合的学术视角，并从社会关系及其结构入手，研究和分析研究对象。因而可以认为，摩尔根等的著述，是早期民族社会学的著作，它从实践上奠定了民族社会学的基石。

1880 年，在摩尔根《古代社会》发表三年后，法国人类学家 C. 勒图尔诺的《民族志社会学》一书公开出版。该著借助民族学的材料研究社会的变迁与发展，他所称的"民族志社会学"可看做是民族社会学的发端。

后来，德国民族学家、社会学家 W. E. 米尔曼在《人类学史》中亦使用"民族志社会学"的概念，意在借民族志的实际材料对民族学和社会学作理论的探讨，主要是指 1860—1900 年这一时期有关民族的社会进化和文化进化研究。他同勒图尔诺一道关于民族志社会学的研究，为后来民族社会学概念的确定和这门学科的建设与发展起到了首创作用。

那么，"民族社会学"这一学术概念究竟是何人何时首先提出和使用的呢？对此，社会学特别是民族社会学的论著持有两种看法：一是认为"民族志社会学"就是民族社会学；二是认为民族社会学概念是由芬兰的韦斯特马克学派最先提出来的。据《中国大百科全书》（社会学）介绍，19世纪末，德国、北欧国家和美国就使用民族社会学的名称，特别是荷兰的韦斯特马克学派，多用民族社会学研究原始社会和民间社会，以 E. A. 韦斯特马克为代表的学派，在当时的荷兰和欧洲有较大的影响。韦斯特马克（1862—1939）一生著述颇丰，是荷兰著名的哲学家、人类学家和社会学家，其主要代表作有：《人类婚姻史》（1891）、《道德观念的起源和发展》（2卷，1906—1908）、《人类婚姻简史》（1926）、《伦理学相对论》（1932）、《早期信仰及其社会影响》（1933）、《西方文明未来的婚姻》（1936）、《基督教与道德》（1939）等。韦斯特马克认为，社会学的目的是解释社会现象，发现他们的原因，揭示他们是怎样、为什么产生的。他又是"社会制度的自然史"研究的开创者之一，并在早期婚姻制度史研究中独树一帜。他反对摩尔根关于人类最早的社会单位是"群"和原始人最初处在杂婚、群婚状态的观点，认为最早的婚姻家庭方式，这种倾向是自然选择的结果。在道德问题上，韦斯特马克认为没有绝对的标准，并引用大量材料论证多民族、多地区道德伦理上的差别。

另外，值得一提的是，在金哲等主编的《世界新学科总览》（1987年重庆出版社）一书对"民族社会学"的介绍中，非常肯定地提出："民族社会学的创始人当推德国民族学家图恩瓦尔德，其代表作有五卷本的《民族社会学基础中的人类社会》。"并认为"民族社会学是本世纪（20世纪）二三十年代以后在民族学和社会学相互结合的基础上，逐步形成和发展起来的一门新兴边缘学科"。这是迄今为止与民族社会学界唯一观点相左的著述，其权威程度尚无从查考。

一般认为，20世纪以来，民族学、社会学和社会人类学得到较快的发展。这些学科的理论和方法互相渗透、交叉，逐渐形成了民族社会学这门学科。20世纪60年代初，苏联开始了民族社会学的研究，主要探讨大民族与小民族在社会结构、文化形态、生活方式上的变化与特征，探讨民族关系以及两种语言的推广使用。因而，苏联学者认为，民族社会学就是从民族学的角度研究社会问题，从社会学的角度研究民族问题。美国等西方国家也非常重视这方面的研究，但翻译和交流甚少，我们了解不够。

（二）民族社会学在中国的传播与发展

1. 新中国成立前的民族社会学研究

中国民族社会学研究早在20世纪30年代就已开始。在此之前，先是在1903年，由林纾、魏易今合译出版的《民种学》将民族学开始介绍到我国。但由于当时的社会条件，此书没有引起国人重视，直到1926年，蔡元培的《说民族学》一文问世，民族学一词才在我国逐渐确定下来。

几乎与此同时，从1902年章太炎翻译日本学者岸本能武太的《社会学》一书在国内出版，以及次年严复翻译英国学者斯宾塞的《社会学研究》（即《群学肄言》）一书的出版，把社会学也介绍到了我国。此外，吴建常、马君武也在1903年分别出版了F. H. 吉丁斯的《社会学提纲》和斯宾塞的《社会学引论》中译本。这些既标志着中国民族学、社会学的发端，也为后来民族社会学的研究与发展奠定了基础。

还应提到的是，20世纪20年代，英国人马林诺夫斯基（1884—1942）和布朗（1881—1955）在民族学研究中，建立了与社会关系密切的功能学派，亦即"功能学派人类学"。功能学派认为，构成文化的一切因素是相互联系、相互影响的。因而，主张文化是社会诸因素保持均衡的主要因素。同时还认为，应该把文化的功能与满足人的营养、生殖等功能联系起来研究。也就是说，功能学派是提倡把文化与人类的物质资料生产和人类自身生产联系起来进行综合研究的。因而，被认为功能学派人类学提倡的就是民族社会学的研究，它与中国民族社会学研究有着密切的联系。

到了30年代初期，一方面由于国内学者的努力，如蔡元培先生于1930年在"社会学与民族学"的演讲中明确提出："社会学与民族学是有密切关系的两门学科，这两门学科在其发展的过程中不少方面是相互联系的。"① 他的这一观点成为当时民族社会学研究的直接推动力量。在他1928—1940年任中央研究院院长期间，在该院社会科学研究所设置了民族学组，自兼主任，并派出许多专业工作者，分赴瑶、苗、彝、黎等少数民族地区，进行社会调查，形成了一批民族社会学研究的前期成果。

另一方面，此时由于功能学派已传入我国，加之1935年年底作为其代表人物之一的布朗教授来华讲学，使该学派的理论和方法很快融入我国民族社会学的调查研究之中。1935年，费孝通和他的新婚夫人王同惠女士同赴广西象县瑶乡进行社会调查。他俩分别由费孝通测量瑶族居民的体质，王主要进行社会调查。后因王不幸去世，费孝通将王遗留下的调查资料，整理写成《广西象县东南乡花蓝瑶社会组织》一书，于1936年出版。该书亦可称之为我国最早的民族社会学研究的著作。在该书《编后记》中作者写道："现在遗留在边境的非汉族团，他们的文化结构，并不是和我们汉族本部文化毫不相关的。他们不但保存着我们历史的人民和文化，而且即在目前，民族团的接触中相互发生着极深刻的影响。这里供给着的不单是民族学材料，亦是社会历史的一个门径。至于这些材料对于实际边疆问题的重要，更不待我们申

---

① 言心哲：《蔡元培与中国社会学》，《社会学通讯》1981年第1期。

说了。"① 费先生在这里明确提出了社会学和民族学研究的结合，向人们展现了民族社会学研究早期的切入"门径"。吴文藻教授曾在此书的《导言》中阐述了功能学派的方法和社会学的社区研究方法的一致性，并肯定了这种研究的实际意义。认为"研究非汉族团所得的材料，不但在学术上有极大的价值，就是在中华民族立国的基础上，亦将有它的实际效用"②。

20世纪40年代，我国的民族学和社会学工作者，继续进行两学科方法相结合的调查研究，取得了一些成果。为了记录和反映这些成果，吴文藻教授主编了《社会学丛刊》。他在甲集征稿范围中提出："除普通社会学外，亦兼及特殊社会学"，其中就提到了"民族社会学"，这是这一概念在我国的首次提出和正式使用。此后，相继出版了田汝康的《芒市边民的摆》（1946）、林耀华的《凉山彝家》（1947）两部著作。与此同时，中国革命圣地延安的学者，也对少数民族社会进行了深入调查研究，于1944年出版了《回回民族问题》。这些都可视为民族社会学的著作。

令人遗憾的是，还有一位著名社会学家对民族社会学的贡献很少被人提及，这就是李安宅先生。李安宅（1900—1985）早在1938年就深入到甘肃夏河县的拉卜楞寺，对藏族的宗教、政治、文化、民族、民风进行深入调查研究，在1941—1949年任华西大学教授，兼任社会学系主任，创办华西边疆研究所。在此期间，他组织和指导社会学系学生对甘肃甘南、河西走廊的藏族和其他少数民族进行了大量的调查研究，在当时的《东方杂志》、《新西北》和《边政公论》、《甘肃科学教育馆学报》等刊物上发表了许多研究论文和调查报告。1947年，他根据这一时期的调查研究在美国发表了《藏族宗教史之实地研究》（英文版）。同年，俞湘

---

① 罗东山：《民族社会学的研究方法与课题》，《中央民族学院学报》1987年第4期。

② 同上。

文也在商务印书馆出版了他的《西北游牧藏区之社会调查》一书。这些研究及其成果,既看做是西北地区民族社会学研究的开端,同时,也是我国早期民族社会学研究的重要组成部分。

2. 新中国建立后的民族社会学研究

新中国建立后,由于种种原因,社会学曾被取消,但以民族学和民族社会学为主要内容的民族调查研究工作却没有停止。而且,1956年党中央明确提出:"以大力在少数民族地区进行调查研究工作,要求于四至七年内基本弄清各主要少数民族的社会经济结构和阶级情况,这不仅为民族工作所必需也可供研究各民族历史和人类自原始公社以来的古代史丰富的史料,即主要关于原始公社的、奴隶社会的、封建社会的和上述各种社会间的过渡时期的具体资料,这是我国民族工作和科学研究工作的一项迫切任务。"① 直至1980年,全国共整理和积累各民族社会历史调查和评议调查资料300余种,计3000余万字。编写完成了民族问题五种丛书,即《中国少数民族》、《中国少数民族简史丛书》、《中国少数民族语言简志丛书》、《中国少数民族自治地方概况丛书》和《中国少数民族社会历史调查资料丛书》,共约300多册,近5000万字。还拍摄了10部各民族社会形态的科研纪录片,搜集整理保存了大量反映社会形态的文物古籍,这些资料和著述,至今仍被作为民族学、人类学和民族社会学研究的基础性资料而得到广泛应用。

3. 社会学恢复以来的民族社会学研究

改革开放促使社会学恢复以来,费孝通先生于1981年最早提出"民族社会学"的学科概念,并倡导"把少数民族地区的社会调查研究作民族社会学"。此后,更富学科规范的民族社会学研究出现了良好的势头。据不完全统计,至80年代末,全国共

---

① 苏克勤:《八年来少数民族社会历史调查研究工作》,《民族团结》1961年第5期。

翻译介绍、撰写发表冠以民族社会学的论文9篇。即：《苏联民族社会学研究》（1981年《民族译丛》）、李绍明的《论民族社会学研究》（《云南社会科学》1982年第4期）、唐奇甜的《对民族社会学的一些想法》（《中南民族学院学报》1982年第4期）、杨贤华的《民族社会学》（《社会科学》1985年）、罗东山的《谈谈民族社会学的主要课题》（《湖北少数民族》1987年）、剑苗新的《浅谈民族社会学》（《新疆社会科学》1987年第2期）、唐奇甜的《论民族社会学的根本任务》和罗东山的《民族社会学的研究方法与课题》（《中南民族学院学报》1987年第4期）、翁其银的《科学社会学、民族社会学……介绍》（《重庆社会科学》1987年5/6）。这些文章的共同特点是，从各自不同的角度，对民族社会学的学科性质、研究对象、方法和内容等基本问题，提出了各自相异的见解，促进了这一学科的学术争鸣和繁荣。

另外，这一时期有李剑华、金哲、王康、曲钦岳等主编的4部"词典"类工具书（见前注）介绍了"民族社会学"词系。《现代外国哲学社会科学文摘》第12期又介绍了苏联达维久克主编的《应用社会学词典》中"民族社会学"词条。1989年《民族学》第2期发表了《云南省社会学会首次民族社会学专题研究会纪要》的消息。这是社会学恢复以来我国学术界召开的首次民族社会学专题研究会。本人有幸参加了这次会议，并发表了《走出误区——西部民族地区发展研究中有关问题的反思》的演讲，后刊载于《民族社会学研究》（第一辑）上。

进入20世纪90年代，民族社会学研究发生了重大变化。一是教学与研究相结合，开设了民族社会学专业课程。北京大学人类学社会学研究所所长、马戎教授，于1988年为社会学系研究生试讲，1992、1994年相继开设了"民族关系的社会学研究"或"民族社会学"课程，并列为硕士和博士招生的方向。建立了国内第一个民族社会学人才培养教育基地。二是于1995年建立了全国性的"中国社会学会民族社会学研究会"学术团体，办起了自己的会刊《民族社会学研究通讯》，使全国民族社会学教学和研究工作有了自己的学术组织和发表论点的阵地。三是由云南省社会学会于1991年公开出版和内部出版了两辑《民族社会学研究》论文集，汇集了90年代初期的优秀研究成果。四是公开出版了数部民族社会学概论性著作，初步探索和构建了民族社会学的理论框架、概念体系、分析模型和研究方法。它们是：贾春增的《民族社会学概论》（中央民族大学出版社1996年）、郑凡等的《传统民族与现代民族国家——民族社会学论纲》（云南大学出版社1997年）、马戎的《西方民族社会学的理论与方法》和《民族关系的社会研究：民族社会学》（天津人民出版社1997年）。这一时期，还出版了费孝通、潘乃谷、高丙中、杨鹤书、郝苏明、刘敏、王宗礼、李秋洪、金安江、金涛、伊筑光、杨德华、黄光等学者关于民族地区社会稳定与发展、社会与文化、生活方式、交往心理、婚姻家庭、民族关系等方面的研究性著作，使民族社会学研究的领域逐渐拓宽，水平不断提高。

三 民族社会学与相关学科的关系

民族社会学作为社会学的一个分支学科，是由民族学、社会学、社会人类学发展而来的，但它作为一个学科仍然有自己的独立性。

（一）民族社会学与社会人类学的关系

民族社会学与社会人类学的区别是，前者以民族社会及其人为研究对象，而后者则以整个人类社会的发展为研究对象。其共同点是在研究民族共同体的发展阶段这一点上，两者基本是相同的。

社会人类学，是在实地考察、调查的基础上，对不同类型的社会进行系统比较，特别注重研究原始民族和非西方社会的行为、信仰、习俗，以及社会组织和制度，有时又称比较社会学。社会人类学的称法流行于英国、芬兰、瑞典等国，美国的文化人类学，法国和苏联等欧洲大陆国家的民族学与社会人类学有许多相似之处。英国进化学派人类学家 J. G. 弗雷泽和功能学派创始人之一的 B. K. 马林诺夫斯基，都把此学科界定为社会学中讨论原始民族的一个分支，因此，它与民族社会学有着极为密切的联系。

从实际研究情况看，社会人类学与民族社会学尽管都强调进行实地调查研究，但各自的侧重点和视角仍有不同。社会人类学从功能与结构分析入手，重在研究亲属、婚姻、经济、宗教等制度，极少涉及物质文化与技术层面。而民族社会学的范围相对庞杂，研究领域比较宽泛，几乎涉足民族社会的各个层面。因而，更准确地说，社会人类学的研究对象、范围、领域是"大中取小"，而民族社会学则是"小中取大"。

（二）民族社会学与社会学的关系

民族社会学作为社会学的一个分支学科，不言而喻，它与社会学有着密切的联系。首先，在研究对象上都以社会为研究对象。区别仅在于一般社会学以整个社会为研究对象，既包括城市、农村社会，也包括民族社会。而民族社会学只以民族社会为研究对象，当然也包括民族社会的城市和乡村等民族社区。

其次，在学科框架上，虽然民族社会学主要依托社会学的基本理论和知识来源，但它又保留和吸取了民族学、人类学的相关概念和分析模式。因此，民族社会学的学科框架同一般社会学相比，更具有多学科的交叉性和边缘性特点。

最后，在研究方法上也是一样，民族社会学在主要运用社学的调查、分析、方法和技术的基础上，还要借鉴和运用民族学和人类学的调查研究方法，如田野作业法、历史追踪法等。

（三）民族社会学与民族学的关系

民族社会学以民族社会和社会主体为研究对象，既不像民族学那样以民族本身为研究对象，也不像社会学那样以整个社会为研究对象。

民族学从产生那天起，就把民族这一族体作为整体进行全面考察，研究它的起源、发展以及消亡的过程。认为各民族社会和文化发展的程度尽管不同，但都遵循着相同的途径前进，都经历过或将经历大体相同的发展阶段。我国的民族学，是在继承马克思主义科学的民族学，同时吸收西方民族学精华的基础上形成的。它为祖国的统一和民族团结服务，为民族地区的发展和现代化服务。在这一点上，民族社会学和民族学的目标是完全一致的。

它们之间的区别，一是研究的时空指向不同。以往的民族学研究，重在少数民族的历史、文化、宗教和心理，并把它作为历史个性的一次性概念，主要探讨具体的民族文化现象的状态、内涵和特征。当然，民族学也涉猎对少数民族现代状况的研究，但其目的主要着眼于说明事物发展的趋向和规律，把它看做是历史发展的延伸，从社会的纵向考察问题，所以说它基本上属于一种纵向的研究。而民族社会学除了像民族学那样对民族文化、民族心理作纵向的考察和一般的描述外，还指向它们深层的历史原因和社会原因，以及它们在民族社会变迁和发展中的作用，关注的是社会的横断面，所以说它更倾向于一种横向研究。换句话说，民族学是把民族社会的现象作为具体的现象进行研究的，而民族社会学则是将它转化为一般化了的在社会过程中能重复发生的现象进行研究。前者则重于具体现象的研究，后者则重于综合的研究。

二是调查研究的内容不尽相同。民族社会学作为民族学、人类学和社会学的交叉学科，它所研究的领域比较宽，既有宏观层面、中观层面的问题，还包括微观层面的对策性问题。具体而言，民族社会学研究的触角将伸向民族社会这个客体的结构与变迁、组织与制度、流动与分层，以及社会主体的素质与意识、人格与观念、需要与满足等广阔的领域。而民族学涉足的层面和领域相对要窄一些。

三是调查研究方法也有所不同。民族社会学除了运用民族学实地调查或田野工作方法外，主要运用社会学的调查研究方法，包括社会学的方法论、研究方式、具体方法与操作技术四个层次，如在研究方式上要采用社会调查、实验、个案研究和间接研究（又称文献研究）；在具体方法与技术上要运用观察法、访谈法、问卷法，分析数据资料采用统计方法、数理方法和模拟法，分析文字资料采用比较法、构造类型法，还有诸如结构分析、功能分析、社区分析、阶层分析、角色分析等方法。

四 民族社会学的跨学科研究方法

民族社会学的研究方法是与它的学科属性和研究对象密切相关的。作为社会学的一门分支学科，同时又是与民族学、人类学和社会学的交叉学科，它的研究方法也应是以社会学方法为基础，并吸取多门相关学科研究方法而成的跨学科研究方法体系。

在这方面，已有许多学者提出了自己的见解。如郑晓云的纵横结合"十字研究法"[1]，蔡家麒的"建立科学档案法"[2]，蛮夫

---

[1] 郑晓云：《民族社会学的理论构架与课题》，《民族社会学研究》，云南民族出版社1991年版。

[2] 蔡家麒：《试论民族社会学的研究范畴（提要）》，《民族社会学研究》1991年第2期。

的"三层次法"（最高层次的方法论，基本方法的中间层次应用程序及应用技术的最低层次），① 郑凡的"中层理论法"② 等，都可供我们研究和借鉴。下面，我们将在取各家之长和吸收现代社会科学研究方法的原则下，建构民族社会学包括方法论、研究方式、具体方法和操作技术四个层次的研究方法体系。

（一）民族社会学研究的方法论

方法论，是关于如何进行民族社会学研究的基本理论，包括研究的立场、定位、视角、基本观点，以及认识和解析研究对象应遵循的基本原则与逻辑程序。从一定意义上讲，方法论是一种工具理论，它涉及民族社会学发现与检验的原理和逻辑而不涉及具体的事实。方法论也不同于研究方式与具体方法，它是对研究方式方法一般原理的系统探讨与评价。民族社会学方法论所探讨的主要问题是：（1）关于民族社会与民族社会主体的知识问题。（2）民族社会现象的性质问题。（3）社会研究的性质问题。（4）研究方法的问题等。

像其他学科一样，民族社会学方法论也是受哲学思想影响的。我们所说的民族社会学是以辩证唯物论和历史唯物论作为方法论的指导原则，而西方的民族社会学则依据各自的哲学思想提出方法论原则。由于指导思想的不同，在方法论问题上也会出现各种不同的观点。在哲学观点上，有唯心主义与唯物主义、唯名论与唯实论、经验论与唯理论的对立；在研究思路上，有实证主义与反实证主义、归纳逻辑与演绎逻辑、客观方法与主观方法、方法论个体主义与方法论整体主义的对立。20世纪60年代以来，

---

① 蛮夫：《民族社会学的研究对象和研究方法》，《民族社会学研究》1991年第2期。

② 郑凡等：《传统民族与现代民族国家——民族社会学论纲》，云南大学出版社1997年版。

随着现象学派、新马克思主义学派的兴起,以及美国科学史学家T. S. 库恩等人对科学方法论的贡献,使我们对方法论自身的认识有了转变。认识到方法论同理论一样,都是科学研究实践的概括和总结,是在实践中发展变化的。所以,民族社会学的方法论,必须随着民族社会学研究实践的发展而逐渐建立起来。

(二) 民族社会学的研究方式

研究方式包括贯穿于研究全过程的程序、具体策略和方法。

1. 民族社会学研究的类型

可以根据研究对象、目的和任务多角度来划分。例如,依据课题的性质,分为理论研究和应用研究;依据研究目的,分为探索性研究、描述性研究和解释性研究;依据研究角度,分为宏观研究、中观研究和微观研究;依据研究的逻辑模式,分为理论建构研究和理论检验研究;依据任务和资料性质,分为定性研究和定量研究。研究类型的不同,要求采用的方法也要有所侧重和不同。

2. 民族社会学的研究程序

一般分为六个阶段:课题选择、研究方案设计、双语人员培训、资料收集(包括实地调查)、资料分析和撰写研究成果。但不同类型的研究或不同的研究方式在具体步骤上不尽相同,在每一个环节上还有一套技术程序作为保证。特别在收集资料的社会调查环节上,与一般的社会学研究不同,民族社会学研究必须强调吸收本民族人员参与,培训提高双语运用能力,使用高素质的语译人员。

3. 民族社会学的研究方法

(1) 社会调查。指人们通过实地了解某种民族社会现象的活动和方法。按调查对象的范围大小可分为:A. 普遍调查,简称普查,又称全体调查,指对全体调查对象完整不缺的调查。B. 抽样调查，指从调查对象的总体中，抽取部分个体组成样本进行调查。C. 典型调查，指从研究对象总体中，根据研究需要选择个别有特别意义的点或部分所进行的调查。社会调查还有许多类型可在民族社会学研究中应用。如按在研究过程中的作用，可分为试验调查、正式调查、补充调查、追踪调查；按调查形式，可分为访问调查、参与式调查、田野调查、问卷调查和通信调查；按调查内容可分为家庭调查、谱系调查、群体调查、社会调查、舆论调查等。

（2）实验。在民族社会学方法中，实验研究也很重要，可用于民族心理研究和小群体研究。它根据一定的研究假设，实施某项措施和某种影响，通过观察、记录、分析，发现和证实变量间或社会现象间的因果关系或相关关系。它具有两方面的作用：一是发现以往未知或已知而不加解释或无法解释的新现象、新事实；二是判断社会现象间变量关系的规律，检验为某一理论提出的假设。

民族社会学研究中的实验主要采用实地实验，包括现场实验和自然实验两种，现场实验不控制实验条件和外部变量，基本保持实验对象的原有特性，也不改变它的现场背景。自然实验相似于有结构的观察，优点是完全不改变实验对象的自然状态。

（3）个案研究。是一种从整体上对一个研究对象如个体、群体、团体、社区等，作长期、深入的考察，了解其详细状况和发展过程的方法。在民族社会学中，它主要用于对民族社会个体、群体的生活史或发展的研究，对社会行为动机和社会文化背景的理解，以及对社会单位与整体社会环境之间的复杂联系的分析。其优点是对对象可做深入的质的研究，宏观把握事物的全貌，并且有抽样方法无法做到的社会实在性。

（4）间接研究。是利用第二手资料考察历史事件和社会现象的研究方式，也有人称之为文献研究，可用于民族社会学的理论研究和民族社会变迁研究。包括民族历史文献的考据,社会历史发展过程的比较,统计文献的整理与分析,理论文献的阐释,以及对文字资料中的信息内容进行数量化分析等。间接研究的特点:一是非实地性,即研究处理的资料是非直接性的第二手资料。二是历史性,即研究处理的资料一般是反映历史状态的、静态资料。三是无反应性。即它不直接接触研究对象,不会使研究对象有意识或无意识地改变原有状态。

民族社会学中的间接研究主要有,历史文献研究,统计文献研究,家谱、族谱等谱系研究等。其步骤可分为:明确研究课题和文献搜集、描述的范围;设计文献搜集和描述大纲;搜集文献、梳理、归纳和描述文献,突出分类和简单的定性与定量分析。

(三) 民族社会学研究的具体方法

资料是理论研究的基础,离开真实、丰富和生动的资料,一切研究工作都无从谈起,而对民族社会学这门应用性极强的学科来说,其资料不仅要从浩瀚繁杂的文献中去发掘,更多更重要的则需要到民族社会的现实生活中去求索。其主要方法有:

1. 观察法

是民族社会学搜集第一手资料最初步也是最基本的方法,而且特别强调参与式观察。也就是研究者将自己置身于研究对象的环境和活动之中,使自己成为被研究群体中一员的调研方法。按其参与程度,参与式观察可分为完全参与观察和不完全参与观察。无论实施何种方式,观察者都应广泛搜集、研究与主题有关的资料,避免仅搜集与自己的假设一致的资料。由于参与观察大多需要持续一个较长的时间,应及时清理和研究观察记录,不断发现新的问题,以利观察向深层进行。参与观察获得的资料大多属于定性描述类型的,一般不易作量化处理。

2. 访谈法

是社会调查中以交谈方式搜集资料的一种方法。在民族社会学研究中，与其他方法相比，访谈法的最大特点是通过交谈获取资料，可以作为搜集研究所需要资料的主要方法，也可以作为辅助方法去验证或补充其他方法获取的资料，它适用于研究较复杂的问题，或对问题进行深入的探索。当研究对象的构成成分较复杂时，访谈法能够较快地了解不同个体和群体的情况。访谈可分为结构性访谈和非结构性访谈，前者在访问前，要制定详细的标准化的访谈提纲，按提纲进行访问。后者不一定依照某种统一的访谈调查表，而是围绕研究的问题与被访问者进行自由交谈。

3. 问卷法

是运用精心设计的问题表格在调查研究中搜集资料的一种方式，可广泛应用于民族社会研究的各个方面。问卷可分为两种类型，一种称为自填式问卷，分发到被调查者手中自由填答。这种方式要求问卷设计要符合补充调查者的文化程度和理解水平，甚至包括文字语言的使用问题等，都要事先考虑防止因文化差异、语言不同等因素影响调查的质量；另一种是访问式问卷或访问调查表，由访问员依据问卷向被调查者提出问题并回答问题。

用于民族社会学的问卷设计，要充分考虑被调查社区、族别和个体的社会背景、文化环境、心理反应、主观意愿、客观能力等多种因素。一般情况下，所提问题不宜太多，以一般回答者能在30—60分钟内完成为宜。问题的次序应把简单易答、被调查者较感兴趣和较熟悉的问题放在前面；问题排列要以时间顺序、类别顺序结合；问题的语言措辞要简短、明确，避免诱导性问题、双重性和含糊性问题的出现。

在民族地区调查，还要注意问卷问题的形式。一般情况下，开放式和封闭式两种皆可使用，但应以开放式问题为主。即不为回答者提供具体答案，由回答者自由回答。封闭式问题的选择答案要有穷尽性和互斥性。一方面要尽可能涵盖所有可能的回答，另一方面各种答案互不相容，不能出现重叠。

（四）民族社会学研究的技术手段

马戎教授在总结国外和我国民族社会学研究的实际后指出：要"注意吸收、借鉴现代社会科学的研究方法与手段，如大量引进社会统计学和计算机的应用，包括各种分析方法，努力在研究中把定性分析与定量分析结合起来"①。要实现这一目标，就必须改变以往在技术手段上的落后和单一状况，包括测量技术、调查技术、资料整理与加工技术，以及研究所必须的工具、设备等。例如，我们要不断吸取国外现代的问卷和测验表格的制作技术，间接测量个人心理和行为的投射技术，提高观测记录仪器，录音、录像设备，电子计算机和统计技术等的水平，以适应民族社会学研究现代化发展的技术性要求。

---

① 马戎：《民族与社会发展》，民族出版社2001年版，第44页。